AMRA

MARTIN HEINRICH

JAKOBS HIMMELSLEITER war ein WELTRAUMLIFT

AMRA

Brandheiße Infos finden Sie regelmäßig auf:
www.facebook.com/AMRAVerlag

Besuchen Sie uns auf unserer Website:
www.AmraVerlag.de

Mehr vom Autor zum Thema:
www.Planet-2101.com

Eine Originalausgabe im AMRA Verlag
Auf der Reitbahn 8, D-63452 Hanau
Telefon: + 49 (0) 61 81 – 18 93 92
Kontakt: Info@AmraVerlag.de

Herausgeber & Lektor	Michael Nagula
Redaktion, Satz & Layout	Michael Zuch, Frankfurt am Main
Einbandgestaltung	Murat Karaçay
Coveridee	Martin Heinrich
Druck	CPI Moravia Books

Der Einband beruht auf einem Gemälde von
Michael Lukas Leopold Willmann (1630-1706):
»Landschaft mit der Darstellung von Jakobs Traum«

ISBN 978-3-939373-84-1

Inhalt

Das Gegenwärtige ist begrenzt,
das Mögliche ist unermesslich.

Abraham Lincoln,
16. Präsident der Vereinigten Staaten

Vorwort

Die Wissenschaft zieht heute bereits in Erwägung, dass Menschen in ferner Zukunft andere Planeten besiedeln müssen, denn die Erde wird nicht ewig bewohnbar sein. Dabei berücksichtigt sie jedoch nicht, dass besonders unser attraktiver Planet in der Vergangenheit immer ein interessantes Ziel für Außerirdische gewesen sein dürfte, wenn diese beispielsweise wegen einer drohenden kosmischen Katastrophe gezwungen waren, in anderen Sonnensystemen neuen Lebensraum zu suchen – und ein attraktiver Planet wird die Erde auch künftig bleiben.

Mit *Jakobs Himmelsleiter* wird ein völlig neuer Aspekt der Präastronautik zur Diskussion gestellt, der nicht nur die Natur-, sondern ebenso die Geisteswissenschaft animieren soll, die Möglichkeit einer Okkupation unseres Planeten in Betracht zu ziehen. Dass für ein derartiges Unternehmen in grauer Vorzeit die Erde ein Ziel war, soll durch eine detaillierte Indizienkette belegt werden. Darauf weisen die qualitativen wie auch quantitativen globalen Menschheitserinnerungen hin, die eindeutig von einem Aufstieg ins All mit einem technischen Gerät berichten, das in den markanten Komponenten dieses Systems wie dem Startturm, dem Kabelstrang, den Zwischenstationen bis zur Endstation am geostationären Punkt eine verblüffende Ähnlichkeit mit dem NASA-Projekt Space Elevator aufweist.

Sind aber die Beweise dafür erbracht, dass einst über einen jahrhundertelangen Zeitraum ein Weltraumlift auf der Erde stand, so muss man daraus logischerweise auch einen prähistorischen Aufenthalt Außerirdischer folgern und einen weiteren, weniger erfreulichen Schluss ziehen: Nicht dem Menschen galt das Interesse, sondern ausschließlich dem Planeten Erde. Warum dabei ausgerechnet die sehr komplexe Konstruktion eines Weltraumlifts zur Anwendung kam, lässt sich durch mehrere Gründe wissenschaftlich fundiert belegen. Will man definitiv auf einem anderen Planeten seine Art erhalten, ist es unabdingbar, seine Anatomie wie auch die Physiologie den Anforderungen des anderen Planeten anzupassen. Dazu müssten über Generationen hinweg die Lebensbedingungen ausgiebig getestet werden, wofür wegen des sehr langen Zeitraumes wie auch aus Sicherheitsgründen und energetischen Aspekten ein Weltraumlift das ideale Gerät sein dürfte.

Und sollten auch nur einige der in diesem Buch aufgeführten Annahmen aus wissenschaftlicher Sicht in den Bereich des Möglichen gerückt werden, müssten eigentlich die Alarmglocken schrillen, denn dadurch würde die Gefahr eines Besitzanspruches Außerirdischer auf unseren Planeten dramatisch erhöht. Die Wahrscheinlichkeit einer Konfrontation mit Außerirdischen wäre dann nicht mehr auszuschließen, und wenn diese Gefahr nicht gesehen wird, kann es wegen der latenten Schutzlosigkeit der Erde irgendwann zur größten Katastrophe der Menschheit, eventuell sogar zu deren Ende kommen. Ein imperialer Besitzanspruch Außerirdischer auf die Erde ist deshalb ein nicht mehr zu ignorierendes Szenario, das aufgrund seiner hohen Wahrscheinlichkeit zu einem sicherheitsrelevanten Thema werden muss.

Anlass zu dieser Besorgnis gibt nicht nur die knappe Schilderung von Jakobs Traumerlebnis, sondern sie entsteht nicht zuletzt durch die biblischen Hinweise auf eine Rückkehr Gottes und die Errichtung seines Reiches auf Erden. Mögen Christen, Juden und Muslime die angekündigte Rückkehr Gottes irrtümlich auch als ein glückselig machendes Endstadium der Menschheit deuten oder einige uneinsichtige Weltraumfahrtbesessene Außerirdische als Heilsbringer für die Menschheit geradezu herbeisehnen, so sollten gegenüber diesen realitätsfernen Visionen doch andere Prioritäten gesetzt werden.

Dies sind die Leitgedanken des vorliegenden Buches, die mit dem keineswegs erfreulichen Fazit enden: Aliens werden niemals Freunde der Menschen sein.

Über Sinn und Unsinn interstellarer Raumfahrt

Gehen wir davon aus, Außerirdische hätten einst aus den angesprochenen Gründen die Erde besucht, so setzt dies natürlich voraus, dass in unserer Galaxis nicht nur technisch begabte, sondern auch interstellare Raumfahrt betreibende Intelligenzen existieren. Als 1968 Erich von Dänikens Buch *Erinnerungen an die Zukunft* erschien, wurde die These prähistorischer Astronauten äußerst populär. Es war aber auch die Zeit, als eine Apollo-Mission auf die andere folgte und Menschen erstmals den Mond betraten. Die Weltraumeuphorie war enorm, und der Mars sollte schon zwanzig Jahre später das nächste Ziel der bemannten Raumfahrt sein. Interstellare Raumfahrt, also Reisen in andere Sonnensysteme, stand zwar nicht auf der Agenda, schien aber auf längere Sicht nur die logische Weiterentwicklung des technisch Machbaren zu sein.

Der Marsbesuch war in den folgenden Jahrzehnten kein herausragendes Thema mehr, und trotz einiger überzeugender Ansätze muss objektiv betrachtet gesagt werden: Hinsichtlich prähistorischer Astronauten sieht es gegenwärtig in der breiten Öffentlichkeit ganz ähnlich aus. Was verwunderlich ist, wo doch heute fast wöchentlich Planeten in anderen Sonnensystemen entdeckt werden und die Möglichkeit außerirdischer Lebensformen nicht mehr bezweifelt wird, während deren Existenz zur damaligen Zeit von zahlreichen Wissenschaftlern als sehr fragwürdig angesehen wurde. Trotz des ehemals großen Widerstands gegen die Annahme außerirdischer Lebensformen sind heute fast alle Wissenschaftler überzeugt, dass sich nicht nur in unserer, sondern auch in anderen Galaxien komplexe intelligente Zivilisationen evolutionär entwickelten.

Die von Natur aus pessimistischen Wissenschaftler veranschlagen für unsere Galaxis mit geschätzten 200 Milliarden Sonnen im günstigsten Falle nur einige wenige Planeten mit intelligenten Lebensformen. Anders die Optimisten unter den Astronomen, die von vier Millionen Zivilisationen in einem durchschnittlichen Abstand von 150 Lichtjahren in unserer Galaxis ausgehen, was wiederum sehr gut zu dem hier vermuteten Szenario passen würde. Das wären dann für den gesamten Kosmos mit seinen 100 Milliarden Galaxien so etwa 400 Trillionen Zivilisationen. Fast dürftig dagegen die Ergebnisse der Berechnungen des renommierten US-Astronomen und Exobiologen Carl Sagan, der »nur« 100 Billionen intelligenter Lebensformen im gesamten Kosmos vermutete. Der 1996 verstorbene Sagan stand interstellarer Raumfahrt eher skeptisch gegenüber, dennoch hielt er prähistorische Erdenbesucher durchaus für möglich und forderte deshalb eine fundierte Aufarbeitung der gesamten Mythologie.

Frank Drake, Gründer des SETI-Instituts, ging bei seiner nach ihm benannten Gleichung von einer Milliarde erdähnlicher Planeten mit 10.000 Zivilisationen in unserer Galaxis aus. Aber die Anzahl erdähnlicher Planeten bewegt sich nach neuesten astronomischen Erkenntnissen der Kepler-Mission im dreistelligen Milliardenbereich. Die mathematische Wahrscheinlichkeit für intelligente Lebensformen ist demnach enorm hoch. Das Ausmaß ihrer Entwicklung bleibt natürlich Spekulation.

Wie schnell die Erkenntnisse über das Universum revidiert werden müssen, zeigten Ende des Jahres 2010 die Befunde von Mitarbeitern der Yale University in New Haven (Connecticut) und der Harvard University in Cambridge (Massachusetts). Sie entdeckten durch neue Beobachtungstechniken in anderen Galaxien unzählige der nur schwer auszumachenden »Roten Zwerge«, womit sich die Anzahl aller Sonnen im Kosmos um das Dreifache (!) erhöhte. Rote Zwerge sind zwar kleine und in der Regel sehr alte Sonnen, dennoch dürften nach Vermutungen der Astronomen viele ein Planetensystem mit wiederum Billionen durchaus erdähnlicher Planeten aufweisen. Multipliziert man diese Zahl mit den 100, vielleicht auch 200 Milliarden Galaxien, die der uns bekannte Kosmos umfasst, bewegt man sich in Zahlenbereichen, die das Vorstellungsvermögen eines normal Denkenden schlichtweg übersteigen. Jedenfalls existieren viel mehr Sonnen als Sandkörner an allen Stränden der Erde.

Nach dem Astrobiologen Dr. Joel Hagen von der NASA ist deshalb *a priori* davon auszugehen, dass es im Kosmos wie in einem

Ameisenhaufen von Leben nur so wimmelt, denn Indikatoren für Leben wie Wasserstoff, Sauerstoff und Kohlenstoff sind nach neuesten Erkenntnissen reichlich im Universum vorhanden. Intelligente außerirdische Lebensformen sind bisher nicht nachgewiesen, aber sehr wahrscheinlich. Dass sich nur auf der Erde intelligentes Leben entwickelt haben soll, ist doch mehr als unwahrscheinlich.

Dennoch sind prähistorische Erdenbesucher nach wie vor ein sehr ambivalentes Thema, das die Medien vorwiegend in süffisanter Weise behandeln, obwohl nach einer Emnid-Erhebung (Associated Press) vom Januar 2007 vier von zehn Bundesbürgern von der Existenz Außerirdischer überzeugt sind und davon wiederum 37 Prozent glauben, dass Außerirdische bereits auf der Erde waren. Das ist immerhin, nur auf Deutschland bezogen, ein Potenzial von etwa zwölf Millionen Menschen, die prähistorische Astronauten für wahrscheinlich halten. Überraschend ist bei dieser Umfrage, dass diese Überzeugung sogar mit steigendem Bildungsgrad zunahm! Da fragt man sich, warum sich das in unserer Gesellschaft nicht artikuliert.

Einer der Gründe mag die Furcht vor einem »Karriereknick« sein. Dabei ist es egal, ob es ein Journalist, ein Astrophysiker oder ein Archäologe ist – wer Sympathie für die Paläo-SETI-Theorie (Paläo = frühgeschichtlich, SETI = Search for Extraterrestrial Intelligence) bekundet, muss davon ausgehen, schnell als Ufologe diffamiert zu werden.

Der einst vom Studentenführer Rudi Dutschke geforderte »lange Weg durch die Institutionen« ist somit auch für die Paläo-SETI-Hypothese die logische Konsequenz. Dazu wäre es allerdings nötig, einiges an verbreitetem, obskurem Gedankengut von Ufologen und deren sensationslüsterner Gefolgschaft über Bord zu werfen. Wenn man mit dem mutmaßlichen Besuch von Aliens in fast jedem Jahrhundert aufwartet oder vermutet, Reisen in unser Sonnensystem dienten dem Zweck, auf der Erde nach wertvollen Rohstoffen zu schürfen, lässt sich die Wissenschaft nicht dazu bewegen, die Paläo-SETI-Hypothese ernsthaft neu zu beleben. Sind nämlich auf einem Planeten die Lebensbedingungen so gut, dass dort intelligente Lebensformen existieren können, benötigt man gewiss keine Zufuhr dringend erforderlicher Ressourcen aus anderen Sonnensystemen.

Es fährt doch auch kein Mensch mit dem Auto nach China, nur weil dort der Sack Reis zwei Dollar günstiger ist!

Schon in den Fünfzigerjahren befasste sich der italienische Kernphysiker Enrico Fermi mit der Wahrscheinlichkeit extraterrestrischen, intelligenten Lebens und wollte die Frage beantworten: Sind wir Menschen die einzige technologisch fortschrittliche Zivilisation im Universum? Er entkräftete die Möglichkeit weiterer zahlreicher Welten mit seinem Ausspruch: »Wo sind sie denn alle?« Zudem geht er von folgender Hypothese aus: Wäre vor langer Zeit nur eine einzige außerirdische Zivilisation imstande gewesen, interstellare Raumfahrt zu betreiben, müsste nach dem Schneeballsystem in einigen Millionen Jahren unsere Galaxis vollends kolonisiert sein. Eigentlich müssten ihre Nachkommen bereits in der irdischen Nachbarschaft leben und uns längst entdeckt haben. Weil dem nicht so ist, stellt sich nach Fermi die Frage, ob es sie überhaupt gibt oder sie uns einfach nur ignorieren? Diese fehlende Ausbreitung intelligenten Lebens im All ging als Fermi-Paradoxon in die Geschichte ein.

Intelligentes Leben zu vermehren, wird auch in der Präastronautik

am häufigsten als möglicher Grund für interstellare Raumfahrt angeführt. Doch objektiv betrachtet wäre es wohl das nutzloseste Motiv für die nur mit immensem Aufwand zu betreibenden Reisen in andere Sonnensysteme. Sollte es wirklich ein erstrebenswertes Ziel sein, dereinst die gesamte Galaxis zu bevölkern – für Außerirdische oder irgendwann einmal für Menschen? Es muss schon ein hoher Naivitätsgrad vorhanden sein, um zu glauben, dass sich einhergehend mit interstellarer Raumfahrt proportional ein höheres ethisches Bewusstsein entwickeln würde. Zudem: Sind dies nicht die gleichen, allzu menschlichen Denkfehler, auf denen die europäische Kolonialisierungsmentalität des 19. Jahrhunderts beruhte?

Somit kann man das Fermi-Paradoxon schlichtweg als Irrweg bezeichnen. Warum sollte eine gegenüber der irdischen höher angesiedelte extraterrestrische Intelligenz überhaupt das Verlangen haben, andere Intelligenzen grundlos aufzuspüren, zu ihnen zu reisen und als Krönung diese noch genetisch zu verändern? Erst einmal würde sie sich die Frage stellen: Was bringt es uns? Und weil sie intelligenter als Menschen sind, lautet die Antwort schlicht und einfach:

Nichts! Dann werden sie sich fragen: Was sollen wir überhaupt dort draußen im All? Und an einer Kontaktaufnahme werden sie nicht im Geringsten interessiert sein – im Gegenteil, sie werden diese eher tunlichst vermeiden.

Roswell und der ganze UFO-Quatsch

Nach weit verbreiteter Meinung passen prähistorische Erdenbesucher oder allgemein Aliens und rätselhafte UFOs ganz fabelhaft zusammen. Aber wie man nicht Äpfel mit Birnen vergleichen kann, obwohl doch beides Früchte sind, darf man auch prähistorische Astronauten nicht zwangsläufig mit UFOs in Verbindung bringen. Besonders die Vertreter der Paläo-SETI-Theorie versäumten es bisher, sich gegen die vielen medienwirksam offerierten UFO-Storys zu verwehren, die eine willkommene Gelegenheit boten, ihre Arbeit ins Lächerliche zu ziehen. Hätten sie sich nur eindeutig von UFOs distanziert – oder von ihren Befürwortern wie dem Ex-Astronauten Edgar Mitchell, der auch heute noch, mit über achtzig Jahren, der festen Überzeugung ist, in Roswell (New Mexico) sei im Jahre 1947 ein UFO abgestürzt. Warum sollte ein ehemaliger Mondreisender besser geeignet sein, dem gesamten UFO-Quatsch mehr Glaubwürdigkeit zu verleihen?

Lange Zeit gab es auch widersprüchliche Erklärungsansätze zu dem Tunguska-Asteroiden, der im Jahr 1908 in der sibirischen Taiga wahrscheinlich in der Atmosphäre explodierte, und selbstverständlich wurde dieses Ereignis ebenfalls mit einem außerirdischen Raumschiff in Verbindung gebracht. Damit wäre nach Roswell ein weiteres UFO an der »tückischen« Erdatmosphäre gescheitert. Das muss man sich einmal vorstellen: Ein Raumschiff überwindet exorbitante Distanzen in der Galaxis, um am Ende der Reise auf der Erde prompt eine Bruchlandung hinzulegen! Aber seit dieser Zeit tauchen »UFOs« weltweit auf und stürzten häufig auch ab – so die Augenzeugenberichte. Und einige skurrile Zeitgenossen bezeugen sogar Kontakte mit Außerirdischen. Philip J. Klass, der bekannteste UFO-Skeptiker der USA und Mitbegründer des Committee for Skeptical Inquiry, hat letztlich mit den von ihm formulierten UFO-Forschungsprinzipien alles Nötige über dieses Phänomen gesagt, besonders mit seiner Beurteilung eines sogenannten Entführungsfalls durch ein UFO im Jahr 1966, bei dem es laut Aussage des Betroffenen zu grässlichen medizinischen Checks gekommen sein soll.

Aber die UFO-Euphorie flammt immer wieder auf, und einige UFO-Fans lassen sogar verlauten, die Menschheit sei noch zu primitiv und genüge bisher nicht den ethischen Anforderungen an eine galaktische Gemeinschaft, um von Außerirdischen kontaktiert zu werden, außer natürlich jenen »absolut integren« Personen, die von solchen Begegnungen berichteten. Damit dürfte der Punkt, an dem interstellare Raumfahrt als Unsinn bezeichnet werden muss, unwiderruflich erreicht sein. Kann man sich bei halbwegs logischem Denken einen derartigen Nonsens vorstellen: Außerirdische Superintelligenzen düsen durch die Galaxis, finden einen bewohnten Planeten vor, dessen Bewohner sich anschicken, selbst Raumfahrt zu betreiben, stufen diese Spezies dann aber trotzdem als zu primitiv ein für eine umfassende Kontaktaufnahme? Diese eklatanten Widersprüche lassen alle angeführten Gründe für die Existenz Fliegender Untertassen als unplausibel erkennen.

Dennoch träumt man unbeirrt weiter vom Codex Galactica, auf dessen Basis ein galaktisches Netzwerk ethisch hochstehender Zivilisationen Kommunikation betreibt. Die Überlegungen zu einer kosmischen Solidargemeinschaft sind allein schon wegen der gigantischen Distanzen dermaßen absurd, dass sich eigentlich jegliche Diskussion darüber erübrigt. Ebenso wäre es wünschenswert, dass man endlich die Vermutung *ad acta* legte, Außerirdische hätten bei ihrem Erdenbesuch erst den heutigen Menschen geschaffen, womit gleichzeitig unterschwellig die Evolutionstheorie in Frage gestellt wird. Aber ob man der Darwinschen Hypothese nun folgt oder nicht, es wäre in jedem Fall zu fragen, ob sich die Außerirdischen nicht auch durch einen evolutionären Prozess entwickelt haben oder ob dafür wiederum andere Außerirdische nötig waren und so weiter und so fort.

Letzten Endes bleibt die grundlegende Frage offen, ob Reisen in andere Sonnensysteme überhaupt sinnvoll sind, wo doch schon die interplanetare bemannte Raumfahrt von Fachleuten aufgrund ihrer ökonomischen Nutzlosigkeit angezweifelt wird? Der Apollo-Astronaut Edwin Aldrin äußert sich heute sehr skeptisch über weitere Mondexpeditionen und sieht keine Notwendigkeit für Amerikas Präsenz auf dem Erdtrabanten. Für seinen Kollegen William Anders war die Mondexpedition nie ein wissenschaftliches Programm, sondern nur »eine Schlacht im Kalten Krieg«. Und selbst die geplante Reise der NASA zum Mars kann als reines Prestigeobjekt eingestuft werden. Vielleicht sind die goldenen Zeiten der bemannten Raumfahrt ja vorbei, denn US-Präsident Barack Obama ordnete kurz nach seiner Wahl an, die Planungen für die bemannte Raumfahrt auf den Prüfstand zu stellen. Dass aber bis zum Jahre 2035 der erste Amerikaner auf dem Mars landen soll, daran hält Obama fest, vielleicht auch nur, um die NASA-Oberen nicht allzu sehr zu beunruhigen.

Realistisch betrachtet, könnten anstelle von Menschen ebenso gut Roboter den Roten Planeten untersuchen. Kaum anders verhält es sich mit der Internationalen Raumstation (ISS). Den sehr hohen Kosten stehen auch hier wenig nennenswerte produktive Ergebnisse gegenüber, abgesehen von einer funktionierenden internationalen Zusammenarbeit. Überaus nützlich für unser Leben auf der Erde sind hingegen das Hubble-Weltraumteleskop wie alle anderen astronomischen Forschungen und natürlich die Satelliten für die Erd- und Wetterbeobachtung sowie die Telekommunikationssatelliten. Aber das sind allesamt Unternehmungen, für die kein Mescheneinsatz erforderlich ist.

Interstellare Raumfahrt, egal ob von Außerirdischen oder Menschen betrieben, dürfte alles an Aufwand überbieten, was sich zuvor auf einem bewohnten Planeten zugetragen hat. Dafür müssten schon elementarere Gründe vorliegen, als lediglich die Neugier zu befriedigen, wie es in anderen Sonnensystemen aussieht. Niemand könnte es ökonomisch verantworten, ohne triftigen Grund den Brainpool und die Arbeitskraft der halben Erde oder noch mehr zu beschäftigen, um nach Jahrhunderten im zwölften untersuchten Sonnensystem auf irgendeinem Exoplaneten ein froschähnliches Wesen an einem Tümpelrand zu entdecken. Das können Sonden besser!

Die sonntägliche Spritztour in andere Sonnensysteme wird es nicht geben, sie wird für die Weltraumfahrtbesessenen immer eine Illusion bleiben. Was bringt es der Menschheit, vielleicht in zwanzig Lichtjahren Entfernung den besagten Frosch zu finden, der natürlich der absolute Medienstar und der Liebling der gesamten Erdbevölkerung wäre, wenn gleichzeitig auf der Erde täglich Millionen heimischer Tierarten gequält und misshandelt werden? Warum sollte es unter solchen Bedingungen erstrebenswert sein, interstellare Reisen durchzuführen, um primitive oder im Ausnahmefall vielleicht auch einmal intelligente Lebensformen im Kosmos aufzuspüren? Sie existieren – warum reicht uns das nicht? Wir müssen nicht um jeden Preis wie besessen nach ihnen den Weltraum absuchen.

Kosmische Apokalypsen – ein Grund für interstellare Raumfahrt

Der Grund für interstellare Raumfahrt muss gewichtiger sein. Er darf kaum noch eine Alternative zulassen. Er kann eigentlich nur existenzieller Natur sein. Und er wird vom Hubble-Weltraumteleskop mit faszinierenden Aufnahmen von explodierenden Sonnen mit einer unvorstellbaren Vernichtungskraft beeindruckend dokumentiert. Dass durch diese apokalyptischen kosmischen Katastrophen auch bewohnte Planeten zerstört werden, ist eine unweigerliche Konsequenz. Droht dieser Fall, dann bedarf es trotz der gigantischen Entfernungen und Zeitdimensionen keiner zusätzlichen Motivation mehr – dann wird die Suche nach neuem Lebensraum in einem anderen Sonnensystem der Galaxis zur bitteren Pflichterfüllung. Viele Indizien deuten darauf hin, dass vor langer Zeit Lebewesen von einem noch unbekannten Planeten *aus genau diesen Gründen* die Erde besuchten.

Der Gedanke ist keineswegs abwegig, dass auch der Mensch eines Tages zum Exodus in die Galaxis gezwungen sein könnte, wenn er seine Rasse erhalten will, denn unserer Sonne droht irgendwann in ferner Zukunft das gleiche Schicksal. Ein derartiges Szenario wäre ein triftiger Grund für bemannte interstellare Raumfahrt. Selbst wenn uns der Blick in den nächtlichen Sternenhimmel ein Gefühl großer Ruhe vermittelt, ist der Kosmos keineswegs so friedlich. Nahezu »stündlich« warten die Astronomen auf die längst überfällige Supernova, denn für unsere Galaxis haben sie eine durchschnittliche Supernova-Explosionsrate von zweieinhalb Supernovae pro Jahrhundert ermittelt. Geht man für den gesamten Kosmos nur von 100 Milliarden Galaxien aus, explodieren in einem Jahr über zwei Milliarden Sonnen mit all ihren Planeten. Folglich könnten jährlich zahlreiche ferne Zivilisationen Opfer dieser Katastrophen werden. Es sei denn, es gelingt einigen, in einem anderen Sonnensystem einen bewohnbaren Planeten zu erreichen.

Dass es in anderen Galaxien geradezu rekordverdächtig kracht, registrierten Astronomen in der weit entfernten Spiralgalaxis M66 im Sternbild Löwe: In nur zwanzig Jahren ereigneten sich dort drei Supernova-Explosionen, und die bisher gemachten Aufnahmen von Super- und Hypernovae lassen erahnen, welche zerstörerischen Kräfte dabei im Kosmos auftreten. So machte das Hubble-Weltraumteleskop im südlichen Sternbild Carina Aufnahmen der 7.500 Lichtjahre entfernten Sonne Eta Carinae, die eine Gefahr für alle bewohnten Planeten bis hin zur Erde werden kann.

Astronomen gehen davon aus, dass Eta Carinae mit der über 100-fachen Masse unserer Sonne innerhalb der nächsten 20.000 Jahre durch eine Explosion als Hypernova völlig zerrissen wird. Seine Leuchtkraft nimmt dann für kurze Zeit millionenfach zu, und wenn er zum Schwarzen Loch kollabiert, wird Gammastrahlung freigesetzt, die als Gammaburst mit Lichtgeschwindigkeit und der höchsten im Kosmos vorkommenden Energie von den Polen ausgehend in zwei Richtungen entweicht. Diese Strahlung dauert vielleicht nur wenige Stunden an, weist aber in der kurzen Zeitspanne eine Energieemission auf, wie sie unsere Sonne in Milliarden von Jahren erzeugt.

Aufgrund der Intensität wird inzwischen vermutet, dass ein solcher Gammablitz aus unserer Galaxis das massenhafte Artensterben vor über 400 Millionen Jahren verursachte. Vor derartigen apokalyptischen Ereignissen gibt es keinen Schutz. Auf der Erde würde die schützende Ozonschicht verbrennen, Sauerstoff und Stickstoff verbänden sich zu ätzenden Stickstoffoxiden. Einige Arten wären imstande, so eine atmosphärische Situation zu überleben, auf keinen Fall aber der Mensch. Angesichts dieser Gefahr könnte eine fortgeschrittene Zivilisation durchaus als Präventivmaßnahme in einem anderen Sonnensystem einen Planeten zusätzlich kolonisieren, um ihre Art zu sichern.

Diese Aufnahmen von Eta Carinae sind zwar aus irdischer Sicht brandaktuell, sie zeigen jedoch ein Geschehnis vor 7.500 Jahren. Somit könnte diese Sonne theoretisch längst explodiert sein, und ihr tödlicher Gammaburst durcheilt bereits die Galaxis. Ein derartiges Ereignis wäre ein einmaliges Schauspiel, das alles in der Galaxis überstrahlt und dem Menschen eindrucksvoll offenbart, dass der Kosmos nicht nur lebt, sondern förmlich bebt – und dass wir angesichts der Ereignisse, die sich unablässig abspielen, immer in der Vergangenheit leben und das Nachsehen haben. In Anbetracht dieser kosmischen Kataklysmen müsste es den Menschen noch bewusster werden und sie mit Demut erfüllen, was für ein einmaliges Geschenk der Natur unsere Erde ist.

Die Astronomie befindet sich noch in den Kinderschuhen, was die Suche nach kosmischen Apokalypsen betrifft. Unsere Region im Spiralarm der Galaxis galt bisher als ruhig und relativ sicher, was derartige Katastrophen anbelangt. Umso überraschender die Meldung, dass in nur 150 Lichtjahren Entfernung in einem Doppelstern-System der Weiße Zwerg HR 8210 Pegasi in ferner Zukunft in einer apokalyptischen Supernova explodieren wird. Sein Begleiter wird sich zu einem Roten Riesen aufblähen, dessen Materie von dem Weißen Zwerg absorbiert wird. Von einem Weißen Zwerg – einer »ausgebrannten« Sonne – bleibt in der Regel nur ein Körper von der Größe der Erde oder des Mondes übrig, aber durch die angesaugte Materie erreicht er eine extrem dichte Masse und erhitzt sich auf Millionen von Graden, so dass es zum thermonuklearen Ausbruch kommt.

Bereits im Jahr 1993 wurden HR 8210 Pegasi und sein Begleiter im Sternbild Pegasus nahe dem Andromedanebel entdeckt. Erst im Laufe neuerer Untersuchungen der Harvard University in Cambridge (Massachusetts) erkannte man das Potenzial für eine Supernova der höchsten Stufe. Aufgrund der genannten Fakten schließen Wissenschaftler inzwischen nicht mehr aus, dass noch mehrere

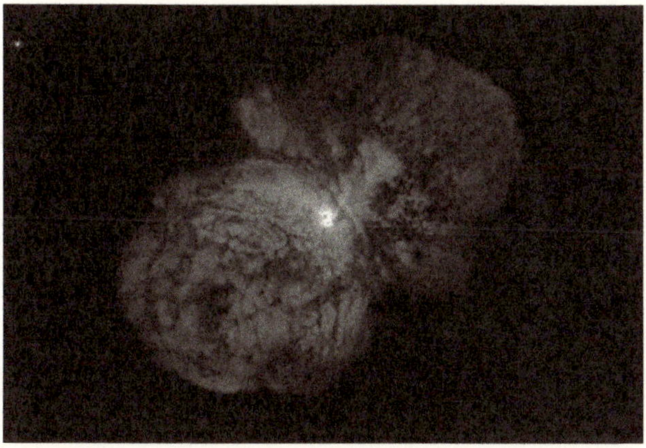

Abb. 1. Die Aufnahme des Hubble-Weltraumteleskops zeigt einen gigantischen Materieausbruch auf Eta Carinae, der die 120-fache Masse unserer Sonne hat. Bereits im Jahre 1841 wurde auf der Erde ein Materieausbruch wahrgenommen, die ihn als zweithellstes Objekt am Sternenhimmel erscheinen ließ. Die glühenden Gas- und Staubwolken haben sich bis heute auf fast fünf Billionen Kilometer ausgedehnt. In der Bildmitte als heller Punkt der Stern Eta Carinae, der nach wissenschaftlicher Ansicht jederzeit explodieren kann.

derartige Gefahrenobjekte in direkter Nachbarschaft unserer Erde liegen. Nach Berechnungen von Astronomen könnte eine Supernova in einem Radius von bis zu 200 Lichtjahren durch die entstehende energiereiche Strahlung und einen gigantischen Hagel schneller kosmischer Teilchen alles Leben sowie die Atmosphäre auf einem Planeten vernichten.

Die sich durch HR 8210 real anbahnende Supernova macht deutlich, dass durchaus bereits eine außerirdische Expedition auf der Suche nach neuem Lebensraum zur Erde gelangt sein könnte. Ebenso wenig ist auszuschließen, dass eine Zivilisation in unserem Spiralarm der Galaxis von einer Super- oder Hypernova bedroht ist, die auf der Erde aufgrund mangelnder Beobachtungstechnik bisher nur noch nicht wahrgenommen wurde.

Gegenwärtig gilt unsere Sonne als ruhiges und solides Zentralgestirn, das unserer Erde auf Millionen von Jahren hinaus beste Bedingungen verspricht, bis sie zu schrumpfen beginnt, sich danach zum Roten Riesen aufblähen und in der Folge die Planeten Merkur, Venus und Erde verschlingen wird. Aber wer weiß schon, wie die Situation in einigen Zehntausenden von Jahren aussehen wird? So äußerte sich Professor Robert Lin von der University of California: »Im Prinzip verstehen wir eigentlich gar nicht, wie die Sonne funktioniert.« Können Sonneneruptionen mit koronalem Massenauswurf oder Flares – so bezeichnen Wissenschaftler die spektakulären Explosionen auf der Sonnenoberfläche mit der Gewalt von zehn Millionen Wasserstoffbomben – eines Tages so intensiv werden, dass das jetzt schon schwächer werdende irdische Magnetfeld zerstört und die lebensbedrohliche kosmische Strahlung ungeschützt zur Erdoberfläche gelangt? Genügt es dann, sich in der Erdkruste einzubuddeln? Sicher würde eine derartige Situation nicht zwangsläufig dazu führen, dass der Mensch die Erde verlassen müsste. Es würde für ihn auf der Erde nur schlicht und einfach sehr unangenehm werden.

Selbst der in dem Kinofilm *2012* geschilderte drohende Weltuntergang durch den Ausbruch eines Supervulkans im Yellowstone Nationalpark, der eines Tages Realität werden dürfte, wird wohl nicht zum Ende der Menschheit führen. Dennoch gehen Wissenschaftler davon aus, dass vor etwa 250 Millionen Jahren zwischen der Perm- und Triasepoche durch eine solche Supereruption fast alle Arten auf der Erde ausstarben. Dabei sollen bis zu vier Millionen Kubikkilometer Basaltlava ausgeströmt sein. Wenn ein extraterrestrischer bewohnter Planet von einem extremen Vulkanismus oder durch Technik nicht beeinflussbare tektonische Aktivitäten in seiner Lithosphäre betroffen ist, könnte auch das ein Grund sein, sich auf die Suche nach neuem Lebensraum zu begeben.

Somit ist es nicht verwunderlich, dass die NASA bereits Pläne entwickelt hat, die Menschheit über den Weltuntergang hinaus zu erhalten. Dabei schreckt sie auch nicht vor Lösungen zurück, die den Eindruck erwecken, vollkommen unrealisierbar zu sein – etwa dem Plan, dass die Erde, um der zunehmenden Sonnenaufheizung zu entgehen, unter Mithilfe eines Asteroiden auf eine von der Sonne weiter entfernte Umlaufbahn gezogen werden soll.

Ein anderes Modell sieht vor, den Mars durch Terraforming für Menschen bewohnbar zu machen. Das heißt, er soll nach den Vorstellungen des SF-Autors Jack Williamson, der diesen Begriff 1942 in seiner Erzählung »Collision Orbit« prägte, in einen bewohnbaren erdähnlichen Himmelskörper umgewandelt werden. Aber in kosmischen Zeiträumen betrachtet, dürfte sich der Mars nicht allzu lange als Überlebensraum halten können. Vor langer Zeit soll er ja über eine Atmosphäre verfügt haben, die sich aufgrund zu geringer Eigengravitation ins Weltall verflüchtigte. Weil der Mars in der Zwischenzeit nun keineswegs maßgeblich an Gewicht zugelegt hat, würde wahrscheinlich wieder das Gleiche geschehen. Also müssten riesige Plexiglaskuppeln für eine künstliche Biosphäre installiert werden, unter der Menschen, Tiere und Pflanzen dauerhaft existieren könnten.

Die genannten Beispiele zeigen, dass es für interplanetare Raumfahrt durchaus einige Gründe geben könnte, aber die riesigen Distanzen zwischen den Sonnensystemen lassen Expeditionen in die Galaxis nicht realisierbar erscheinen – zumindest nicht nach dem jetzigen physikalischen Kenntnisstand. So sagte mir ein Raumfahrtexperte, um dies zu bewerkstelligen, müsse eigentlich erst eine neue Physik begründet werden. Natürlich weiß man heute nicht, welchen Standard die technische und biologische Entwicklung in 100 oder 1.000 Jahren erreichen wird. Es kann aber auch ohne weiteres sein, dass die Quantensprünge in den technischen Bereichen, die wir während der letzten Jahrzehnten zweifellos erlebt haben, sich in dem Ausmaß gar nicht mehr wiederholen – vielleicht sogar stagnieren.

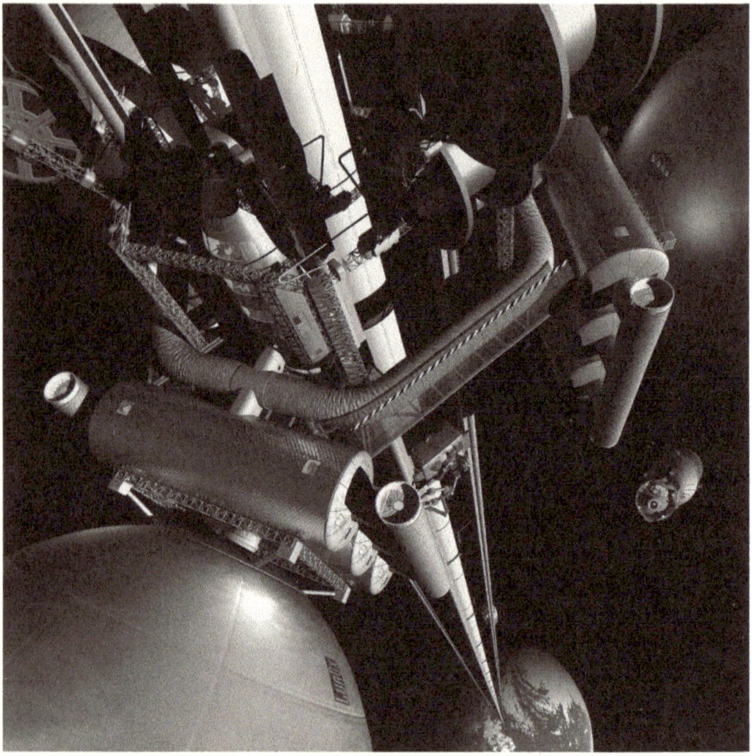

Abb. 2

Das NASA-Projekt Space Elevator

Bevor Jakobs Himmelsleiter zur Erörterung steht, sollen zunächst einige Aspekte des noch in der experimentellen Phase befindlichen Space Elevators der NASA erörtert werden, um die frappierende technische Übereinstimmung zwischen dem aktuellen und einem prähistorischen Weltraumlift aufzuzeigen. Von einem prähistorischen Weltraumlift wird nämlich in den Überlieferungen der Welt eindeutig immer wieder berichtet. Bisher galten Weltraumlifte allerdings vorwiegend als Ideengut der Science-fiction-Literatur und waren für die Wissenschaft reine Phantasiegebilde. So äußerte sich der US-Mathematiker John McCarthy vor über fünfzig Jahren kurz und bündig: »Vergiss es«, und schloss damit die Akte für den *Fahrstuhl zu den Sternen*. Der SF-Autor Arthur C. Clarke – so der Titel seines 1978 geschriebenen Romans – hatte sich einmal dahingehend geäußert, der erste Weltraumlift werde fünfzig Jahre später gebaut, nachdem man aufgehört habe, über die Idee zu lachen. Inzwischen hat sich die Situation gewandelt, das Lachen ist vor einigen Jahren verstummt, als die NASA begann, sich ernsthaft mit der Realisierung eines derartigen Systems zu befassen.

Die amerikanische Raumfahrtbehörde hat bereits finanzielle Mittel für Studien bereitgestellt, und auch der Kongress war nicht kleinlich und investierte Millionen Dollar in dieses Unterfangen. Unter der Leitung von Bradley C. Edwards wird am Space Elevator Project des Institute for Scientific Research in Fairmont (West Virginia) intensiv an der Realisierung eines solchen Fahrstuhls ins All gearbeitet. Weil die NASA durch Preisgelder die Entwicklung spezifischer Komponenten wie Antrieb, Kabelstrang und Beförderungskapseln forciert, ist sogar ein förmlicher Wettlauf unter interessierten Firmen entstanden. Priorität hat dabei ausnahmslos das Seil oder Kabel, das die Erde mit der Orbitstation verbinden soll. Das Projekt Weltraumlift ist anscheinend so lukrativ, dass sogar internationale

Wettbewerbe stattfinden, an denen Institute wie auch Studenten teilnehmen. Die Europäische Raumfahrtbehörde (ESA) beteiligt sich mit der Clarke-Bradbury International Science Fiction Competition an diesen Wettbewerben, um zusätzlich bei Jugendlichen das Interesse für Weltraumtechnologien zu wecken.

Erste Ideen kamen aus Russland

Dass ein funktionierender Weltraumlift ein hochkomplexes technisches Gerät ist, steht wohl außer Zweifel, und wenn er eines Tages in Betrieb ginge, wäre er sehr wahrscheinlich sogar das größte technische Wunderwerk der Menschheit. Nun ist die Konstruktion eines Fahrstuhls ins All zwar nicht gerade ein Klacks, aber die Funktionsweise im Grunde mehr als simpel. Schon 1895 entwickelte der russische Raketenpionier Konstantin Ziolkowski diesbezüglich erste Pläne. Inspiriert durch den Eiffelturm schlug er vor, einen Weltraumturm zu errichten, der bis ins All reicht. Sein Landsmann, der Ingenieur Juri Artsutanow, führte in den Sechzigerjahren den Gedanken fort, über einen Turm auf der Erde in Äquatorhöhe zu einer Station im Weltraum zu gelangen, die mit einem Kabel verbunden ist, an denen Gondeln auf- und niederfahren könnten.

In genau 35.786 Kilometern Höhe ist der magische Punkt erreicht, an dem sich die Schwerkraft und die in entgegengesetzte Richtung strebende Fliehkraft ausgleichen. In dieser Höhe beträgt aufgrund der Winkelgeschwindigkeit die Bahngeschwindigkeit rund 11.040 km/h gegenüber nur 1.670 km/h auf der Erdoberfläche. Somit verweilt eine Station dort immer am gleichen Punkt über der Oberfläche und folgt der Achsumdrehung der Erde. An diesem geostationären Punkt befinden sich heute auch zahlreiche TV-Satelliten wie Astra und Eutelsat, denn nur durch diesen »festen« Standort lassen sich die Satellitenschüsseln exakt ausrichten. Wären diese Satelliten nur etwas niedriger oder höher, nördlicher oder südlicher positioniert, sähe es für den kostenlosen TV-Empfang düster aus.

Natürlich besteht die Möglichkeit, sich in einer für Raumstationen üblichen Höhe zwischen 300 und 400 Kilometern auszuklinken, doch um eine Kreisbahngeschwindigkeit zu erreichen, wäre immer noch ein zusätzlicher Schub nötig. Es führt deshalb kein Weg daran vorbei: Als Startrampe wird ein gigantischer Turm benötigt, der mindestens bis in die dünneren Schichten der Atmosphäre ragt, weil sich nur in diesen Regionen zwischen dreißig bis fünfzig Kilometern der Kabelstrang montieren ließe. Das an einem Turm verankerte Kabel würde sich bei entsprechender Länge durch die Fliehkräfte von selbst spannen. Je länger aber ein solches Kabel oder Seil wäre, umso größer wären die Nutzungsmöglichkeiten für die Raumfahrt. Damit das Kabel gespannt bleibt, sehen andere Pläne vor, jenseits des geostationären Orbits als Gegengewicht eventuell einen Asteroiden zu befestigen.

Abb. 3

An einem konisch zulaufenden Turm wiederum könnten die möglicherweise elektromagnetisch angetriebenen Elevatorkapseln wie eine Magnetschwebebahn ohne Berührung mit dem Kabelstrang starten, um mit einer gegenwärtig veranschlagten Reisegeschwindigkeit von 500 km/h je nach Bedarf angelegte Zwischenstationen zu erreichen. Der Entwurf einer Arbeitsgruppe favorisiert ein Modell mit sechs Kabelsträngen, von denen vier für Shuttles zum Transport von Menschen und Material genutzt werden sollen, während zwei Kabelstränge für eventuell anfallende Wartungsarbeiten vorgesehen sind.

Ein Weltraumlift auch auf dem Mond und Mars?

Ein gern benutztes Beispiel soll verdeutlichen, wie simpel das System interplanetarer Reisen per Weltraumlift funktionieren kann: Stülpt man einen Ring über eine Stange, kann man diesen mit Schwung leicht wegschleudern, weil die Fliehkräfte stärker als das Gewicht des Ringes sind. Auf diesem Prinzip beruhen erste Pläne, einen Weltraumlift ebenso auf dem Mond und auf dem Mars zu installieren. Hätte der irdische Weltraumlift ein Kabel mit einer Länge von 150.000 Kilometern, würde der durch die Erdrotation bewirkte permanente Fliehkraftzuwachs nicht nur eine Energierückgewinnung ermöglichen, sondern auch die Erlangung der benötigten Fluchtgeschwindigkeit, die zur Überwindung des Gravitationsfeldes von 11,2 km/s nötig ist, um ein Raumschiff ohne weitere Energie bis zum Mars zu befördern. Ein weiterer Vorteil ergibt sich dadurch, dass nur noch eine geringe Energiemasse mitgeführt werden muss, um das Raumschiff abzubremsen. Für den Abstieg auf den Mars und die Rückreise könnte ebenfalls ein Weltraumliftsystem zum Einsatz kommen. Weil der Mars um einiges kleiner ist als die Erde, aber mit 24,5 Stunden eine ähnliche Rotationsgeschwindigkeit aufweist, benötigte das Kabel dort nicht die gleiche Länge wie das irdische System.

Auch das Projekt von Jerome Pearson, Geschäftsführer der Firma Star Technology and Research, einen Weltraumlift auf dem Mond zu installieren, wird von der NASA finanziell unterstützt. Wegen der schwächeren Schwerkraft des Mondes ist ein Kabel auf dem Erdtrabanten wesentlich geringeren Belastungen ausgesetzt. So schätzt man das Gewicht auf nur sieben Tonnen, und es könnte mit einer einzigen Rakete in die Mondumlaufbahn befördert werden. Andererseits müsste das Kabel wegen der trägeren Rotation des Mondes von 27 Erdtagen fast 100.000 Kilometer lang sein. Der Mondlift würde wahrscheinlich am Lagrange-Punkt andocken, der sich in einem Abstand von etwa 58.000 Kilometer vom Mondmittelpunkt zur Erde hin befindet, weil sich genau an diesem Punkt die Gravitationskräfte von Erde und Mond und die Zentrifugalkraft ihrer Bewegung gegenseitig aufheben.

Raumfahrt zum Bruchteil bisheriger Kosten

Dass durch einen Lift ins All der Transport von Material und Menschen bequemer und vor allem konkurrenzlos kostengünstig wäre, ist unbestritten. Vor allem die Kosten sind es wohl, die die NASA hellhörig werden ließen. Bei den zurzeit genutzten Systemen für Transporte ins All betragen die Kosten etwa 20.000 bis 80.000 Dollar je Kilogramm, die bei längerer und häufigerer Nutzung eines Liftsystems bis auf 100 US-Dollar reduziert werden könnten. Bradley C. Edwards, der im Auftrag der NASA seit einigen Jahren das Konzept das Weltraumlifts erforscht, veranschlagt 200 US-Dollar pro Kilogramm. 100 oder 200 Dollar sind aber nur marginale Unterschiede gegenüber den Zehntausenden von Dollar für den Transport von nur einem Kilogramm Gewicht mit Raketen. Robert Casanova, Direktor des NASA Institute for Advanced Concepts, ist deshalb der festen Überzeugung, dass ein Space Elevator Menschen und Material durchgreifend preiswerter und vor allem sicherer ins Weltall befördern kann. Dadurch eröffneten sich nicht nur für die Weltraumforschung, sondern auch für wissenschaftliche und industrielle Disziplinen völlig neue Möglichkeiten, um zum Beispiel in der Schwerelosigkeit neue Fertigungstechnologien zu entwickeln.

Für das gesamte Liftsystem veranschlagt Edwards rund zehn Milliarden US-Dollar, womit er wohl etwas zu optimistisch kalkuliert. Realistischere Berechnungen tendieren zu Kosten, die sich im Bereich von fünfzig Milliarden US-Dollar bewegen, und nach den Erfahrungen mit solchen Schätzungen bei anderen Projekten dürfte diese Summe bei einer Realisierung ebenfalls noch zu niedrig angesetzt sein. Dennoch könnten Nutzlasten für einen Bruchteil der derzeitigen Kosten als Alternative zu Raketen und Raumfähren ins All befördert werden. Und wenn … ja, wenn man ein solches System nicht nur jahrzehnte-, sondern jahrhundertelang nutzte, wäre die Amortisierung eines Tages kein Thema mehr. Zurzeit scheint diese Frage nicht weiter erörtert zu werden, die Ampeln stehen auf Rot. Es ist wie mit der in Deutschland entwickelten Magnetschwebebahn: zwar eine technische Meisterleistung, aber augenblicklich zu kostspielig – außer für das boomende China.

Problemfall Kabelstrang

All dies klingt zwar sehr optimistisch und durchaus machbar, dennoch ergeben sich nach gegenwärtigem Erkenntnisstand einige Schwierigkeiten. Sollen Menschen über 1.000 Kilometer Höhe hinaus befördert werden, müsste unter anderem der aus einer ringförmigen Struktur um die Erde bestehende Van-Allen-Gürtel durchquert werden, dessen geladene Teilchen aus Elektronen und Protonen eine lebensbedrohende Strahlungsdosis erzeugen. Ließe sich nur eine Reisegeschwindigkeit von einigen 100 Stundenkilometern erreichen, wären Reisende dieser Strahlung viel zu lange ausgesetzt. Natürlich könnte eine Kapselung vor dieser kosmischen Strahlung schützen, was allerdings mehr Gewicht für die Shuttles bedeutete. Aber bis es soweit ist, dass Menschen in den Weltraum befördert werden können, dürfte dafür sicher eine Lösung gefunden sein.

Das größte Problem bereitet zurzeit die Entwicklung des Materials für den Kabelstrang und dessen Montage. Voraussichtlich wird es einfacher sein, das Tragseil im Weltraum herzustellen und es anschließend von »oben« hinunterzulassen. Im Augenblick existiert noch kein Material in hinreichend verfügbarer Menge, aus dem sich ein tausende Kilometer langes Kabel herstellen ließe. Ein senkrecht hängendes Stahlkabel von nur fünfzig Kilometer Länge würde schon allein unter seinem Eigengewicht reißen. Ein Quantensprung bei der Suche nach einem leichten und überaus festen Material sind wahrscheinlich die extrem stabilen Kohlenstoff-Nanoröhrchen (CNT), die der Japaner Sumio Iijima 1991 durch Zufall entdeckte. CNT sind nahtlose Röhrchen aus aufgerollten Kohlenstoffplättchen und haben einen Durchmesser, der sogar unter einem Nanometer liegen kann, einem Milliardstel Meter. Wegen ihrer 100 Mal größeren Zugfestigkeit als Stahl und ihrer extremen Leichtigkeit gelten die CNT nicht nur für die Raumfahrt als Baustoff der Zukunft.

Bereits im Jahre 2004 gelang es einem Wissenschaftlerteam von der Cambridge-Universität, erstmals einen 100 Meter langen Faden aus Kohlenstoff-Nanoröhrchen herzustellen. Und dass die Entwicklung nicht stehen bleibt, zeigt Nicola M. Pugno in »Acta Astronau-

Abb. 4. Eine der zahlreichen Varianten des Space Elevators. Bei diesem Modell sind an mehreren Kabelsträngen ständig Gondeln zu Zwischenstationen oder bis zur Endstation sowie auf dem Rückweg zur Erde unterwegs.

tico« auf www.elsevier.com/locate/actaastro. Die Forscher beschreiben dort ein noch hypothetisches Material, dem sie sinnigerweise den Namen »Einsteinon« gaben und das ebenfalls auf Nanotechnologie beruht, aber eine milliardenfach (!!!) größere Reißfestigkeit als besagtes CNT besitzen soll. Somit könnte der Kabeldurchmesser natürlich wesentlich kleiner ausfallen, wodurch die Produktion aufgrund des geringeren Materialsbedarfs erheblich einfacher und kostengünstiger wäre.

Bei Professor Harry O. Ruppe, mit dem ich folgendes Interview führte, erkundigte ich mich, ob nicht ein Spinnenfaden wegen seiner enormen Reißfestigkeit das Material für den Kabelstrang bilden könnte? In einem späteren Gespräch fragte mich Professor Ruppe leicht ironisch: »Sie kennen doch die Spinne von Nazca?« Anschließend informierte er mich, dass gegenwärtig Experimente mit synthetischen Spinnenfäden laufen und somit eine neue Variante für das Liftseil aufgetaucht ist.

Fragen an Professor Harry O. Ruppe zum Space-Elevator-Projekt

Zuvor noch ein Statement von Professor Ruppe, der sich als einer der ersten NASA-Mitarbeiter überhaupt mit dem Thema Space Elevator befasste:

Meine Beziehung zur »Himmelsleiter«

Anfang der Siebzigerjahre des vergangenen Jahrhunderts hat mein Freund Arthur C. Clarke (im März 2008 auf Sri Lanka verstorben) mich gebeten, diese Idee zu verfolgen. Er wollte sie in seinem dann 1978 erschienenen Roman *Fahrstuhl zu den Sternen* aufgreifen und behandeln. Russische Bekannte hatten ihn darauf aufmerksam gemacht. So untersuchte ich diese Vorstellung einer sogenannten Himmelsleiter und bestätigte deren grundsätzliche Korrektheit. Der Leningrader Ingenieur Artsutanov hatte um 1960 für die Himmelsleiter einen Startturm vorgeschlagen. Echte Türme können nach einer Convair-Studie von 1962 mit einer Grafitverbundstruktur bis vierzig Kilometer emporragen. 1966 haben Isaacs und andere das Himmelsleiterkonzept in den USA neu belebt. Danach behandelten es Professor Schiehlen (TU München), A. Leonov und A. Sokolov (sowjetische Astronauten) und ab 1975 J. Pearson (USA) in wichtigen Einzelheiten. Mein Wissen über Himmelsleitern habe ich in meinem Buch *Die grenzenlose Dimension Raumfahrt* (Econ Verlag, Band 1, S. 405 ff.) zusammengefasst.

Abb. 5. Bereits in den Fünfzigerjahren wurde von Harry O. Ruppe, der nach dem Zweiten Weltkrieg in Leipzig sein Abitur gemacht und dort auch das Studium der Physik aufgenommen hatte, die erste Mondsonde Pioneer 4 mitentwickelt. Sie startete am 3. März 1959. Vier Jahre später promovierte er mit einer Arbeit über die Kosten bemannter Marsflüge. Vor und während des Apollo-Programms arbeitete er im Team von Wernher von Braun in Huntsville, Alabama, bis er 1966 an die TU München berufen wurde und dort den Lehrstuhl für Raumfahrttechnik übernahm, den er bis 1994 innehatte.

FRAGE: *Herr Professor Ruppe, Sie haben sich ja noch in der Ägide Wernher von Brauns als einer der ersten bei der NASA mit dem »Space Elevator« befasst. Gegenwärtig wird zwar mit begrenzten finanziellen Mitteln an dem Projekt gearbeitet, dennoch fand es in letzter Zeit in den Medien wieder einige Beachtung. Wie beurteilen Sie die Chancen, dass eines Tages ein Weltraumlift in Betrieb geht?*

RUPPE: Nicht sehr optimistisch. Der Bau der Himmelsleiter wird recht teuer werden, so um die 100 Milliarden Euro. Rechnen könnte sich das für eventuell 1.000 bemannte Marsflüge in 100 Jahren. Das sehe ich nicht in absehbarer Zeit.

FRAGE: *Gegenwärtig ist man noch nicht in der Lage, den erforderlichen Kabelstrang zu produzieren. Deshalb dürfte der vor einigen Jahren anvisierte Zeitraum, im nächsten Jahrzehnt schon mit der Installation zu beginnen, wohl nicht realisierbar sein. War man zu euphorisch?*

RUPPE: Mit einem ernsthaften Baubeginn sollte man wohl frühestens in fünfzig Jahren rechnen, mit der Fertigstellung erst 25 Jahre später.

FRAGE: *Die Kosten für einen Weltraumlift werden zurzeit auf etwa fünfzig Milliarden US-Dollar geschätzt, und wie bei vielen Projekten werden sie am Ende erfahrungsgemäß sicher wesentlich höher ausfallen. Aber sind bei einer jahrhundertelangen Nutzung nicht eine Amortisierung und erheblich geringere Kosten für Transporte von Menschen und Material zu erwarten?*

RUPPE: Wenn der »Strang« da wäre und wenn dazu noch einige Milliarden Euro in entsprechende Infrastruktur gesteckt würden, dann könnte die bemannte Raumfahrt bis zur geostationären Bahn oder zur dort befindlichen Station ziemlich preiswert werden. Sagen wir mal, Rundreisekosten pro Mensch etwa 10.000 Euro. Die Amortisation der Anlagen beträgt sicherlich ein Vielfaches davon. Aber selbst mit einer Million Euro an Rundreisekosten pro Person wäre man noch relativ billig im Vergleich zum Raketentransport, der zur »niedrigen« Raumstation zwanzig Millionen und mehr Euro, bis zur geostationären Station mindestens fünfzig Millionen Euro betragen könnte!

Um Reisekosten von einer Million Euro pro Person zu haben, müssten pro Jahr 10.000 Menschen aufsteigen, und das 25 Jahre lang! Also ordentlich Verkehr, dann amortisiert sich die Himmelsleiter. Aber richtig billig wird die Reise auch dann nicht. Die energetischen Verhältnisse für ein Liftsystem stellen sich folgendermaßen dar:

- niedere Kreisbahngeschwindigkeit ≈ 8,7 kWh/kg
- parabolische Geschwindigkeit ≈ 17,4 kWh/kg
- dagegen eine Saturn-5-Rakete ≈ 125,0 kWh/kg

Der schlechtere Wirkungsgrad der Saturn-Rakete ist unverkennbar. Jeder Start einer Saturn-5-Rakete kostet mindestens eine Milliarde US-Dollar. Energetisch betrachtet ist Raumfahrt also nicht besonders beeindruckend.

FRAGE: Sie betrachten ebenso wie ich die Raumfahrt in einigen Punkten doch sehr kritisch, besonders was die bemannten Unternehmungen betrifft. In den wenigen Jahren der Shuttle-Einsätze waren leider neben zahlreichen Pannen auch Todesopfer zu beklagen. Kann ein Weltraumlift nicht das kostengünstigere und auch erheblich sicherere Instrument zur Beförderung ins All sein?

RUPPE: Ich glaube, der Lift kann wesentlich sicherer sein als der Raketenflug. Allerdings ist die Kabine keineswegs einfach zu konstruieren, und der Weltraumschrott, eventuell sogar stellare Objekte im All sind auch nicht ganz ohne.

FRAGE: *Wie könnte Ihrer Meinung nach eine solche Konstruktion aussehen? Nicht nur die NASA spricht von einem kilometerhohen Turm, sondern auch in der Mythologie wird weltweit von einem hohen Turm als Startpunkt für den Aufstieg in den Himmel gesprochen. Warum ist ein Turm so wichtig? Könnte man das Kabel nicht einfach auf der Erde verankern?*

RUPPE: Die Erdverankerung halte ich nicht für das große Problem. Natürlich muss der »Fuß« wirbelsturmfest sein und dergleichen. Weil der Turm von oben gespannt wird und der Spannungsgeber außerhalb der Atmosphäre ist, halte ich das aber nicht für sehr schwierig. Er könnte wie ein gegen die Erde verspannter Eifelturm aussehen, der von oben her unter Zug steht. Die gesamte Himmelsleiter ist aus Sicherheitsgründen ein regelrechter Zopf von Kabeln.

FRAGE: *Halten Sie es rein hypothetisch gesehen für möglich und auch sinnvoll, dass eine außerirdische Expedition zur Erde aufgrund des geringeren Energieverbrauchs einen Weltraumlift benutzt?*

RUPPE: Da bin ich eher skeptisch. Vielleicht könnte man das mit einer nuklear sauberen Fusionsrakete sogar besser hinbekommen.

ANTWORT: *Aber doch wohl nur, wenn man einen Planeten für kurze Zeit besucht. Bleibt man aus irgendwelchen Gründen jahrhundertelang, dürfte wahrscheinlich ein Liftsystem das ideale Gerät für den ständigen Pendelverkehr zu einem riesigen Raumschiff im Erdorbit sein.*

RUPPE: Wenn es so lange dauern sollte, wäre das schon eher ein Grund.

FRAGE: *Nicht Kernspaltung, sondern saubere Kernfusion scheint die realistischste Antriebsart für interstellare Raumfahrt zu sein, wenn man es schafft, diese Technik zu entwickeln. Deshalb zwischendurch mal eine nicht ganz so ernst gemeinte Frage, was die Nutzung eines solchen Lifts durch Außerirdische angeht. Am Max-Planck-Institut in München forscht man ja intensiv am Kernfusionsprinzip. Wenn Sie Ihre Kollegen dort besuchen wollen, benutzen Sie doch auch keinen Airbus, sondern nehmen wahrscheinlich die S-Bahn?*

RUPPE: Sicherlich, oder ich benutze mein Auto.

FRAGE: *In knapp 36.000 Kilometern über der Erde soll ja die Endstation des Weltraumlifts sein. In der Mythologie wird permanent berichtet, dass beim Aufstieg ins All Schleusen, Pforten oder auch ein neuer Himmel passiert werden mussten, und je höher man gelangte, desto größer wurden die Entfernungen zwischen den einzelnen Stationen. Würde heute ein Weltraumlift, besonders im erdnahen Bereich, nicht auch mehrere Zwischenstationen haben?*

RUPPE: Natürlich könnte ein Weltraumlift Zwischenstationen besitzen, aber nicht vorrangig im erdnahen Bereich, dort hätten sie nur sekundäre Bedeutung. Der größte Nutzen eines Lifts für Menschen entsteht erst ab dem geostationären Punkt, weil man dort die Satelliten für die weltweite Kommunikation positionieren kann, und der Nutzen steigt noch, wenn der Strang wesentlich länger ist, denn dann kann er für Expeditionen zum Mond oder Mars genutzt werden.

FRAGE: *Sie kennen ja meinen Standpunkt, dass interstellare Raumfahrt wohl nur praktiziert wird, wenn den Bewohnern eines Planeten durch eine kosmische Katastrophe die völlige Vernichtung droht. Da*

Sie auch mit Antriebstechnik befasst waren: Wie sehen denn die theoretischen Modelle für Reisen in andere Sonnensysteme aus?

RUPPE: Ich sehe keine glaubhaften Möglichkeiten für die Realisierung bemannter interstellarer Reisen. Vielleicht wissen wir nur zu wenig über die physikalischen Gegebenheiten. Allerdings könnte das Fermi-Paradoxon »Wo sind sie denn alle?« auch bedeuten, dass es außer uns niemanden gibt, der diesen Weg überhaupt einschlagen kann.

Herr Professor Ruppe, herzlichen Dank für Ihre Stellungnahme.

Weltraumtourismus zum Schnäppchenpreis?

Die Einrichtung eines kosmischen Liftsystems auf der Erde könnte viele Vorteile mit sich bringen. Einige Länder am Äquator, allen voran Ecuador, könnten einen wirtschaftlichen Boom erleben, wenn auf ihrem Territorium ein solches System installiert würde, weil nicht nur große Raumstationen, sondern sogar Hotelkomplexe im Orbit entstehen könnten, die einen Weltraumtourismus zum Schnäppchenpreis ermöglichen. Aber keiner kann vorhersagen, wie sich die politische Lage in dem als Standort vorgesehenen Land fünfzig Jahre später präsentieren wird. Trotz aller Verträge wäre ein Konfliktpotenzial zum Beispiel durch soziale Unruhen, Revolten oder neu aufkeimende hoheitsrechtliche Ansprüche nie völlig auszuschließen. Deshalb ist als Alternative eine am Meeresboden verankerte künstliche Insel in internationalen Gewässern auf dem Äquator eine überlegenswerte Option. Aufgrund des kilometerhohen Turmes müsste diese Meeresplattform allerdings einige Quadratkilometer Fläche aufweisen, um genügend Platz für einen Yachthafen, einen Flugplatz sowie Hotels und Kasinos und die schon obligatorischen zollfreien Einkaufmalls zu bieten, die wiederum ihren Teil zur Amortisierung eines solchen Projektes beitragen könnten. Jedenfalls hätten Las Vegas, Macao oder Dubai durch eine kaum noch zu überbietende Attraktion »Weltraumlift-Destination« erhebliche Konkurrenz zu befürchten.

Doch nicht nur diese wirtschaftlich lukrativen Aussichten, auch die vielen Unwägbarkeiten der Shuttle-Flüge, die Wetterabhängigkeit und die hohen Risiken für die Besatzung sind Gründe, warum man in Zukunft kaum umhinkommen wird, sich intensiver mit dem Liftsystem zu befassen. Zumal es nicht mehr lange dauern wird, bis Nanotubes die mit Kerosin, Sauerstoff und Wasserstoff vollgepumpten hochexplosiven Blechbehälter weitestgehend ersetzen.

Wann könnte ein solches Weltraumliftsystem einsatzbereit sein? Bradley C. Edwards hatte in seinem grenzenlosen Optimismus Anfang des 21. Jahrhunderts noch die 20er Jahre anvisiert. Aber vor wenigen Jahren sah ein wissenschaftlicher Workshop vom Marshall Space Flight Center der NASA die Installation eines Weltraumliftes für die zweite Jahrhunderthälfte voraus. Einer der Gründe für eine spätere Realisierung ist die permanente Dollarknappheit der NASA. Weil gegenwärtig die Mars-Expeditionen neben den Flügen zur ISS-Station den größten Teil des Budgets beanspruchen, wird wahrscheinlich Edwards' Traum, den Space Elevator in Betrieb zu sehen, ein Traum bleiben. Ironie des Schicksals: Eine Affinität zu Jakobs Traum von der Himmelsleiter ist damit unverkennbar.

Der Weltraumlift in der Mythologie – überzeugend realistisch

Es war ein eigenartiger Zufall, der zu diesem Buch über Jakobs Himmelsleiter führte. Fast jeder Mensch hat sich für bestimmte Tagesabläufe gewisse Gewohnheiten angeeignet. Für mich bestanden sie darin, vor dem Antritt zum Spätdienst im Zeitungsverlag kurz noch etwas zu entspannen, wozu auch gehörte, durch die TV-Programme zu zappen. So erwischte ich beim Nachrichtensender N24 einen der üblichen Programmhinweise, in dem ich erstmals etwas von einem Weltraumlift erfuhr. Die kurzen Ausschnitte des TV-Spots zeigten in einer Computeranimation das NASA-Projekt des Space Elevators, der von der Erde tausende Kilometer in die Höhe ragt, um Menschen und Material sicherer und vor allem kostengünstiger in den Weltraum zu befördern. Beim Ansehen des Spots war ich wie elektrisiert, weil die NASA als Bodenstation einen kilometerhohen konischen Turm vorsah. In Sekundenbruchteilen entstand bei mir die Assoziation zu einer reliefartigen Darstellung auf den Hochebenen von Nazca. Sollte mit diesem, nur aus der Höhe zu erkennenden Gebilde etwa auf einen ehemaligen Weltraumlift hingewiesen werden?

Während der anschließenden, zwanzig Kilometer langen Fahrt zum Verlagshaus in Siegen ging mir dieser Weltraumlift nicht mehr aus dem Kopf. Und plötzlich erinnerte ich mich an eine in der Bibel erwähnte Himmelsleiter, an der die Engel hinauf und hinunter kletterten. Der erste Hinweis aus der Mythologie auf einen prähistorischen Weltraumlift? Nach der Ankunft im Verlag suchte ich umgehend einen Kollegen auf, der als bekennender Kreationist an der wörtlichen Auslegung der Bibel festhält und der öfter merkwürdige Fragen seines bekennenden Atheisten-Kollegen zur Bibel beantworten musste. »Helmut, wo steht in der Bibel etwas über Jakob und seine Himmelsleiter?« »Jakob war einer der Erzväter, es steht im 1. Buch Mose – Moment ... Kapitel 28, Vers 12.« Damit war die erste

Hürde genommen, denn die Genesis berichtet nicht nur vom Aufstieg in den Himmel, sondern auch über populäre Themen wie die Sintflut und den Turmbau zu Babel, der wiederum eine Analogie zum benötigten Startturm des Weltraumliftes darstellt. Diese Ereignisse deuteten, gestützt durch die naturwissenschaftliche Datierung zweier globaler Flutkatastrophen, mit großer Wahrscheinlichkeit auf einen Zeitraum zwischen dem 12. und 9. Jahrtausend v. Chr. hin.

Natürlich genügt der kurze Hinweis auf Jakobs Himmelsleiter nicht, diesen umgehend als Beweis für einen prähistorischen Weltraumlift zu deklarieren. Wäre die NASA nicht ernsthaft an der Realisierung eines Weltraumliftes interessiert, bliebe Jakobs Himmelsleiter in unserer Zeit wohl weiterhin eine unbedeutende Randnotiz der Bibel, denn für den »modernen« Christen sind viele Schilderungen der Genesis eher dubios, ja sie rufen sogar zwiespältige Gefühle hervor. Wenn Gottes Erscheinen, begleitet von Feuer, Rauch und Getöse, mit einem technischen Apparat in Verbindung gebracht wurde, gelang es kirchlicherseits bisher stets, dies abzuwiegeln, nach dem Motto, das muss mythologisch gesehen werden oder es ist Zufall. Bei den in diesem Buch präsentierten zahlreichen Belegen für einen konsequent mechanisch hervorgerufenen Aufstieg in den Himmel dürfte eine mythologische Auslegung keinesfalls mehr genügen. Sie verkommt unausweichlich zu einer Farce, die in letzter Konsequenz ein religiös ausgerichtetes Weltbild in größere Kalamitäten bringen könnte.

So begann für mich mit Jakobs Himmelsleiter nicht nur eine hochinteressante, sondern gleichzeitig eine spannende Recherche. Spannend allein schon deshalb, weil ein prähistorischer Weltraumlift völliges Neuland war und diese Möglichkeit noch nie ernsthaft in Erwägung gezogen wurde. Und selbst wenn er seinen Ursprung vielleicht in alten Mythen hatte, machte das öffentliche Interesse jetzt deutlich, dass ein solches Bauwerk auch für unser Zeitalter technologisch interessant war.

Die Schriftgelehrten könnten natürlich einwenden: Wenn in der christlichen, jüdischen oder auch muslimischen Welt eine Leiter für den Aufstieg benötigt wurde, so habe dieses Wort einen ganz anderen Sinn gehabt, und damit haben sie sogar recht. Aber das ist nur Wasser auf meine Mühlen, denn im Hebräischen bedeutet

»Leiter« auch »Treppe« oder »Rampe«. Zweifellos erschienen den Priestern und Gelehrten in Mesopotamien oder Mittelamerika startende Shuttles unverständlich. Das ist nachvollziehbar. So deuteten sie diese eben als ein fauchendes Ross oder einen übergroßen Adler, der die aufsteigenden Reisenden mit seinen Krallen festhielt und emporhob. Apropos Adler: Der hat seine Popularität als Weltraumshuttle bis in die Gegenwart hinübergerettet. Wie sagte doch Neil Armstrong einst bei der Mondlandung? »The eagle has landed.« – Der Adler ist gelandet.

Oft wurde versucht, diese eigenartige Himmelsleiter mit ausgesprochen verwunderlichen philosophischen Auslegungen zu erklären. Beispielsweise soll diese »Leiter« eine Metapher dafür sein, dass über das Nachspüren eigener Träume und das Reflektieren besonderer biografischer Lebensereignisse die persönliche Religiosität aufgeschlossen wird. Das würde den Menschen zu eigenen Fragestellungen verhelfen … Oder: Die vom Tag strapazierte Seele sinkt im Schlaf auf der »Leiter« hinab in andere Dimensionen, um sich zu regenerieren … Aber das globale Repertoire der Menschheitserinnerungen verbietet wegen der markanten Identität zum NASA-Projekt förmlich eine theologisch-philosophische Sinnesdeutung der Himmelsleiter. Wie ein roter Faden ziehen sich die bedeutsamsten Komponenten des Liftsystems geradezu wortwörtlich durch die Überlieferungen. Angefangen bei dem stets in einem Gebirge stehenden und durch große Tore zu betretenden monströsen Startturm über die Himmels- oder Götterseile und die zahlreichen Zwischenstationen beim Aufstieg bis hin zur Endstation, wo in der Regel die Begegnung mit dem höchsten Wesen erfolgt.

Selbstverständlich bleibt es jedem selbst überlassen, in dem mythologischen Fundus reale Hinweise auf einen Weltraumlift zu sehen oder den altertümlichen Berichterstattern eine ausgeprägte Erfindungsgabe zu attestieren. Aber da dies nun einmal unser Thema ist, soll die mythologische Exkursion von Jakobs Himmelsleiter mit dem berühmten Vers anfangen, der mich so außerordentlich begeisterte und mittelalterliche Künstler animierte, eine Leinwand mit dem träumenden Jakob und einer in die Wolken ragenden Leiter mit auf- und absteigenden Engeln zu bemalen.

Nach dem hebräischen Bereschit 28, Vers 11, fand Jakob auf dem Berg Morija zwölf Steine, stellte sie im Kreis auf, legte sich darauf nieder und erblickte die Himmelsleiter. Im 1. Buch Mose, Kapitel 28, Vers 11 und 12, war es hingegen nur ein einziger Stein, auf den er sich zum Schlafen bettete und ein seltsames Traumerlebnis hatte. Es besteht natürlich die Möglichkeit, dass Jakob das Beschriebene nicht selbst erlebte, sondern wie viele der biblischen Propheten auf überlieferte Berichte zurückgriff. Und was heißt schon Traum? Eine Redensart, die sich über Jahrtausende erhalten hat und heute noch Anwendung findet, wenn man etwas Außergewöhnliches sieht, lautet: »Ich glaub, ich träume!«

Doch gehen wir einmal davon aus, dass der wahre Jakob als einer der Erzväter von eigenen Erlebnissen berichtet: *Und ihm träumte; und siehe, eine Leiter stand auf Erden, die rührte mit der Spitze an den Himmel, und siehe, die Engel Gottes stiegen daran auf und nieder.* Weiter geht es in Vers 17, der mit einer fast schon schroffen Selbsternüchterung endet: *... und fürchtete sich, und sprach: Wie heilig ist diese Stätte! Hier ist nichts anderes als Gottes Haus, und hier ist die Pforte zum Himmel.* Somit bleibt als Resümee nur: Aus der Traum! Dies war der erste Anhaltspunkt aus den Menschheitserinnerungen für ein ehemals betriebenes Weltraumliftsystem.

Gewiss stand den Bibelredakteuren mehr Text über die Himmelsleiter zur Verfügung. Deshalb kann ihnen aber nicht unterstellt werden, dass sie geschludert haben. Eher könnte es sein, dass sie aufgrund des überreichlichen Materials den Überblick verloren, wie in den Apokryphen über Henoch oder Jesaja noch zu sehen sein wird. Vielleicht gefiel der Text auch dem römischen Kaiser Konstantin dem Großen nicht, der im 4. Jahrhundert n. Chr. dem Christentum in seiner heutigen religiösen Form zum Durchbruch verhalf und entschied, was in der Bibel zu stehen hat und was nicht. Und gab es nicht Interessanteres über Jakob zu berichten? Immerhin hatte Gott ihn zum Stammvater einiger Stämme Israels auserwählt, obwohl er charakterlich alles andere als vorbildlich auftrat.

Heutzutage wäre Jakob aufgrund seiner Vita der Star aller Boulevardmagazine, denn keine andere Bibelgestalt hat so viele Skandale aufzuweisen wie der Erzvater. Er war ein Lügner und Betrüger, der nicht nur die nächsten Angehörigen hinterging, sondern sogar Gott leimte. Wegen Betrügereien und Falschaussagen war Jakob öfter auf der Flucht, was ihn aber nicht davon abhielt, so nebenbei mit allen bereitwilligen Weibern ein Kind nach dem anderen zu zeugen. Er heiratete seine Cousinen Lea und Rahel, und weil die ihm nicht genügten, machte er noch zwei Mägde zu seinen Nebenfrauen. Nicht unerwähnt sollte auch bleiben, dass Jakob obendrein einen Ringkampf mit einem Engel hatte, einem jener Wesen also, die überwiegend an der Himmelsleiter aktiv waren. Wollte er sich etwa, wie so viele andere auch, mit Gewalt Zutritt zum Weltraumlift verschaffen?

Nicht nur Jakob beschreibt einen Weltraumlift

Neben Jakobs Himmelsleiter und der Himmelfahrt des Elia, der im feurigen Wagen mit feurigen Rossen im Sturmwind gen Himmel fuhr, findet sich in der Bibel noch ein weiterer Hinweis auf einen Weltraumlift – im Johannesevangelium, Kapitel 1, Vers 51, in dem Jesus in Anspielung auf Jakobs Himmelsleiter sagt: *Wahrlich, wahrlich, ich sage euch: von nun an werdet ihr den Himmel offen sehen und die Engel Gottes hinauf und herab fahren auf des Menschen Sohn.* Im Gegensatz zu allen mythologischen Deutungsversuchen lautet meine Version: An den Worten »von nun an« lässt sich ziemlich deutlich ablesen, dass dieser Weltraumlift wohl eine für die Menschen spektakuläre Neukonstruktion darstellte und noch nicht lange in Betrieb war. Aber die »Liftsaison« war eröffnet, und endlich konnten die Engel oder sonst wer mit dieser Anlage zwischen Erde und Weltraum hin und her pendeln. Nur ging es in diesem Vers des Johannes schon etwas komfortabler zu, denn nun fahren die Engel hinauf und herab, während sie bei Jakob noch klettern mussten. Ist es nicht ausgesprochen drollig, dass bis auf den heutigen Tag die Engel – in Wahrheit wohl die Liftboys – mit Flügeln dargestellt werden, um ihre Fähigkeit, aufsteigen zu können, zu demonstrieren?

Im hebräischen Talmud hingegen bezeichnet man den Weltraumlift als Schechina, was so viel bedeutet wie die »Herrlichkeit Gottes«. Nach dem Buch Sohar kam die Schechina »mit der Erschaffung der Welt in die Welt«. Einmal wird sie mystisch als Gebet gedeutet, das bekanntlich »aufsteigt« zum Herrn aller Dinge, der weit oben im Himmel residiert, ein anderes Mal gilt die Schechina als ein hoher Berg, dann wieder als Phallussymbol. Die letzten beiden Deutungen weisen deutlich auf einen Startturm hin und finden ihre Ergänzung in den Beschreibungen, die ebenfalls im Sohar stehen: *Auf der Erde aber ist der Boden, von dem die Schechina aufsteigt, und ihr Haupt reicht zum Himmel … Und siehe, göttliche Boten steigen durch ihn auf und nieder … Und sie alle öffnen die Flügel der Schechina … Die da aufsteigen, folgen der Schechina, herab steigt aber der Allerheilige selber …*

Eine Station, die bis zum Himmel reicht und an der göttliche Boten auf- und niedersteigen, deutet bei realistischer Betrachtung unzweifelhaft auf einen Weltraumlift hin und weist keinerlei Affinität mehr zu einem Raumschiff oder dubiosen UFOs auf. Die Überlieferungen weisen auch untereinander beachtliche Ähnlichkeiten auf, und zweifellos fragt man sich, welches ist das Original? Sicher beruhen all diese Reportagen auf einem Urbericht, den man später in den verschiedenen Kulturkreisen – vor allem zwischen dem Nil und dem Zweistromland – unterschiedlich auslegte. Jedenfalls ist davon auszugehen, dass über Jahrhunderte hinweg der Lift ins All für die damaligen Menschen eine äußerst beeindruckende und phantastisch anmutende Konstruktion war.

Dass diese Konstruktion nicht nur bewundert wurde, sondern etlichen Menschen sogar ermöglichte, in den Genuss eines Weltraumtrips zu kommen, zeigen die folgenden Berichte, in denen die Beteiligten der Nachwelt ihre Eindrücke über das Erlebte schilderten.

Henoch – der Einstein der Frühgeschichte

Mehr als schade, dass die biblische Redaktionskonferenz eines der sensationellsten Kapitel über das größte Genie der Frühgeschichte einfach wegredigierte: Henoch! Unwillkürlich taucht die Frage auf, warum die Apokryphen (das 1. Buch Henoch ist heute vollständig nur in äthiopischer Sprache überliefert, das 2. Buch nur in Slawisch) keinen Eingang in die Bibel fanden? Als gelernter Schriftsetzer ist mir der Begriff Hurenkind geläufig. Es war eine Sünde, wenn die letzte Zeile eines Absatzes auf die nächste Seite überlief. Haben die kirchlichen Autoritäten und ihre Redakteure beim Zusammenschustern der Heiligen Schrift ganze Artikel einfach weggelassen, um das typografische Gesamtbild nicht zu stören? Wohl kaum. Vielmehr ist davon auszugehen, dass ihr Intellekt bei einigen in Bezug zu einem Weltraumlift stehenden Textpassagen schlicht und einfach überfordert war. Manches Mal passten die Berichte nicht ins Gesamtbild, ein anderes Mal deklarierte man sie als Fälschungen. Dass es in den

Apokryphen mitunter recht grausig zugeht, dürfte hingegen kein Grund gewesen sein, sie zu ignorieren, das gehört zum Standard fast aller Bibeltexte.

Die redaktionelle Zusammenstellung der Bibel zog sich über viele Jahrhunderte bis ins Mittelalter hin. Und es wurde noch mehr ausgesondert als nur Henoch, denn die Himmelfahrt des Jesaja fehlt ebenso. Henoch ist der Sohn des Jared, der ihn im Alter von 168 Jahren zeugte. Jared wiederum war ein Nachkomme von Set, dem dritten Sohn von Adam und Eva. Henoch war also eine maßgebliche Gestalt in der biblischen Traditionslinie. Dennoch wird mit ihm kurzen Prozess gemacht. Im 1. Buch Mose, Kapitel 5, Vers 24, steht etwas lapidar über Henoch nur noch: *Und weil er mit Gott wandelte, nahm ihn Gott hinweg, und er ward nicht mehr gesehen.* Nicht minder dürftig ist im Folgenden die Erwähnung seiner Nachkommen, des Sohnemanns Methusalem (Weltrekordhalter im Altwerden) und des Enkels Noah. Das war's! Obwohl er doch wie kein anderer Gott gefiel und mit ihm wandelte. Gleiches geschah auch mit dem babylonischen Sit-Napishtim, der mit der Gottheit Bel für immer von der Erde verschwand, und auch mit Herkules, den Zeus zu sich nahm.

Es ist nicht leicht, detaillierte Darstellungen über Henoch zu finden. Im Informationsdschungel des Internets finden sich über die Apokryphen und Pseudepigraphen – das sind Texte, die fälschlicherweise einem bekannten Verfasser zugeschrieben wurden – verschiedene Ausführungen und Übersetzungen. So wie einige Bibeltexte »modernisiert« oder wegen fehlender Vermittelbarkeit ganz entfernt wurden, geschah dies auch mit den Apokryphen und Pseudepigraphen. Nach dem arabischen Hitat des Geographen und Historikers Al-Makrizi soll der hebräische Henoch zudem mit dem griechischen Hermes Trismegistos wie auch mit dem akkadischen Enkidu und dem vorsintflutlichen König Saurid, dem Erbauer der drei Großen Pyramiden, identisch sein. Henoch gilt als Erfinder der Schrift, ferner brachte er den Menschen das Einmaleins bei und war in verschiedene Geheimwissenschaften wie die Sternkunde eingeweiht, wodurch er in grauer Vorzeit zu tiefen Einblicken in die Geheimnisse der himmlischen und irdischen Welt gelangte. Kurzum, das herausragende Universalgenie der Menschheitsgeschichte! Und wir schwärmen noch von Newton und Einstein.

Die Apokryphen und Pseudepigraphen des Alten Testaments, Band 2, lassen sogar Erzvater Jakobs Schilderung der Himmelsleiter in der bearbeiteten Fassung der Bibel, auf die wir seit unseren Kindertagen alle schwören, ziemlich alt aussehen. Betrachten wir einmal die 1900 in Tübingen aus dem Slawischen übersetzte, nicht kanonisierte Fassung des Professors und Doktors der Theologie Emil Kautzsch und seiner Fachgenossen. Dort wird Henochs Himmelsreise in Begleitung zweier Engel bis in den siebten Himmel hinein erheblich ausführlicher beschrieben. In zahlreichen Passagen finden sich obendrein schaurige Erzählungen von gefangenen und gefallenen Engeln ebenso wie von Ungeheuern, denen er begegnet. Henoch blickt in grausame Abgründe und sieht, wie die Sterne vom Himmel fallen. Aber dieses schon obligatorische ausschmückende Beiwerk gehört wohl zwangsläufig dazu, wenn etwas Technisches nicht erklärt werden konnte, wobei dies nicht allein auf Henoch gemünzt sein muss. Es ist eben die große Zeitspanne über Jahrtausende zu berücksichtigen, ehe wiederum nach einigen weiteren Jahrtausenden dieses Geschehen schriftlich festgehalten wurde. Deshalb sollen auch nur die Passagen erwähnt werden, die für einen Weltraumlift von Relevanz sind.

Für Henoch war es anscheinend nicht ganz so einfach, in den Genuss einer Mitfahrgelegenheit ins All zu gelangen. Duschanlagen und Deoroller waren in prähistorischen Zeiten gewiss nicht allgegenwärtig und dementsprechend die Körperausdünstungen durchaus beträchtlich. Und dann erst die Keime! Also musste sich Henoch zuvor einer hygienischen Behandlung unterziehen. In den slawischen Henoch-Büchern werden fast identisch mit dem Gilgamesch-Epos die umfangreichen Vorbereitungen zum Aufstieg in den Himmel beschrieben, wie er gereinigt und einbalsamiert wurde, die gleiche Kleidung wie die Engel anziehen musste und aufgefordert wurde, *mutig zu sein … denn heute gehst du mit uns hinauf in den Himmel!* Henoch war vielleicht etwas verunsichert, deshalb ertönte barsch der Appell: *Nimm dich zusammen, Henoch, und erkenne den, der mit dir spricht!*

Von höchster Stelle, nämlich von Gott persönlich, erfolgt dann die Aufforderung an den Erzengel Michael: *Nimm Henoch und entkleide ihn der irdischen Gewänder! Salb ihn mit süßem Öl und kleid ihn in die Gewänder der Herrlichkeit! Und Michael entkleidete mich meiner Gewänder und salbte mich mit süßem Öl. Und dieses Öl war mehr als strahlend Licht; seine Salbung glich süßem Tau; sein Duft glich der Myrrhe. Und ich schaute auf mich selbst und ich war wie einer von seinen Herrlichen, und nicht war ein Unterschied des Anblicks.* Das hat er richtig gesehen, der Henoch, denn die hygienischen Maßnahmen und die Einkleidung in sterile Raumanzüge werden kaum anders ablaufen, wenn heute Menschen auch nur bis zur ISS reisen, unserer internationalen Raumstation. Steckte man einen unserer frühesten Ahnen in einen Raumanzug und packte ihm noch dazu einen Helm auf den Kopf, dann dürfte sein Anblick sich von dem eines US-Astronauten sicherlich nicht unterschieden haben.

Aber der wahre Knüller kommt im 4. Teil, Kapitel 87, Absatz 2 der Apokryphen, als Henoch berichtet: *Da erhob ich abermals meine Augen gen Himmel und sah im Gesichte, wie aus dem Himmel*

Wesen, die weißen Menschen glichen, hervorkamen; einer von ihnen kam aus jenem Ort hervor und drei mit ihm … und wenn sie wollen, erscheinen sie wie Menschen. Jene drei, die zuletzt hervorgekommen waren, ergriffen mich bei der Hand, nahmen mich von dem Geschlechte der Erde hinweg und brachten mich hinauf an einen hohen Ort und zeigten mir einen Turm hoch über der Erde, und alle Hügel waren niedriger.

Diese Mitteilung ist so sensationell, dass im Vatikan Papst Benedikt vor Schreck eigentlich vom Heiligen Stuhle Petri fallen müsste. Lassen Sie sich das auf der Zunge zergehen: Henoch wird von irgendwo abgeholt, man bringt ihn in ein Gebirge und zeigt ihm einen Turm, der hoch über die Erde hinausragt. Und als er bei der Führung oben anlangt, bekommt er fast einen Schreck, wie hoch er ist und wie niedrig alle Hügel um ihn herum sind.

Fragt man nun danach, mit welchem Gerät Henoch zum Startturm gebracht wurde, kommt eigentlich nur die im 1. Kapitel des Buches Hesekiel im Alten Testament technisch sehr ausführlich beschriebene flug- und fahrtaugliche Merkaba in Frage, die auf ihren vier Rädern, ohne wenden zu müssen, in alle Richtungen fahren konnte. Der NASA-Ingenieur Josef F. Blumrich (1913-2002) stand ihrer Existenz eher skeptisch gegenüber. Als seriöser Wissenschaftler, der immerhin die erste Stufe der 112 Meter hohen Saturn-5-Rakete entwickelte, an deren Spitze ab 1969 in Apollo-Kapseln Männer zum Mond geschossen wurden, wollte er – wie er in seinem Buch *Da tat sich der Himmel auf* schreibt – die einstige Existenz der Merkaba in der geschilderten Form widerlegen. Das Ergebnis seiner Recherche: Blumrich erhielt ein Patent für ein solches Rad, das alle beschriebenen Eigenschaften aufwies. Aufgrund dieser Charakteristika kann die biblische Merkaba zweifelsohne als ein weiteres Prunkstück in der Beweisführung prähistorischer Astronautik angesehen werden.

Ob nun Henoch den Merkaba-Landeplatz oder den Eintritt in den Turm beschreibt, bleibt offen. Wohl gefühlt hat er sich bei der Ankunft jedenfalls nicht, wenn man seinen Ausführungen folgt: *Ich trat ein, bis ich mich einer Mauer näherte, die aus Krystallsteinen gebaut und von feurigen Zungen umgeben war; und sie begann mir Furcht einzujagen. Ich trat in die feurigen Zungen hinein und näherte mich einem großen, aus Krystallsteinen gebauten Hause. Die Wände jenes Hauses glichen einem mit Krystallsteinen getäfelten Fußboden. Ich trat ein in jenes Haus, das heiß wie Feuer und kalt wie Schnee war. Da war keine Lebenslust vorhanden; Furcht umhüllte mich, und Zittern erfasste mich. Da ich erschüttert war und zitterte, fiel ich auf mein Angesicht und schaute Folgendes: Siehe, da war ein anderes Haus, größer als jenes; alle seine Türen standen vor mir offen, und es war aus feurigen Zungen gebaut. In jeder Hinsicht, durch Herrlichkeit, Pracht und Größe zeichnete es sich so aus, dass ich euch keine Beschreibung von seiner Herrlichkeit und Größe geben kann. Sein Boden war von Feuer; seinen oberen Teil bildeten Blitze und kreisende Sterne. Mein Geist sah, wie ein Feuer rings um jenes Haus lief, an seinen vier Seiten Ströme voll lebendigen Feuers, die jenes Haus umgaben.*

Natürlich bieten die feurigen Zungen oder die um jenes Haus laufenden Feuer wieder eine Gelegenheit, diese Ausführungen mystisch zu deuten. Aber ebenso gut könnte Henoch künstliches Licht außer- und innerhalb der Anlage beschrieben haben. Sein weiterer Bericht legt dies nahe: *Sie führten mich an den Ort des Sturmwinds und auf einen Berg, dessen äußerste Spitze in den Himmel reicht. Ich sah die Orte der Lichter, die Vorratskammern der Blitze und des Donners und in der äußersten Tiefe einen feurigen Bogen … Ich sah die Mündung aller Ströme der Erde … Ich sah sieben Flüsse, größer als alle übrigen Flüsse auf der Erde, und die Mündung der Tiefe … Ich sah sieben Inseln im Meer.*

Keineswegs mystisch, sondern ausgesprochen realistisch und logisch beim Aufstieg der Blick auf die Erde mit zunehmender Entfernung. Sieben Inseln und die gleiche Anzahl großer irdischer Ströme kann man nur aus dem Weltall erkennen. Die folgende Erzählung, dass er das Land und das Wasser nicht mehr unterscheiden konnte, lässt mutmaßen, dass Henoch auf einer der Zwischenstationen in schon beträchtlicher Höhe angekommen war. Fast in jedem TV-Wetterbericht werden Satellitenaufnahmen gezeigt, in denen ein riesiges Tiefdruckgebiet zum Beispiel vom Atlantik bis Osteuropa reicht. Dann trifft Henochs Beschreibung exakt zu: Das Land und das Wasser sind nicht mehr zu unterscheiden.

Ich sah einen tiefen Abgrund mit Säulen himmlischen Feuers, und ich sah unter ihnen Feuersäulen herabfallen; sie waren weder nach Tiefe noch nach Höhe zu messen. Hinter diesem Abgrund sah ich einen Ort, wo weder die Himmelsfeste darüber, noch die festgefügte Erde darunter, noch Wasser unter ihm war. Sondern ein Ort war es, wüste und grausig. Dort sah ich etwas Fürchterliches: Ich sah keinen Himmel oben und kein festgegründetes Land unten, sondern einen öden und grausigen Ort. Da sagte ich: »Wie schrecklich ist dieser Ort und wie fürchterlich, ihn anzuschauen!« Und Uriel sagte zu mir, einer von den heiligen Engeln, die mit mir waren: »Henoch, warum fürchtest du dich und erschrickst du so?« Ich antwortete: »Wegen dieses schrecklichen Orts und wegen dieses grässlichen Anblicks.« ... Danach war mein Geist verborgen und stieg in den Himmel auf. Da war Henoch wohl auf einer weiteren Zwischenstation angekommen, die schon etliche 1.000 Kilometer von der Erde entfernt war. Er sah Fürchterliches, genauer gesagt, gar nichts mehr, weder Erde noch Himmel. Entweder waren keine Sichtluken mehr vorhanden, oder der Blick auf die kleiner werdende Erde war schon erheblich eingeschränkt. Aber er versichert glaubhaft: *Ich, Henoch, habe allein das geschaut, den Anblick der Enden von allen Dingen, und kein Mensch hat sie so gesehen, wie ich sie gesehen habe.*

Nicht unerwähnt bleiben sollte auch eine Stelle in Vers 61 von Henochs Bericht, steht sie doch ebenso im Zusammenhang mit der biblischen Himmelsleiter wie viele Hinweise auf Schnüre, Seile oder Kabel aus anderen Kulturkreisen: *Ich sah, wie in jenen Tagen jenen Engeln lange Schnüre gegeben wurden, und sie nahmen sich Flügel, flogen und wandten sich nach Norden zu. Ich fragte den Engel, indem ich sagte: »Warum haben sie jene langen Schnüre genommen und sind weggegangen?« Er sprach zu mir: »Sie sind weggegangen, um zu messen.«* Und an anderer Stelle heißt es: *Er setzte mich zwischen zwei Himmelsgegenden, zwischen Norden und Westen, da, wo die Engel die Schnüre nahmen, um für mich den Ort für die Auserwählten und Gerechten zu messen.*

Hier lässt mich eine Bemerkung Henochs besonders aufhorchen, kann sie doch ein für allemal den Engeln die Flügel stutzen: Sie *hatten* keine, sondern *nahmen* sich Flügel! Ergo waren bei den Engeln diese ornithologischen Extremitäten doch nicht angewachsen. Ist mit diesem einen Satz der gesamte illusionistische Engelskult ein für allemal demaskiert? Wie bereits erwähnt, geht die NASA bei ihrem Lift von sechs Kabelsträngen aus, vier für den Transport, zwei für Reparatur- und Wartungsarbeiten. Wie die Astronauten der ISS außerhalb ihrer Raumstation Reparaturarbeiten durchführten oder ein größeres Sonnensegel installierten, ist ja oft genug in Filmaufnahmen gezeigt worden. Und auch bei einem Weltraumlift dürfte ein Außeneinsatz öfter nötig sein. Somit stellt sich die Frage, ob die Engel, als sie sich lange Schnüre nahmen, eventuell einen Kabelstrang reparieren mussten?

Energie wird immer ein Hauptproblem interstellarer Raumfahrt bleiben, egal in welches Sonnensystem die Reise führt. Die einzige Energie, die »vor Ort« allezeit und unbegrenzt zur Verfügung steht, ist nun einmal die solare. Auch wenn es uns heute kurios erscheinen mag, ist deshalb nicht völlig auszuschließen, dass die Servicecrew mit kleinen Sonnensegeln zur Energiegewinnung ausgestattet war, die später als Flügel Einzug in die Engelsdarstellungen hielten.

Zur Überraschung seiner um ihn trauernden Angehörigen kehrte Henoch übrigens wieder zur Erde zurück. Dort erfährt er von der kommenden Sintflut und dass sein Enkel Noah gerettet werden soll, aber auch – so steht es in der Einleitung zum 2. Buch Henoch –, dass er im übernächsten Jahr endgültig die Erde verlassen werde. Danach befiehlt Gott dem Erzengel Bretil, der die himmlischen Bücher führt, Henoch Feder und Papier zu geben und ihm alles über den Himmel, die Erde und das Meer zu diktieren. In dreißig Tagen soll Henoch 360 Bücher geschrieben haben, die er seinem Sohn Methusalem mit dem Auftrag übergab, sie für die Nachwelt aufzubewahren. Alle Achtung! Ich quäle mich für einige Seiten einen ganzen Tag ab, und Henoch produziert in der gleichen Zeit zwölf Bücher? Spät abends nach dem Schreiben mit Musikhören wird noch mal die Glotze angeworfen und sich ein Rioja oder Navarra genehmigt. Ein Western läuft und irgendein John-Wayne-Typ zieht zwei Colts und schießt damit beidhändig. Ja, das Multitalent Henoch muss auch so ein Beidhänder gewesen sein ...!

Jesaja, Baruch und Levi – von einer Zwischenstation zur nächsten

»Gott« dürfte landläufiger Auffassung nach wohl keine Zwischenstationen benötigen, aber für die Zwecke Außerirdischer wären sie gewiss sinnvoll gewesen. Die Beschreibungen der Himmelsreisen in den Apokryphen und Pseudepigraphen von Jesaja, Baruch und Levi, die in dieser Hinsicht große Ähnlichkeiten aufweisen, stützen dies. So beginnt bei allen der Aufstieg von einem Himmel zum nächsten stets nach dem Eintritt durch ein großes Tor und findet seinen Abschluss im magischen siebten Himmel. Dabei ist wie bei Hesekiel davon auszugehen, dass weder Jesaja noch Baruch oder Levi ihre Himmelsreise persönlich erlebten, zumal die wahren Urheber der biblischen Berichte nicht bekannt sind. Viele dieser Berichte, auch der von Hesekiels Merkaba, stammen aus dem 8. Jahrhundert v. Chr., als in Mesopotamien etwa 20.000 Israeliten in babylonische Gefangenschaft gerieten.

Allerdings entwickelte sich die anfängliche Gefangenschaft der Juden im Zweistromland im Laufe der Zeit zu einem durchaus erträglichen Exil. Anfangs wurde der Aufenthalt zwischen Euphrat und Tigris noch als fürchterlich geschildert, wie in Psalm 137: *»An den Wassern zu Babel saßen wir und weinten, wenn wir an Zion dachten.«* Das ist weiß Gott mehr als nur verständlich bei Menschen, die geistig entwurzelt und ihrer Heimat beraubt werden, aber sie wurden in ihrer neuen Heimat bald anerkannt und gelangten dank einer schnellen Assimilation in Mesopotamien sogar in hohe Ämter, was ihnen sicherlich den Zugang zu alten Texten ermöglichte. So veröffentlichte Baruch, der Sekretär des Propheten Jeremia, seine Berichte im babylonischen Exil, und auch etliche Jesaja-Passagen, die eine unverkennbare Affinität zu Henoch zeigen, dürften ihren Ursprung dort haben. Eines ist bei der Nähe Jesajas zu Henoch aber durchaus auffällig: Seine Begleiter nehmen Jesaja auf seiner Himmelsreise ebenso an der Hand wie Henoch, und gleich ihm betont er, er sei der Einzige gewesen, der all dies gesehen hätte. Hat der Prophet Jesaja in seinem Evangelium etwa bei Henoch abgeschrieben?

Und als er mich bei meiner Hand gefasst hatte, führte er mich empor; und ich sprach zu ihm: Wer bist du, und wie ist dein Name, und wohin führst du mich aufwärts? Denn mir war die Macht verliehen worden, mit ihm zu reden. Und er sprach zu mir: Wenn ich dich stufenweise aufwärts geführt habe und dir das Gesicht, zu dem ich gesandt worden bin, gezeigt haben werde, dann wirst du erkennen, wer ich bin … Und weiterhin ließ er mich aufsteigen in den zweiten Himmel, und die Höhe jenes Himmels ist wie die vom Himmel zur Erde, als ich von Himmel zu Himmel emporstieg … Und so wie droben also ist es auch auf der Erde, denn das Abbild dessen, was in dem Firmament ist, ist hier auf Erden.

Vielleicht haben hier auch zwei spätere Propheten – sprich Wissensträger – nur die gleiche Erfahrung gemacht und wurden durch die Himmelswächter zu unterschiedlichen Zeiten mit den gleichen Informationen versehen? Bei Jesaja wird anschließend der Abstieg zurück zur Erde durch sechs Himmel respektive Zwischenstationen formuliert: *Geh und steige hinab durch alle Himmel und steige hinab zum Firmamente und zu dieser Welt. Ich sage dir aber, Jesaja, dass keiner aufgestiegen ist und gesehen und wahrgenommen hat, was du wahrgenommen hast und was du noch sehen sollst.*

Entsprechend heißt es im Buch Baruch: *Und er nahm mich und brachte mich dahin, wo der Himmel befestigt ist … Und er nahm mich und brachte mich zum ersten Himmel und zeigte mir ein gewaltig großes Thor. Und er sprach zu mir: »Lasst uns durch dasselbe hineingehen!« Und wir gingen hinein, wie von Flügeln getragen, eine Wegstrecke von ungefähr dreißig Tagesreisen. Und der Engel nahm mich und brachte mich in einen zweiten Himmel. Und er zeigte mir auch dort ein Thor, ähnlich dem ersten. Und wir gingen von Flügeln emporgehoben eine Wegstrecke von etwa sechzig Tagen hinein. Und er zeigte mir auch dort eine Ebene, und sie war angefüllt von Menschen, deren Aussehen dem von Hunden glich und die Hirschfüße hatten. Und ich fragte den Engel: »Ich bitte dich, Herr, sage mir, was das für Leute sind.« Und er sprach: »Das sind die, die den Rat gegeben haben, den Turm zu bauen.« Und der Engel sprach zu mir: »Wohlan, lass uns hindurchgehen!« Und ich ging mit dem Engel von jenem Ort etwa 185 Tagesreisen weiter hinein. Und er zeigte mir eine Ebene und eine Schlange, die etwa 200 Plethra (= sechs Kilometer) lang zu sein schien.*

Die interessanten Details sind bei Jesaja der stufenweise Aufstieg, der bei Baruch sogar mit Zahlenangaben unterlegt wird. Nun weiß man heute nicht mehr, wie viele Kilometer zu Baruchs Zeiten bei einer Tagesreise zurückgelegt wurden. Waren es zehn, zwanzig oder dreißig Kilometer? Jedenfalls nehmen die Distanzen zu den Zwischen- oder Himmelsstationen proportional zu, was bei einer Beobachtung oder Erforschung unserer Sphäre durch Außerirdische logisch erscheint. Geht man bei einer Tagesreise zum Beispiel von zwanzig Kilometern aus, befand sich die erste Station in rund 600 Kilometer, die zweite in 1.800 Kilometer und die dritte in etwa 5.500 Kilometer Höhe.

Bemerkenswert ist noch, dass in der zweiten und wahrscheinlich auch größeren Zwischenstation Baruch den Wesen begegnet, *die den Rat gegeben hatten, den Startturm zu bauen.* Da ist nicht mehr von transzendenten Gotteswesen die Rede, sondern handfest von Technikern und Konstrukteuren, die sehr nicht-menschlich aussehen. Man kann sich die Hilflosigkeit der Exegeten vorstellen, wenn sie die »sieben Himmel« oder auch Zwischenstationen schildern sollen, wo doch bei den Weltreligionen ein einziger Himmel als Aufenthaltsort Gottes, Jahwes oder Allahs vorgesehen ist.

Im ersten Buch der Chronik sagt Levi: *Da fiel ein Schlaf auf mich, und ich schaute einen hohen Berg. Dieses ist der Berg Aspis in Abelmaul. Und siehe, es öffnete sich der Himmel, und ein Engel Gottes sprach zu mir: »Levi, geh hinein!« Und ich ging aus dem ersten Himmel in den zweiten und sah dort ein Wasser hängend mitten zwischen diesem und jenem. Und ich sah einen dritten Himmel, viel glänzender als die beiden. Denn es war auch eine unermessliche Höhe in ihm. Und ich sprach zu dem Engel: »Wozu ist dieser?« Und der Engel sprach zu mir: »Wundere dich nicht hierüber, denn du wirst noch vier andere Himmel sehen, glänzender und unvergleichlich, wenn du dort hinaufgegangen sein wirst. Denn du wirst nahe bei dem Herrn stehen und wirst sein Diener sein und wirst den Menschen seine Geheimnisse verkünden, und über den, der Israel erlösen soll, wirst du Botschaft bringen.«*

Allein schon der letzte Satz von Levis Bericht zeigt, dass die Himmelfahrtberichte durchaus propagandistischen Zwecken dienten. Jesaja nutzte sie sogar, um das messianische Reich anzukündigen, denn viele Juden verspürten wenig Lust, das luxuriöse Babylon gegen das karge Kanaan zu tauschen, und es bedurfte größter Anstrengungen der religiösen Heilsfanatiker, dem Volk wieder eine eigene Identität zu vermitteln und es zur Heimkehr zu bewegen. Erst im Jahr 516 v. Chr. erlaubte der persische Herrscher Kyros, der Begründer der ersten Menschenrechts-Charta, in seiner Großmut den Juden die Rückkehr nach Kanaan, wodurch die dogmatischen Priester endgültig die Macht erlangten.

Überall in der Menschheitsgeschichte und zu allen Zeiten spielte die Vorstellung von genau sieben Himmeln eine überragende Rolle. So erscheinen auch im Mithraskult, der ursprünglich aus Kleinasien stammt und im Römischen Reich sehr populär war, sieben Himmel, die über eine Leiter erreichbar waren. Die Deutung, dass jeder Himmel einen Planeten symbolisierte, wird dem griechischen Philosophen Aristoteles zugeschrieben. Kann es sein, dass durch die sieben Stationen eines Weltraumliftes die Zahl 7 in fast allen Religionen einen besonders hohen Stellenwert erlangte? So hat der jüdische Kerzenleuchter Menora sieben Kerzen, und der fromme Muslim muss bei der Wallfahrt nach Mekka die Kaaba sieben Mal umrunden. Und noch heute tun wir unsere größte Glückseligkeit und den höchsten Genuss durch den Ausspruch kund: »Ich fühle mich wie im siebten Himmel!«

Auch Mohammed träumte von der Himmelsleiter

Wie allerorten Beschreibungen von Gottesbegegnungen den spezifischen landestypischen Gepflogenheiten angepasst wurden, verdeutlicht besonders der Text Al-Maáridsch (»Die Wege des Aufstiegs«) aus dem Koran. Es besteht kein Zweifel, dass Jakobs Traum von der Himmelsleiter Mohammed inspirierte, der in Mekka als Karawanenführer hohes Ansehen genoss. Auf seinen Reisen lernte er viele Religionen kennen, sehr wahrscheinlich auch die von der alten jüdischen Sage über eine »fünfhundert Jahresreisen hohe Leiter, die einst auf der Erde stand«. Alle diese Eindrücke ließen in Mohammed wohl die Vision einer neuen Religion entstehen, womit auch jüdisch-christliche Elemente in den Koran Einzug hielten.

Mohammed war ein meditativ veranlagter Mann, der die materielle Lebensweise in Mekka zutiefst verachtete und sich deshalb öfter tagelang in eine Gebirgshöhle zurückzog. Im Trancezustand unternahm er eine mystische Reise nach Jerusalem, um dort den Stein zu suchen, von dem aus Jakob zu seinem Weltraumtrip aufgebrochen war. Er erzählte später: *Mir wurde eine Leiter gebracht, so schön, wie ich noch nie etwas gesehen habe. Der Engel Dschibrail* – der christliche Gabriel – *ließ mich auf ihr hinaufsteigen, bis er mich zu einem der Himmelstore brachte, das man das Hütertor nennt.* Dann wurde Mohammed von einem Himmel zum anderen geführt, wobei er die Bekanntschaft einiger christlicher Urväter machte, bis er zum siebten Himmel gelangte und dem Allerhöchsten begegnete.

Bei Mohammed nimmt die Begegnung mit dem Allerhöchsten jedoch einen anderen Verlauf. Der fordert von ihm nämlich fünfzig Gebete täglich. Auf dem Rückweg kam Mohammed bei Moses vorbei und erhielt von ihm den Rat, nochmals den Herrn aufzusuchen, um die strapaziöse Last der Gebete zu mildern, denn diese Bürde wäre natürlich auch für Muslime viel zu schwer. Mit Erfolg, denn ihm wurden zehn Gebete erlassen. Aber Moses forderte ihn immer wieder auf, mit dem Herrn zu verhandeln, und so gelang es Mohammed, den Allerhöchsten gnädig zu stimmen, bis der es bei fünf Gebeten täglich beließ. Aber Moses waren die fünf Gebete immer noch zuviel, und Mohammed war es wohl gleichermaßen zuviel, beständig Allah um Erleichterung zu bitten: *»Ich bin nun so oft zu meinem Herrn zurückgekehrt und habe ihm diese Bitte vorgetragen, dass ich mich jetzt schäme und es nicht nochmals tun werde.«* Um eventuell noch Zweifler zu überzeugen, versprach er jedoch seinen Zuhörern, dass sie jedem, der diese fünf Gebete ergeben verrichtet, wie fünfzig Gebete vergolten würden. So jedenfalls findet diese clevere Lösung in »Die Wege des Aufstiegs« lobend Erwähnung.

Zudem wird im Al-Maáridsch von Allah als demjenigen berichtet, *»der über die Himmelsleiter verfügt«*. Nach der Sure 32,5 steigen die Engel auf der Himmelsleiter zu ihm auf in einem Tage, dessen Ausmaß nach unserer Berechnung 1.000 Jahre sind. Das mit dem einen Tag mag ja realistisch sein, aber 365.000 Tage? Ebenso unerklärlich die Zahlenangaben Mohammeds auf die Frage Abdallah Ibn Salams im Prophetenbuch Al Anbiya, wie hoch der mysteriöse Berg Kahf sei? Dieser Berg Kahf sei ein grüner Smaragd, von dem der Himmel sich grün färbte, und bis zu seiner Spitze müsste man 500 Jahre reisen, und 2000 Jahresreisen waren nach Mohammed nötig, um ihn zu umgehen. Diese Jahreszahlen sind sicher keine realen Zeitangaben, sondern wohl nur der Ausdruck für enorme Distanzen. Ebenso wird im Totenbuch des Islam über aufsteigende Engel berichtet, für die sich die Himmelspforte öffnete, wenn sie die Himmelsgrenze erreicht hatten und um Eintritt baten. Während die Überlieferungen von der Himmelsleiter heute so gut wie keine Beachtung mehr finden, müssen sie zu Mohammeds Zeiten immer noch als ein außergewöhnliches und erwähnenswertes Ereignis gegolten haben.

Etana und Enkidu mit dem Adler ins All

Es war die wissenschaftliche Sensation schlechthin, als 1872 George Smith vom Britischen Museum die ersten Texte der in Keilschrift verfassten 30.000 Tontafeln des Gilgamesch-Epos entzifferte, die bereits 1853 im babylonischen Ninive von Hormuzd Rassam gefunden wurden. Leider fehlen einige Tafeln, und komplett entziffert sind sie bis heute noch nicht, dennoch liegen mittlerweile schon einige Neubearbeitungen der übersetzten Texte vor. In der Christenheit löste das Gilgamesch-Epos, dem allgemein attestiert wird, das größte Epos der Weltgeschichte zu sein, hingegen eher Entsetzen aus, weil sich die Bibel, vor allem, was die Sintflut betrifft, auf über 1.000 Jahre ältere und ausführlichere geschichtliche Quellen bezog. Das wiederum hatte zur Folge, dass der Klerus vor Wut schnaubend George Smith auf den kirchlichen Index setzte und man ihn am liebsten mundtot gemacht hätte.

In der Assurbanipal-Bibliothek fand man auch die Tafeln des Etana-Epos, dessen Texte deckungsgleiche Abschnitte zum Gilgamesch-Epos enthalten, obwohl die Personen nicht identisch sind. Etana lebte früher und soll angeblich 1.560 Jahre lang regiert haben. Angesichts des vielfach kongruenten Inhaltes und der linguistischen Ähnlichkeiten mit indianischen Überlieferungen sind einige Wissenschaftler sogar überzeugt, das Epos habe seinen Ursprung in Tiahuanaco, einer bedeutenden Ruinenstätte der Prä-Inka-Kultur nahe Tiawanacu in Bolivien.

»Wer, mein Freund, könnte zum Himmel aufsteigen?« War diese an Enkidu gerichtete Frage Gilgameschs der Grund, die Himmelsleiter aufzusuchen? Jedenfalls wollten die beiden Freunde den Wohnsitz der Götter ausfindig machen. Dazu mussten sie aber erst den berühmten Zedernwald durchqueren, den das schreckliche Waldungeheuer Chumbaba bewacht. Dass der Zedern- oder auch Zauberwald wahrscheinlich doch in Südamerika lag, belegt eine Überlieferung der Maya, denn Chumbaba nannten sie Bob, ein mystisches Ungeheuer, eine reißende Bestie, die im südlichen Regenwald beheimatet war. Nachdem Gilgamesch und Enkidu Chumbaba getötet hatten, erblickten sie den schon von weitem zu sehenden *»strahlenden weißen Turm«* auf dem Zedernberg, den Irninis, die Herrin des Himmels bewohnte. Bevor sie aber zu Irninis gelangten, mussten auch sie wie alle anderen Weltraumliftbesucher zuvor einige Tore passieren.

In Georg Burckhardts Gilgamesch-Erzählung schildert Enkidu Gilgamesch seinen seltsamen Traum, in dem ihn ein Adler mit seinen Krallen packte, vier Stunden mit ihm aufstieg und zu ihm sprach: *»Schau hinunter aufs Land! Wie sieht es aus? Blick auf das Meer! Wie erscheint es dir?« Und das Land war wie ein Berg, und das Meer wie ein kleines Gewässer. Und wieder flog er höher, vier Stunden hinauf, und sprach zu mir: »Schau hinunter aufs Land! Wie sieht es aus? Blick auf das Meer! Wie erscheint es dir?« Und die Erde war wie ein Garten, und das Meer wie der Wasserlauf eines Gärtners.* Nach weiteren vier Stunden des Aufstiegs wiederholte

Abb. 6. Hatten Enkidu oder Etana diesen Blick aus dem All auf die Erde und definierten unseren Planeten in seiner Beschreibung daher als Mehlbrei? Aber auch Henochs Aussage, dass Land und Wasser nicht mehr zu unterscheiden sind, findet auf dem NASA-Foto eine Bestätigung.

sich das Frage-und-Antwort-Spiel und Enkidu gab zur Antwort: *Und das Land sah aus wie ein Mehlbrei, und das Meer wie ein Wassertrog.* Danach geschah Seltsames: Der Adler trug ihn zwei weitere Stunden empor und ließ ihn plötzlich fallen, so dass er zerschmettert am Boden lag.

Etanas Motivation zur Himmelfahrt soll darin bestehen, ein Fruchtbarkeitskraut vom Sonnengott Schamasch zu erlangen, worauf ihm der Adler diesen Wunsch erfüllt. Im ersten Teil des Etana-Epos begibt dieser sich in drei aufeinander folgenden Flügen in den Himmel, und je mehr Himmelstore er passiert, desto größer wird sein Wissen über die Schöpfung und das All. Während des Aufstiegs macht der Adler ihn sechs Mal darauf aufmerksam, wie die Erde unter ihnen immer mehr schrumpft. Und er wird aufgefordert, nach jeder Doppelstunde zu beschreiben, wie ihm der Blick auf die Erde erscheint, je höher sie aufsteigen. Bei dieser Aktion wird es Etana doch etwas mulmig, als er die Erde kaum noch erkennt. *»Mein Freund, ich will nicht zum Himmel aufsteigen, mache halt, dass ich zur Erde zurückkehre!«* Vielleicht war der Adler ein kleiner Schelm mit durchaus menschlichem Gebaren, der die Bedrücktheit Etanas bemerkte und sich einen Spaß daraus machte, sie noch zu steigern, denn drei Mal ließ er sich mit ihm fallen und fing ihn wieder auf.

Wer will diese Beschreibung *»der immer mehr vor ihren Blicken zusammenschrumpfenden Erde«* noch als mythologisches Gedankengut deuten? Zum Glück kennt heute dank der Satellitenfotos jeder die Ansicht der Erde aus dem Weltall, und so erhalten die Aussagen des Enkidu und des Etana eine beeindruckende Authentizität – bestätigt durch den Hinweis, *dass ihm beim Aufstieg das Gewicht seines Körpers wie das Gewicht eines Felsens vorgekommen sei*.

Einem Formel-1-Fahrer sind ebenso wie einem Astronauten diese bei Beschleunigungen auftretenden körperlichen Belastungen bestens als G-Kräfte bekannt. Dass Etana trotz dieser G-Kräfte nicht, wie von einigen Paläo-SETI-Anhängern vermutet, mit einem UFO-ähnlichen Flugapparat die Erde verließ, erkennt man an dem relativ langsamen Aufstieg. Während eine Rakete in kürzester Zeit die Stratosphäre verlässt, ist ein Liftsystem eben auf entschieden geringere Geschwindigkeiten ausgelegt.

Welche Durchschnittsgeschwindigkeit ein aufsteigendes Shuttle einmal erreichen wird, ist heute noch ungewiss. Gegenwärtig geht man von einigen 100 Stundenkilometern aus. Sollten aber eines Tages bis zu 3000 km/h erreicht werden, was technisch durchaus realisierbar ist und im Bereich des Möglichen liegt, dann wäre die Sensation perfekt! Man muss wahrlich kein Mathematikgenie sein, um zu erkennen, wie sensationell realistisch Mythologisches sein kann. Enkidu benötigte für den Aufstieg in knapp 36.000 Kilometer Höhe zwölf Stunden plus zwei, Etana sechs Doppelstunden. Das ergibt eine Durchschnittsgeschwindigkeit von ca. 2600 bis 3000 km/h!

Wenn sich jemand fragt, ob die Dauer einer prähistorischen Stunde auch wirklich unserer heutigen Stunde entspricht, so kann er versichert sein: Es existieren keine nennenswerten Unterschiede. Die Engel im Al-Maáridsch benötigten für den Aufstieg zwar eine Tagesreise, aufgrund der geografischen Lage Arabiens treten aber nur geringe Schwankungen der Tageslänge auf, so dass durchaus von zwölf Stunden ausgegangen werden kann.

Die geheimen Offenbarungen der Encheduanna

Schon einmal gehört von den geheimen Offenbarungen der Encheduanna? Dabei handelt es sich um die ältesten schriftlichen Überlieferungen, verfasst von der ersten historisch bekannten Autorin, einer Hohepriesterin im sumerischen Ur. Ihre Sammlung von vierzig »Tempelhymnen«, die zum bedeutendsten Kulturgut der Menschheit zählen, bildete wohl das Fundament für die abrahamitischen Religionen. Ihrer literarischen Pionierrolle war sich diese hochrangige Priesterherrin durchaus bewusst, denn sie war die erste Schriftstellerpersönlichkeit, die sich selbst namentlich erwähnt und in ihren Werken Persönliches schreibt. Am Ende der Texte zeichnet sie ihren Namen in einem Kolophon.

Dr. Hermann Burgard, anerkannte Autorität für sumerische Keilschriften, sieht nach seiner Neuübersetzung sumerischer Keilschriften über die Berichte der Priesterfürstin Encheduanna reale extraterrestrische Hintergründe. Diese über 4.300 Jahre alten Texte beschreiben unter anderem Ereignisse aus grauer Vorzeit noch vor der Sintflut. Für Burgard ist aufgrund der technischen Beschreibungen vom Aufstieg in den Weltraum durch die Dingir genannten göttlichen Wesen deshalb jetzt endgültig Schluss mit den Göttermärchen und dem Gelehrtengeschwätz von Tempelhymnen: Encheduanna besaß einen hohen Intellekt, ihre Dokumentationen enthalten präzise technische Details, die heute technisch realisierbar sind und zur damaligen Zeit nicht erfunden sein konnten.

Was Encheduanna berichtet, deutet nach meinem Verständnis eindeutig auf einen Weltraumlift hin, wie folgende Beispiele belegen: Sie schreibt von einem im All stationierten, nicht zur Landung auf der Erde bestimmten schwebenden Gerät, mit dem über einen Standardpfad durch ein kleineres Gerät der auf- und absteigenden Verkehr abgewickelt wurde. Angedockt wurde am Himmel in einer Landebucht, die sich wie eine Falle schloss. Start und Landung erfolgten teils nach oben mitten aus einem Bau oder von oben mitten in das Gebäude, öfter von oberen Plattformen aus, auf denen sich kleinere Unterkünfte befanden. Diese vielfach auch als »Umkehrstelle« beschriebenen Plätze lassen sogar vermuten, dass für bestimmte Etappen spezielle Shuttles zum Einsatz kamen. Es wäre eine interessante Frage an die NASA, ob diese Variante beispielsweise im strahlungsintensiven Van-Allen-Gürtel Sinn machte.

Zudem wird von einem kunstvoll errichtenden Berg berichtet, der die Verbindung erst ermöglichte. In einer Keilschriftzeile heißt es: *Dein Turm, das große Bauwerk, ist eine hervorragende Gestaltung.* Für den Ort der geglückten Ankunft, Enridu, wird ein mächtiges Startgerüst mit einer großen Halle erwähnt. Ebenso existierte ein Ruhe- und Wartungsplatz für die Fluggeräte. Beiläufig werden auch Fluggeräte beschrieben, die nur für die Erdbasen im Einsatz waren. Außerdem sollen die Dingir die Große Flut ausgelöst haben, deren verheerende Folgen sie aber nicht richtig eingeschätzt hatten.

Oh Schreck, was für ein gewaltiger Turm!

Neben dem noch älteren anatolischen Ort Göbekli-Tepe soll die Stadt Hattuscha eine der ältesten Stätten menschlicher Zivilisation sein, deren Spuren bis ins 9. Jahrtausend v. Chr. zurückreicht. Und weil diese Epoche nahe jener Zeit ist, in der ein Weltraumlift noch in Betrieb war, müssten eigentlich von den ehemaligen Bewohnern Hattuschas auch Berichte über die Himmelsleiter bis zu den Hethitern gelangt sein. Nun ist noch nicht endgültig geklärt, ob die prähethitische Kultur die assyrische Kultur beeinflusste oder umgekehrt – sich Überliefertes aus Mesopotamien bis nach Anatolien verbreitete. Aber es finden sich in der Kosmologie der Hethiter eindeutige Hinweise auf einen Weltraumlift und, wie üblich, kriegerische Auseinandersetzungen zwischen den Göttern.

So wird in den hurritisch-hethitischen Überlieferungen eine wie ein Turm in den Himmel ragende Dioritsäule namens Ullikummi (»der Schaft«, mythologisch betrachtet ein riesenhafter Mann) als Verbindung zwischen Himmel und Erde beschrieben: *Der Ullikummi wuchs heran, die starken Götter zogen ihn groß. Als der fünfzehnte*

Tag eintrat, stand er bis an die Knie im Meere wie ein Pfahl ... Im Wasser emporgewachsen beträgt seine Höhe neuntausend Meilen. Schade, dass die Hethiter nicht die französische metrische Leuge mit vier Kilometern Länge meinten, dann hätten sie nämlich mit 36.000 Kilometern einen Volltreffer gelandet. Überraschend ist der Hinweis, dass das gesamte System im Meer stand, so wie es auch für die NASA eine Option ist.

Im Mythos Nergal hingegen verbindet eine neunsprossige Himmelsleiter den Himmel mit der Erde, in diesem Fall bis in die Unterwelt. Es soll ein Turm von phantastischer Größe gewesen sein, dessen Zinnen bis zum Himmel reichten. Dur-an-ki ist der sumerische Begriff für ein »erstrangiges Band«, das den Himmel mit der Erde verbindet. Geschaffen hat dieses Band der Herr der vier Weltgegenden, der babylonische Obergott Marduk, auf doch sehr merkwürdige Weise: Aus einer Schlinge des Schwanzes der Tiamat (Göttin und Drachen zugleich) soll er es geflochten haben.

Vieles in den Mythologien erscheint uns heutigen Menschen irrational, verworren und nicht selten bizarr. Dennoch überrascht es, wie viele Übereinstimmungen zwischen den unterschiedlichen Kulturkreisen bestehen – auch in zahlreichen Details. So wurde Hesekiel zu einem Palast im Gebirge gebracht, der im Hurritischen Kundari genannt wird und dem Weltenherrscher Tessop als Wohnstatt diente. Nicht nur Henoch war beim Anblick des hohen Turmes geschockt, ebenso erging es der hochverehrten hurritischen Göttin Hebat. Hätte der Wettergott Tessop sie nicht festgehalten, wäre sie vor Schreck vom Dach des Kundari gefallen, als sie den bis in den Himmel ragenden Ullikummi erblickte. Stellt man sich dies bildlich vor, gehen die Gedanken unwillkürlich doch eher in Richtung einer Slapstickeinlage als zu irgendeiner mythologischen Deutung.

Ob Ka oder Ba – auch die Ägypter wollten in den Himmel

Dass Stufenpyramiden ebenfalls dem Zweck dienten, in den Himmel auf- und wieder abzusteigen, geht aus den Pyramidentexten der 5. und 6. Dynastie hervor, einer Sammlung religiöser Sprüche, die an den Innenwänden der Pyramiden mehrerer Pharaonen und Königinnen gefunden wurden, teilweise auch an den Innenseiten ihrer Särge. Sie stellen die größte geschlossene Sammlung altägyptischer Texte dar. Dennoch gibt es einen Unterschied zu den »erlebten« Himmelsreisen des Henoch oder Enkidu. Nicht der verstorbene Pharao benutzte die Treppe zum Aufstieg, sondern sein Ka oder Ba, der vergeistigte Körper, der sich vom Physischen ablösen und eigene Wege gehen konnte. So steht im Spruch 267: *Eine Treppe zum Himmel wird für ihn angelegt, so dass er darauf zum Himmel steigen möge. Und ich stieg hoch auf dem Rauch des großen Gefäßes.* Die Stufenpyramide sollte es somit dem Pharao ermöglichen, nach Belieben in den Himmel aufzusteigen und in sein Grab zurückzukehren.

Andererseits sieht man wieder Übereinstimmungen, denn auch die Ägypter mussten wie all die anderen Himmelsreisenden durch große Tore schreiten, wie aus den Sprüchen 553 und 584 hervorgeht: *Die Tore des Himmels sind offen für dich. Die Türen, die im Firmament sind, wurden für mich geöffnet, die Metalltüren, die im Sternenhimmel sind, liegen offen für mich.* Die folgenden Sprüche 508 und 523 lassen fast vermuten, die Ägypter hätten Kenntnisse über einen Solarantrieb der Barken oder Shuttles, wie sie in den noch folgenden indischen Berichten beschrieben werden: *Ich habe diese deine Strahlen als Rampe mit meinen Füßen betreten. Der Himmel hat für dich die Strahlen der Sonne gestärkt, damit du dich auf ihnen in den Himmel erheben mögest.*

In der ägyptischen Mythologie heißt es weiter, der Sonnengott Re selbst sei es gewesen, der dem Pharao in Gestalt der Strahlen der aufgehenden Sonne eine Himmelsleiter bis ins Innere des Tempels errichtete. Die Strahlen der Sonne könnten durchaus auf einen gebündelten Laserstrahl hinweisen – solche Versuche werden gegenwärtig in der Mojave-Wüste im Flugforschungszentrum Edwards

Abb. 7. Hervorstechend auf diesem Papyrus ist die Himmelsschlange, natürlich mit Flügeln. Etwas links davon findet sich zurückgesetzt eine für den üblichen ägyptischen Stil völlig atypische Darstellung: Auf einem Berg steht ein Djedpfeiler. Sollte damit der Startturm für den Weltraumlift dargestellt werden?

durchgeführt. Power Beaming nennt sich das NASA-Konzept, das mit Solarzellen und Laserstrahlen Robotern die Energie liefert, um an einem kilometerlangen Kabel hinaufzusteigen.

Die Himmelfahrt des letzten Pharaos der 5. Dynastie, Unas, wird in den Inschriften in seiner Pyramide und in der des Teti sehr unappetitlich beschrieben: *Dies ist Unas, der über Opferspeisen verfügt, der den Mess-Strick knotet, der selber für seine Speisen sorgt. Dies ist Unas, der Menschen frisst und von Göttern lebt, der Boten hat, die Aufträge durchführen … Verhüllt ist der Himmel, die Sterne fahren durcheinander … Er hat die Himmel insgesamt durchmessen und die beiden Ufer der Erde durchlaufen.* Deshalb bezeichnet man diese Passage auch als Kannibalenspruch. Dennoch finden sich hier wieder mit dem Verbinden von Seilen oder Schnüren, dem Durchmessen des Himmels, den sich bewegenden Sternen Affinitäten zu Henochs Darstellungen.

Solche Horrorbeschreibungen sind nun keineswegs die Grundlage der altägyptischen Vorstellungen vom Aufstieg zum Sonnengott Re. Den Ägyptern war die Himmelfahrt als Verwandlung in Licht und eine Entrückung zu den Sternen geläufig, wozu die Sonnenbarke als Gefährt diente. Aber auch die Treppenstufen zum Thron Djosers im Jubiläumssaal von Sakkara, die dem Pharao den Aufstieg erleichtern sollten, waren im alten Ägypten ein Symbol der Himmelfahrt. Diese Sinnbilder altägyptischer Glaubenslehren mit Verknüpfungen zur Kosmologie haben sogar das Christentum stark beeinflusst. Dass Jesu Himmelfahrt auf Motiven der altägyptischen Mythologie beruht, wird inzwischen auch von Theologen akzeptiert. So beschert uns heute noch das Phänomen der Himmelfahrt einen Feiertag, der jedenfalls in Deutschland vielerorts zum Vatertag umfunktioniert und mit ausgiebigen Trinkgelagen gefeiert wird.

Es verwundert ein wenig, dass die ägyptische Mythologie kaum konkretere Informationen und technischere Konstrukte bietet. Es gibt keinen Turm, keine Zwischenstationen, nichts dergleichen. Aber wie es der Zufall will, existiert ein Papyrus, auf dem neben der Himmelsschlange ein Djedpfeiler zu erkennen ist. Natürlich gibt es auch hierzu Deutungen etwa derart, der Djedpfeiler sei ein Symbol für Dauer und Stabilität oder für Fruchtbarkeitsriten, und sogar als Wirbelsäule des Gottes Osiris musste er bereits herhalten. Im Taoismus hingegen ist der Djedpfeiler schlicht der Steigbaum, über den man in den Götterhimmel gelangt.

Dass eine sich am Kabel hinaufhangelnde Liftkabine als Himmelsschlange gedeutet wurde, ist nachvollziehbar. Interessant ist in diesem Zusammenhang auch ein Hinweis aus einem archaischen ägyptischen Mythos, nach dem der Djedpfeiler als Holm der Himmelsleiter bezeichnet wird. Somit könnte er durchaus ein technisches Utensil des Liftssystems gewesen sein. Eigenartig ist es jedoch, den Djedpfeiler als Fruchtbarkeitssymbol zu deuten, wo er doch auf einem Berg steht, obwohl in Ägypten nur in den fruchtbaren Ebenen geerntet wird.

Häufig wurde die Ansicht vertreten, dass es sich bei der Darstellung auf dem Relief in Abbildung 8 auf der folgenden Seite um eine Glühlampe handelt und die Ägypter künstliches Licht erzeugen konnten, was auf den ersten Blick als Erklärung auch »einleuchtend« ist. Der Affe mit den zwei Messern könnte dann die Gefahr symbolisieren, die von der Elektrizität ausgeht.

Wird aber die Abbildung unter dem Aspekt eines Weltraumliftes betrachtet, kann der Djedpfeiler ebenso als Startturm gedeutet wer-

Abb. 8

den und das Kabel ist nicht mehr die Verbindung zu einem Glühfaden, sondern zur Himmelsschlange. Der Glaskolben wiederum ließe sich als das in den indischen Veden beschriebene Halo um das Vimana deuten, des Fahrzeugs, mit dem sich die Götter und Helden durch den Himmel bewegen. Und für den abwehrbereiten Affen findet sich zu den vier, manchmal auch fünf Plattformen oder Balken des Pfeilers eine schon als sensationell zu bezeichnende Übereinstimmung mit »Tätlichkeiten« in amerikanischen Mythen und Ritualen.

Mit Gewaltanwendung zum Weltraumlift

Allem Anschein nach war es in der Frühzeit *das* Event schlechthin, einmal mittels der Himmelsleiter auf und nieder zu fahren. Und sollten die Berichte glaubhaft sein, versuchte man sogar, sich gewaltsam Zutritt zur Liftstation zu verschaffen. Während Gilgamesch und Enkidu zwecks einer Mitfahrgelegenheit im Elevator mit der Göttin Irninis noch verhandelten, ging es bei Jakob schon rabiater zu, denn im 1. Buch Mose, Kapitel 32, führt er einen Ringkampf mit einem Engel. Von handfesten Auseinandersetzungen vor dem Aufstieg berichtet auch eindeutig das Popol Vuh.

Heute noch wird im mexikanischen Chichicastenango eine Zeremonie praktiziert, bei der 400 Jünglinge einen möglichst dreißig Meter hohen Stamm (Allegorie für den Turm?) aufstellen, woraufhin zwei als Affen Verkleidete versuchen, die Jünglinge am Hinaufklettern zu hindern. Aber vier von ihnen gelangen immer bis zur Spitze und werfen sich kopfüber in den »Raum«, um anschließend an einem über eine Rolle geführten Seil langsam zur Erde niederzuschweben. Nach Meinung der Nahuatologen, die sich mit der aztekischen Sprachfamilie befassen, ist diese Zeremonie »der Triumph des Menschen über die niedere Natur«! Klingt das nicht überzeugend? In Papántla an der Golfküste Mexikos findet das gleiche Spektakel statt, und auch hier gelangen vier Pala Voladores auf die obere Plattform, wo ein Fünfter bereits Flöte spielt. Beim Abstieg an einem Seil umkreisen die vier Voladores dreizehn Mal den hohen Stamm – insgesamt also 52 Umdrehungen, womit der Zeitraum von 52 Jahren eines prähistorischen Zeitalters symbolisiert werden soll. Nach mexikanischen Überlieferungen waren diese 52 Jahre mit dem zweimaligen Herannahen des Planeten Venus und daraus folgenden verheerenden Weltenkatastrophen verknüpft.

Wie man dazu kommt, die Security als Affen zu beschreiben, ist ebenfalls klar. Im Popol Vuh wird von vier Weltzeitaltern gesprochen, und das dritte war eben die Affenära jener Zeit – im vierten befinden wir uns gerade. Es markiert den Übergang in eine neue Ära, die viele Herausforderungen bringt. Die mexikanischen Affen finden dabei ihre Entsprechung in den mit Messern bewaffneten ägyptischen Affen sowie in den Zahlen 4 und 5 (die vier oder fünf Plattformen am Djedpfeiler und die Anzahl der Voladores). In Ägypten gehen vier Priester mit erhobenen Fäusten auf vier andere los, und eine Prügelei setzt ein, an der sich weitere Personen erbarmungslos mit Stöcken beteiligen. Am Ende des Spektakels werden vier Herden vier Mal um den Ort getrieben, an dem der Djedpfeiler mit Stricken hochgezogen wurde. Ist es nicht erstaunlich, dass es in Mexiko wie auch bei der ägyptischen Zeremonie höchstwahrscheinlich wegen des Zugangs zum Startturm zu Handgreiflichkeiten kam?

Eigentlich wäre es an der Zeit, dass sich nicht nur Ethnologen, sondern auch Altamerikanisten und Ägyptologen zusammensetzten und sich Gedanken machten, wie über die Ozeane hinweg zahlreiche gleichartige mythologische Überlieferungen wie auch praktizierte Zeremonien entstanden. Dass noch mehr derartige Übereinstimmungen zwischen Mittelamerika und dem Orient bestehen, dazu werden in den folgenden Kapiteln einige weitere Beispiele aufgezeigt.

Mit Vimanas zur Sabha-Halle, zu den Puras bitte umsteigen

Synchron mit der Erdrotation in Richtung Osten wird die Reise fortgesetzt, um Hinweisen zu einem ehemaligen Weltraumlift nachzugehen. Das Mahabharata, das bekannteste indische Epos, das aufgrund seines exorbitanten Textmaterials von 110.000 Versen immer noch nicht vollständig übersetzt ist, bedient sich keineswegs nur einer mythologischen Ausdrucksweise, sondern enthält erstaunlich eindeutig auch technische Beschreibungen.

Ebenso enthalten die indischen Veden oder »Bücher des Wissens«, von denen es vier gibt – das Rigveda, Samaveda, Yajurveda und Atharvaveda –, zahlreiche astronomische Berichte über Planetenkonfigurationen, die Tausende von Jahren zurückreichen. So beschreibt das Rigveda ganz korrekt eine Sonnenfinsternis 3928 v. Chr., die laut moderner Computerberechnung am 26. Juli des genannten Jahres stattfand. Weiter gibt es im Surya Siddhanta, einem Schatzkästlein indischer Astronomie, 133 Angaben über den Durchmesser einiger Planeten unseres Sonnensystems, die den tatsächlichen Maßen erstaunlich nahe kommen. Nach vedischen Angaben ist das Surya Siddhanta 5.000 Jahre alt – nur existierten zu dieser Zeit keine technischen Hilfsmittel wie Teleskope, um überhaupt festzustellen, dass die Planeten kugelförmig sind. Auf die Frage, wie die Menschen damals zu diesem Wissen gelangten, findet sich in der gleichen Schrift die Lösung: Diese Informationen wurden ihnen durch höhere Wesen übermittelt, was aber nicht zwangsläufig bedeuten muss, dass es Außerirdische waren.

Das Mahabharata wurde erst im 11. Jahrhundert nach langen Perioden der mündlichen Überlieferung schriftlich niedergelegt. Es ist vor allem bekannt für den darin geschilderten mythischen Krieg zwischen den Göttern im Himmel, der durch sämtliche Epen der primären Hochkulturen geistert. Vieles spricht dafür, dass wir ihn durchaus wörtlich nehmen können, aber selbst wenn es aufgrund eines extrem langen Zusammenlebens innerhalb einer außerirdischen Astronauten-Crew zu Differenzen gekommen sein sollte, ist nicht davon auszugehen, dass man sich gegenseitig eliminierte. Durchaus möglich, dass der indische Held Ardschuna von Indra mit göttlichen Waffen ausgestattet wurde – auch die biblischen Bücher verzichten nicht auf den militärischen Beistand Gottes. Von dessen Unterstützung profitiert vorwiegend Josua bei seinen zahlreichen brutalen Angriffskriegen auf benachbarte Völker.

In »Ardschunas Reise zu Indras Himmel«, einem Auszug aus dem Mahabharata von 1824, den Franz Bopp übersetzte, der Sanskritlehrer des deutschen Universalgelehrten Wilhelm von Humboldt, heißt es: *Und mit dem Wagenlenker Matali kam plötzlich im Lichtglanze der Wagen an, Finsternis aus der Luft scheuchend, und erleuchtend die Wolken all, die Weltgegenden anfüllend mit Getöse, dem Donner gleich … Aus dem Wagen sodann stieg Ardschuna, glänzend wie des Tages Herr. Mit dem Zaubergebild, dem sonnenähnlichen Wagen, fuhr er nun zum Himmlischen empor freudig, der weise Spross aus Kurus Stamm. Als er dem Bezirk nahte, der unsichtbar war den Sterblichen, sah Wagen er, wunderschön, zu Tausenden. Dort scheint Sonne nicht, Mond nicht, dorten glänzet das Feuer nicht, sondern in eigenem Glanz leuchtet allda, durch edler Taten Kraft, was in Sternengestalt unten auf der Erde gesehen wird, ob auch in weiter Ferne gleich Lampen, wiewohl es große Körper sind.*

Dass die von der Erde so klein wirkenden Sterne als große Himmelskörper geschildert werden, ist durchaus verständlich. Aber Tausende von Wagen? Da wird Ardschuna wohl etwas übertrieben haben. Dennoch: Wie kein anderes Epos der Frühgeschichte beschreiben die Sanskrit-Texte der indischen Veden die Flugapparate der Götter ausführlich und exakt, und es kann schon sein, dass bei einem Weltraumlift wie bei einer irdischen Seilbahn bei geringerem Bedarf einige Gondeln in der Warteschleife verbleiben. Jedenfalls gilt hier ganz zweifelsfrei: Das Geschilderte hat sich nicht in Indien zugetragen, sondern beruht auf weltumspannenden Geschehnissen der Frühzeit.

Dr. Richard Thompson, Mitbegründer des Bhaktivedanta Institute im kalifornischen San Diego, ist überzeugt, dass die vedische Literatur (Veden = Wissen) vielfältige und eindeutige Beschreibungen von Außerirdischen enthält, die Einfluss auf den Werdegang der Menschheit nahmen. Das Samarangana Sutradhara, das einen Schwerpunkt auf der klassischen indischen Architektur hat, und das Vanaparvan, das dritte Buch des Mahabharata mit seinen zahlreichen »übernatürlichen« Geschichten, enthält eine solch riesige Fülle an Raumschiffbeschreibungen, dass an dieser Stelle ein kleiner Auszug genügen muss. Die unterste Stufe der vier geschilderten Flugapparate bilden die Purvas, die mechanisch betrieben wurden und sich wohl nur innerhalb der Erdatmosphäre bewegten. Die Purvas bieten sich zu einem interessanten Vergleich mit der schon erwähnten biblischen Merkaba an. Für einen Liftbetrieb kamen die vielbeschriebenen Vimanas als Shuttlegefährte in Betracht, die *als Luftwagen beweglich den Raum durchmessend und sich von selbst bewegend ihren Dienst erfüllten.* Diese »Dienstreisen« hatten stets nur ein Ziel, das im Weltall stationierte Sabhas.

Insgesamt werden vier unterschiedliche Vimana-Typen beschrieben. Interessant ist aber vorrangig jenes Modell, das befähigt war, den Wohnsitz der göttlichen Wesen zu erreichen und über den Saktyasanayantra und den Paribesakriyantra verfügte. Das unaussprechliche erste, mit S beginnende Wort bedeutet einen Schutz gegen gefährliche Strahlen. Somit kann durchaus davon ausgegangen werden, dass der strahlenintensive und für Lebewesen gefährliche Van-Allen-Gürtel bekannt war. Das zweite Wort, mit P beginnend, beschreibt die Nutzung der Sonnenenergie in einem Halo um das Vimana herum. Deshalb sei nochmals an die apokryphen Henoch-Texte mit den geflügelten Engeln wie auch an die ägyptische Illustration der angeblichen Glühbirne erinnert.

Nicht minder interessant wird es, wenn die Geschwindigkeit des Vimanas mit 400 Yojanas angegeben wird, für die es anscheinend zwei Maßeinheiten gab. Nach den Berechnungen des Indologen

Professor Protap Chandra Roy (»Luftfahrt im alten Indien«) und Josyer definiert das große Yojana eine Länge von ungefähr 16,1 km, was mit 400 multipliziert eine Geschwindigkeit von 6.440 km/h ergibt, das kleine Yojana hingegen eine Länge von 7,3 km, was immer noch 2.920 km/h ergibt. Befand sich die Endstation in 35.786 km Höhe und dividiert man diese Kilometerangabe durch 2.920, ergibt sich eine Reisedauer von zwölf Stunden und fünfzehn Minuten. Das ist sicher eine überschlägige Rechnung, aber das Ergebnis ähnelt verblüffend Enkidus und Etanas Reisedauer!

Andererseits wird sogar von Vimanas berichtet, die bis in andere Sonnensysteme fliegen konnten. Dafür dürften etwas über 6.000 km/h wohl nicht genügen, wenn schon eine Saturn-5-Rakete für interstellare Raumfahrt völlig ungeeignet ist, obwohl deren dritte Stufe zum Einschuss in die Mondbahn immerhin eine Geschwindigkeit von beachtlichen 37.500 km/h erreichte. Sollte dagegen der prähistorische Weltraumlift – wie der von der NASA geplante – über mehrere Kabelstränge verfügt haben, ist nicht auszuschließen, dass ein »Speedy-Shuttle« mit der Geschwindigkeit eines großen Yojanas unterwegs war, und selbst dieses Tempo müsste immer noch als gemütliche Reisegeschwindigkeit bezeichnet werden. Jedenfalls dokumentiert das hier zur Disposition stehende Vimana überzeugend ein Gefährt, das sich in der Summe aller Charakteristika primär besonders dafür eignete, um von der Erde bis zur Endstation eines Weltraumlifts und zurück zu gelangen.

Ein Indiz dafür, dass das Sabhas – was »Versammlungshalle« bedeutet – die Endstation in 35.786 Kilometern Höhe war, liefert eine Beobachtung im Sabhaparvan, dem zweiten Buch des Mahabharata, die erstaunlich prägnant ist. Darin wird beschrieben, dass diese Station sich permanent in einer unveränderten Position über der Erde befand. Nur in der genannten Höhe über dem Äquator ergibt sich ihre besondere Situation, während alle Satelliten und Raumstationen in geringeren Höhen den gesamten Erdball in kürzester Zeit überfliegen. Dass die Außerirdischen sehr wahrscheinlich in der Nähe des Sabhas ihr Mutterschiff positioniert hatten, das legen die *Purvas nahe,* auch als *»fliegende stählerne Städte«* bezeichnet, die sich in gleicher Höhe *»stets um die eigene Achse drehten«.*

Bestehen immer noch Zweifel an einem Weltraumlift? Genau diese Rangfolge mit Vimanas, Sabhas und Purvas ergibt doch eine vortreffliche und logische Anordnung des gesamten Systems. Alle Beschreibungen im Mahabharata sind plausibel, denn wenn ein Raumschiff um die eigene Achse rotiert, erzeugt es eine für die Besatzung vorteilhafte künstliche Schwerkraft. Die überzeugendste Argumentation für einen Weltraumlift ist jedoch der Hinweis auf die stets gleich bleibende Position über der Erde. Selbst für ein gigantisches Raumschiff wäre es kein Problem, wie die ISS-Raumstation in einigen 100 Kilometern Entfernung in einem Erdorbit zu verweilen.

Aufgrund der schnellen Erdumrundung wäre eine solch geringe Distanz nicht nur zum Zwecke der Beobachtung, sondern auch für den Verkehr mit einem Raumgleiter vorteilhafter. Warum sollte die 100-fache Entfernung sinnvoll erscheinen? Die erwähnte unveränderte Position des Sabhas ist das überzeugendste Indiz, dass ehemalige Erdenbesucher einen Weltraumlift gegenüber allen anderen Beförderungsmitteln bevorzugten. Aber auch für die *Purvas, die »fliegenden stählernen Städte«,* gilt: Sie haben sich niemals über Indien befunden, bestenfalls über dem Äquator.

Denkt man an Indien, fällt einem vielleicht der berühmte und seit über 1.000 Jahren bekannte indische Seiltrick ein. Ein Magier soll ein Seil in die Luft geworfen haben, das blitzschnell steif und gespannt war, so dass ein Junge daran hinaufsteigen konnte und verschwand. Natürlich war das ein Trick, und es wird vermutet, dass eine Massenhysterie oder -hypnose die Leute so etwas glauben ließ. Selbst wenn es grotesk erscheint, kann der Ursprung dieser Vorführung aber durchaus das Spannen des Kabelstrangs für den Weltraumlift symbolisieren. Und sollte das Mahabharata einmal komplett entschlüsselt sein, finden sich eventuell ja wirklich Hinweise in dieser Richtung.

Tibets altes Geheimnis

Auch weiter in östlicher Richtung finden sich seltsame Hinweise zu Seilen und Schnüren. So berichtet beispielsweise die tibetische Bon-Religion von einem Geisterseil, an dem die von den Himmelsgöttern abstammenden Könige abgeseilt wurden und nach ihrem Tod wieder in den Himmel hinaufstiegen. Drigum Tsenpo jedoch, einer der mythischen Könige von Tibet, hatte seinen Minister Longam verärgert, der daraufhin das Geisterseil zerschnitt. Dadurch verlor Drigum Tsenpo seine Unsterblichkeit, so dass der Minister ihn töten konnte. Seitdem kehrten die Könige Tibets nicht mehr in den Himmel zurück. Drigum Tsenpo wurde als Erster auf der Erde beigesetzt.

In der afrikanischen Kosmogonie wird ebenfalls geschildert, wie das Seil zwischen Himmel und Erde getrennt wurde und die Götter die Erde verließen. Zum Aufstieg in den Himmel und für den Abstieg von dort dienten außer dem üblichen Seil noch eine Eisenkette und erstaunlicherweise auch ein Spinnenfaden. Das im Osten von Mali lebende Volk der Dogon, das durch sein sensationelles Wissen über den Sirius und seine Begleiter Sirius B und C bekannt wurde, hatte in seinen Dörfern ein zeremonielles Zentrum mit einer hohen Steinstele, die den Mittelpunkt der Welt verkörperte. Von dieser Stele führte ehemals ein Seil in den Himmel, an dem Nomo, der Mahner des Universums, in einer Arche herabstieg. Höchst interessant sind zudem die Ritualtröge der Dogon, welche die Arche symbolisieren, denn diese sind überwiegend mit sieben markanten Ornamenten versehen, woraus man schlussfolgern kann, dass damit das gesamte Liftsystem dargestellt werden sollte.

Dies waren meine Erkenntnisse, auf die ich durch entsprechende Recherchen kam. Dabei waren mir die Arbeiten von Robert Temple eine große Hilfe, der das Buch *Das Sirus-Rätsel* schrieb, in dem er ausführlich von den Dogon berichtet. Aber auch Erich von Däniken muss an dieser Strelle erwähnt werden, der Nestor der Paläo-SETI-Theorie. Er besitzt das wohl umfangreichste Archiv zu dieser Thematik. Trotz unserer unterschiedlichen Auffassungen über Außerirdische und interstellare Raumfahrt überließ er mir großzügig Material, das einen Bezug zum prähistorischen Weltraumlift enthielt. Bevor ich die komplette Fassung der Apokryphen und Pseudepigraphen von Emil Kautzsch zu Gesicht bekam, lieferte er mir erste Textkopien von der Originalausgabe mit jenen Passagen, die schildern, wie Henoch zum gigantischen Startturm gebracht wurde. Deshalb sei Erich von Däniken ausdrücklich gedankt für das generöse Verhalten, andere Erkenntnisse, die mit den eigenen Vorstellungen keineswegs konform gehen, nicht zu ignorieren, sondern ihre Entwicklung und Erforschung zu unterstützen.

Däniken überließ mir auch das Buch *Gesar – ein Sohn des Himmels,* geschrieben von Willi Gröming. Es belegt, dass in fast allen Mythologien profunde Beschreibungen über einen prähistorischen Weltraumlift verborgen sind. Nicht zuletzt in Tibet. So steht im Nigihayahi, einem Mythos vom Abstieg aus dem Himmel, in dem Kapitel »Sie kamen vom Himmel«, wie die sieben himmlischen Könige zum heiligen Berg Kailash gelangten und von diesem weiter hinunter zur Erde: Die Könige sollen diese Reise mit einem Geisterseil, der Dmu-Schnur, und der Dmu-Leiter angetreten haben, und als die Zeit gekommen war, kehrten sie damit wieder in die himmlischen Gefilde zurück.

Ebenfalls in Grömings Buch berichtet der Tibetologe Professor Snellgrove, dass in Lhasa jedes Jahr eine Zeremonie stattfand, die eine große Affinität zu den mexikanischen Voladores erkennen lässt: Drei Männer kletterten an einem Seil vom Dach des Potala-Palastes zu einem Obelisken. Dieser Vorgang sollte an das Herabsteigen der legendären Könige mit dem Himmelsseil zu einem Turm erinnern. Dazu zählte auch Gesar, der tibetische Held und Gott, der auf der eisernen Leiter Temür-satu auf die Erde hinabstieg. Fast schon selbstverständlich, dass im Gesar-Epos eine Himmelsschlange erwähnt wird, die hochgerechnet immerhin eine Geschwindigkeit von etwa 1.800 km/h erreichte.

Auch das Nihonshoki, die »Chronik Japans in einzelnen Schriften«, kennt eine Himmels-Standleiter und als Götterseil das heute im Shinto, der einheimischen Religion Japans, bekannte Shimenawa, ein geschlagenes Tau aus Reisstroh, das die Welt der Götter von der diesseitigen Welt trennt. Dass aber nicht nur der oberste Gott Nigihayahi, sondern selbst »ausgewählte Menschen« zur Erde hinabstiegen, darauf lässt im Shinto die »Schwebende Brücke des Himmels« schließen, die ausdrücklich als eine Verbindung zwischen Götterfahrzeug und dem »Himmlischen Felsenkahn« beschrieben wird. Diese Beschreibung macht deutlich, dass nicht nur eine feste Verbindung zwischen Himmel und Erde bestand, sondern sich die irdische Station auch noch auf einem felsigen Untergrund befand.

Vom Weltenbaum zur Himmelsschlange

Einigen mag es vielleicht etwas weit hergeholt erscheinen, den in der globalen Mythologie erwähnten Weltenbaum ebenso wie die Himmelsschlange in Bezug zur Himmelsleiter zu setzen, aber ich bin mir sicher, dass dieser Zusammenhang besteht. In den Überlieferungen der mesoamerikanischen Völker und in der germanischen Edda, in den Berichten der Ägypter, Sumerer und in den asiatischen Mythen war der Weltenbaum stets das Zentrum der Welt, der bis in den Himmel ragt, dorthin, wo die Götter wohnen. Bei den indogermanischen Völkern saß häufig noch ein Adler in der Krone, was mich unwillkürlich wieder an das Gilgamesch-Etana-Epos erinnert. Für die germanischen Völker war der Weltenbaum der Irminsul, was – wie eindeutig kann eine wörtliche Übersetzung eigentlich sein? – »emporgeschossene Säule« heißt. Völlig anders verstehen natürlich die Ethnologen den Weltenbaum, die ihn als Symbol für die kosmische Ordnung in den drei Ebenen Himmel, Erde und Unterwelt deuten oder in ihm ein Sinnbild der Einheit des gesamten Schöpfungsprinzips sehen.

Ebenso weit verbreitet ist die geflügelte Himmelsschlange. Die Maya nannten sie Kukulkan und die Tolteken sowie Azteken Quetzalcoatl. Selbst bei den australischen Aborigines findet die Himmelsschlange als Regenbogenschlange Erwähnung. In einem Bericht des Amerikaners Frederick Dodson über die Himmelsschlange der Aborigines wird folgende, von den Anthropologen Spencer und Gillen 1904 in ihrem Buch *The Northern Tribes of Central Australia* festgehaltene Überlieferung zitiert: Der Aborigine Kurkutji wurde von den zwei Geistern Mundadji und Munkaninji zuerst in eine Höhle gebracht und dort zum Medizinmann gemacht, *dann nahmen sie ihn auf, hoch in den Himmel, und brachten ihn danach herab zu seinem eigenen Zeltdorf, wo er die Leute um ihn trauern hörte, da sie dachten, er sei tot ...* Zu den Fähigkeiten der Mara-Medizinmänner gehörte das nächtliche Klettern in den Himmel mit einem Seil, und dort konnten sie sich dann mit den Sternenleuten unterhalten. Auch hier findet sich wieder eine Parallele zu Henoch, dessen Gefolgschaft ebenfalls um ihn trauerte, als er nach seinem ersten Weltraumtrip überraschend wieder auftauchte.

Und bereits in dem Buch *The Native Tribes of South-East Australia* von Alfred William Howitt (1830-1908) wird der Aufstieg zu Baiame, dem höchsten Gott der Aborigines, wie folgt beschrieben: *Wir werden zu Baiames Dorf hinaufgehen, hieß es. Der Hilfsgeist setzte sich rittlings auf ein Muir (= eine Schnur) und mich auf ein anderes, und wir hielten uns gegenseitig mit den Armen fest. Am Ende der Schnur befand sich Wombu, der Vogel des Baiame. Wir gingen durch die Wolken, und auf der anderen Seite war der Himmel, und wir sahen Baiame in seiner Behausung sitzen.*

Australische Linguisten fanden keine Einflüsse anderer Völker auf die Sprache der Aborigines und auch keinerlei Verwandtschaften, und trotzdem können wir nicht von einer isoliert lebenden Volksgemeinschaft ausgehen. Woher kommen denn sonst die Übereinstimmungen mit weit entfernt lebenden Völkern? Meiner Auffassung nach liegt die Antwort in den gesicherten Erkenntnissen der australischen Geologen. Der Mythos der Aborigines benennt landschaftliche Charakteristika, wie zum Beispiel bestimmte Flussläufe oder Küstenlinien, die mit inzwischen überfluteten Gebieten und neu gebahnten Flussläufen übereinstimmen – und diese Veränderungen fanden vor über 10.000 Jahren statt. Wir haben hier also einen eindeutigen Bezug zu weltweiten geologischen Veränderungen in dieser Zeit.

Das genannte Zitat möchte ich als authentische Beschreibung werten, eingewoben in ein mystisches Gewand, in dem als zentrales Thema der Space Elevator Erwähnung findet. Immerhin kam die Gottheit Baiame mit einer »Regenbogenschlange« vom Himmel auf die Erde und kehrte mit ihr auch wieder dorthin zurück. Und mit dem Aufstieg an einer Schnur und der Reisebegleitung durch Hilfsgeister oder Engel bis zum Allerhöchsten finden sich weitere Entsprechungen. Da macht es keinen grundsätzlichen Unterschied, dass bei Henoch, in den indischen Veden sowie vielen anderen Quellen die Endstation eher einem gigantischen und prachtvollen Palast glich, bei den Aborigines hingegen schlicht und einfach von einer »Behausung« die Rede ist, die nicht näher erklärt wird. Es gab einmal eine große Völkergemeinschaft, die sehr genau von der Existenz des Space Elevator wusste.

Mit dem Venusstab kopfunter der Erde entgegen

Ist der Pazifik überquert, sind die Hinweise zu einigen spezifischen Bestandteilen des Liftsystems überraschend konkret. Durch Gisela Ermel, die mehrere Bücher über Themen der Paläo-SETI-Forschung veröffentlichte, wurde ich auf die Mixteken, ein Nachbarvolk der Azteken im südlichen Mexiko an der Pazifikküste, aufmerksam. Ich erhielt von Frau Ermel nicht nur Texte, sondern erstmals auch eine Abbildung, die auf einen Weltraumlift hindeutet. Die indianischen Abbildungen haben alle die ihnen eigene Ornamentik, genau wie bei der oft erwähnten Grabplatte von Palenque, die in der Paläo-SETI-Szene als ein mit technischem Gerät ausgestatteter Raumfahrer gedeutet wird; übrigens wurde eine ähnliche Darstellung kürzlich bei Ausgrabungen auf Maya-Gebiet gefunden.

Wenn man die auf der nächsten Seite folgende Abbildung 10 aus dem Codex Zouche-Nuttall betrachtet, einer der wenigen noch erhaltenen präkolumbischen Bilderhandschriften der Mixteken, die vermutlich aus dem 14. Jahrhundert stammen, dann lässt sie beim ersten Anblick trotz Aktivierung aller verfügbaren Phantasiezellen des Großhirns wahrlich nicht die geringste Beziehung zu einem Weltraumliftsystem erkennen. Aber liest man den dazugehörenden Text, öffnet er einem die Augen, und die Handschrift zeigt dem Betrachter sogar noch mehr als den beschriebenen Abstieg der Götter auf

Abb. 9. Ob diese Person auf der Grabplatte von Palenque einen Raumfahrer darstellt, mag dahingestellt sein. Vielleicht saß er auch in einem Weltraumlift-Shuttle.

Abb. 10. Das im Codex Zouche-Nuttall Beschriebene ist im Bild erkennbar: die Endstation im Himmel, der Kabelstrang mit sechs Zwischenstationen und die Empfangshalle auf der Erde.

die Erde. Oben im Himmel thronen zwei Götter, zwischen ihnen die Sonne. Aus einer Öffnung unten am Himmel hängt ein Seil herab, an dem der Himmelsherr »Drei Feuerstein« mit dem rätselhaften Venusstab und mehreren Begleitern hinunter zur Erde schreitet. Ein heiliges Bündel steht bereits abholbereit auf dem Erdboden.

Dass der Kabelstrang nicht in einer geraden Linie verläuft, könnte natürlich dadurch begründet sein, dass die Darstellung in dem Fall ein überlanges Format erhalten hätte. Und was die einzelnen Abschnitte des fortgesetzt im rechten Winkel abknickenden Götterseils angeht, so ergeben sie sechs Stationen. Weil weltweit von sechs Zwischenstationen die Rede ist, bevor man zur Endstation gelangt, erhärtet diese Illustration meine Vermutung, dass damit die »Haltestellen« dokumentiert werden sollten. Und auch für das abholbereite Bündel bietet sich eine logische Erklärung an. Selbstverständlich wird man jedes chemische Element und alle biologischen Organismen genauestens untersuchen, wenn die Absicht besteht, die Erde als neuen Lebensraum in Betracht zu ziehen. Dafür ist ein bestens ausgestattetes

Labor notwendig, und das würde sich allein schon aus Sicherheitsgründen ganz sicher nicht auf der Erde, sondern in einem im Erdorbit stationierten Raumschiff befinden. Es gäbe also wahrhaftig viel zu transportieren in einem solchen Fahrstuhl ins All.

Auf dem folgenden Teil des Codex von Zouche-Nuttall, auf Seite 19, wird ein weiterer Abstieg zur Erde mit einer kuriosen Wendung gezeigt. Auch hier führt wieder ein »Federseil« aus einer Öffnung bis auf die Oberfläche des Planeten hinab, an dem der Himmelsherr »Zwölf Wind« und seine Begleiter zunächst kopfunter (!!!) vom Himmel steigen, dann schreiten sie wieder mit einem heiligen Bündel auf dem Rücken weiter der Erde entgegen, wo sie empfangen werden. Interessant ist dabei die Darstellung »kopfunter«, die eigentlich völlig überflüssig wäre, denn für jeden Menschen ist es normal, egal, ob er in einem Fahrstuhl absteigt oder auf einer Leiter wieder hinunterklettert: Der Kopf bleibt immer oben. Niemand käme auf die Idee, beim Wiederabstieg die Körperposition um 180 Grad zu drehen. Sinnvoll wird es aber bei einer Rückreise von der Endstation in 36.000 Kilometer Höhe zur Erde. Sicher wäre es angenehmer, während der zwölfstündigen Reise auf das Ziel Erde zu blicken, anstatt in die gleißende Sonne oder den Nachthimmel. Im Codex Vindobonensis – einer mixtekischen Arbeit aus 52 Faltblättern mit einer Gesamtlänge von 13,5 Meter – wird Himmelsherr »Zwölf Wind« übrigens mit Quetzalcoatl gleichgesetzt, der dort ebenfalls über eine Himmelsleiter auf die Erde herabsteigt.

Die Mapuche und Maya wussten, wie ein Weltraumlift installiert wird

So gut wie bei allen mesoamerikanischen Völkern finden wir in der Mythologie die Verbindung zwischen Himmel und Erde mit einem Seil oder einer Schnur. Eine ganz neue Variante gibt es bei Kinich Kakmo, dem Sonnengott und der Gottheit des Lichtes der Maya. Er kommt nicht an einer schnöden Schnur, sondern an einem Tragband zur Erde herab – und das ist eigentlich auch die richtige Beschreibung, denn belastbar musste so ein Kabelstrang schon sein. Im alten Buch der Jaguarpriester wird das Band sogar zu einer Straße erweitert. Es wird vermerkt, dass die Götter *von der Straße zu den Sternen auf die Erde herabstiegen.* Allerdings ist das ebenso konkret wie vage, denn es stellt sich die Frage, warum der grenzenlose, riesige Himmelsraum als Straße definiert wird?

In Chile findet man einen weiteren signifikanten Hinweis auf einen prähistorischen Weltraumlift. Die Mapuche-Indianer feiern gegen Jahresende immer ein großes Fest, das Nguillatún. Ein heiliger Schrein soll die Himmelsleiter symbolisieren, auf der man in die kosmische Götterwelt gelangt. Und auch den Mapuche waren sieben Plattformen geläufig. Aber ihre Überlieferungen zeigen ein ganz entscheidendes Detail. Ob von Menschen oder Außerirdischen errichtet, die Installation eines Weltraumlifts erfolgt zweifellos immer vom geostationären Punkt aus. Und genau das erwähnen die Mapuche: Die Plattformen oder auch Zwischenstationen wurden *zu Zeiten des Weltbeginns in abwärts gerichteter Reihenfolge* geschaffen. Bei derart markanten Übereinstimmungen wünscht man sich doch, dass mythologisch Überliefertes öfter nach naturwissenschaftlichen Normen analysiert wird.

Von den Erzählern des Popol Vuh bis hin zu den orientalischen Berichterstattern sind fast alle »Reportagen« gemäß unserem kulturellen Verständnis mit unnötigem und teilweise auch abstrusem Ballast angereichert. In der Kürze liegt die Würze, könnte man zum Abschluss unserer Exkursion durch die weltweite Mythologie sagen. In nur einem einzigen Satz aus dem Popol Vuh steckt mehr enthüllende Substanz als in manchen seitenlangen Kapiteln von Exegeten.

Im Vorspruch des indianischen Erzählers vom Popol Vuh, *über die alte Kunde von Quiché, die vom Anfang und Ursprung von allem berichtet, die enthüllen, erklären und berichten soll, was dem Suchenden und Forschenden verborgen war,* findet sich ein hochgradiger Hinweis auf die Installation eines Weltraumliftes, wenn die Passage unter diesem Gesichtspunkt betrachtet wird. Es geht dort darum, *wie die vier Weltenden, die vier Seiten bestimmt und die Male gesetzt wurden, wie die Schnur gespannt und wie ausgemessen wurde die Weite des Himmels und der Erde.*

Wenn Sie mir erlauben, diese zwar sehr kurze, aber prägnante Aussage nach naturwissenschaftlichen Normen zu deuten, erhält man eine exakte Beschreibung der nötigen Schritte für den gesamten Aufbau des Liftsystems: »Die vier Weltenden, die vier Seiten bestimmt« kann doch nur bedeuten, dass zuerst die genaue Position des Äquators auf der Erde ermittelt wurde. »Die Male gesetzt« legt die Vermutung nahe, dass der Standort fixiert und hergerichtet werden musste. »Die Schnur gespannt« ist ein klarer Beleg, dass von allen Komponenten des Systems der Kabelstrang als das wohl wichtigste Teil montiert und vor allem unter Spannung gesetzt werden musste. Mit dem Ausmessen der »Weite des Himmel und der Erde« kann schließlich nur die Berechnung der Distanz von der Erdoberfläche bis in 35.786 Kilometern Höhe gemeint sein, um die endgültige Mindestlänge des Kabels festzulegen.

Weder Gott noch Engel reisten mit dem Lift ins All

Die zuvor präsentierten Dokumentationen aus der weltweiten Mythologie über den Aufstieg ins All können aufgrund ihrer kongruenten Inhalte nicht nur auf Zufall beruhen. Aber dass vor Tausenden von Jahren die damaligen Menschen über die Fähigkeiten verfügten, einen Weltraumlift zu konstruieren und in Betrieb zu nehmen, davon ist nun wahrlich nicht auszugehen. Und noch weniger kommt wohl in Betracht, dass ein metaphysisches Gotteswesen einen Lift benötigte, um seine sphärischen Engel auf die Erde zu schicken. Damit wären alle Optionen aufgebraucht, bis auf eine: Außerirdische benutzten während ihres jahrhundertelangen Erdaufenthalts einen Weltraumlift! Sie brauchten den Lift ins All, während die Menschen dieses System gegenwärtig nicht unbedingt benötigen. Sollte aber irgendwann eine ausgedehnte Marsbesiedlung *in praxi* anstehen, dann wird wohl nach Jahrtausenden wieder eine »Himmelsleiter« auf der Erde in Aktion und zu bestaunen sein.

Um etwas frischen Wind in unsere Denkzellen zu fächeln, sprach ich übrigens auch einen Professor für alttestamentliche Exegese an mit der Bitte, eine Einschätzung meiner Interpretation von Jakobs Weltraumlift vorzunehmen. Die Antwort war keine Überraschung: »Antike Texte kann man nicht in der Weise auswerten, wie Sie das tun. Sie projizieren Ihre Ideen in Texte, die sich nicht wehren können, zudem fehlen mir Zeit und Lust, mich mit solchen Manipulationen auseinanderzusetzen.« Auch meine Antwort war keine Überraschung: »Können sich denn die Texte gegen Ihre religiösen Auslegungen wehren?« Zum Vorwurf der Manipulation verzichtete ich auf einen Kommentar.

Aber an dieser Stelle, quasi unter vier Augen, möchte ich auf eine nähere Erläuterung *nicht* verzichten: Abraham, Stammvater der Christen, Juden und Muslime, hatte nach den Apokryphen ebenfalls eine Himmelfahrt, die in vielen Details mit dem Start von einem Berg aus, sechs Zwischenstationen sowie gefallenen Engeln durchaus in einem Zusammenhang mit weiteren Protagonisten der westlichen Religionen steht. Darüber hinaus findet sich ein Zusammenhang mit dem Etana-Epos (in dem Wunsch, zur Erde zurückzukehren) und den indischen Veden (Abraham beschreibt im siebten Himmel ein Objekt, das ständig seine Neigung verändert). Außerdem sieht er aus großer Höhe den Garten Eden und wird aufgefordert, die Sterne »unter sich« zu zählen.

Dass Abraham das Geschilderte vielleicht nicht selbst erlebte, soll hier kein Thema sein. Aber kein Mensch käme auf die Idee, die Sterne »unter sich« zu zählen. Das geht eben nur, wenn man weit genug von der Erde entfernt ist. Aufgrund dieser Tatsachen dürfte es wohl gestattet sein, die Texte auf die von mir erfolgte Weise zu deuten. Auch wenn es nicht in die verkittete Ideologie professoraler Lehrmeister passt, müssen sie zur Kenntnis nehmen, dass die Möglichkeit eines Weltraumlifts wesentlich mehr Substanz hat als ihr Modell eines einzig durch sie vermittelten Gotteswesens.

Ein vorläufiges Fazit

Die Hypothese eines prähistorischen Weltraumliftes wurde in der Literatur bisher kaum thematisiert, und für einen Einzelnen ist es kaum möglich, das gesamte Material des globalen mythologischen Fundus zu durchforsten. Vieles wird noch im Verborgenen liegen. Deshalb wäre es wünschenswert, wenn weitere Forschungen in dieser Richtung erfolgten. Auch wenn die Bibel nur eine Leiter erwähnt, die bis zur Himmelsspitze reicht, an der man auf- und absteigen konnte, lassen vor allem die Überlieferungen aus den Apokryphen mit dem Schlüsseltext *und brachten mich hinauf an einen hohen Ort und zeigten mir einen Turm hoch über der Erde* oder den sumerischen Epen bis hin zu den mesoamerikanischen Überlieferungen wohl keine Zweifel mehr aufkommen, dass ein technisches Gerät zum Aufstieg ins Weltall zur Anwendung kam und dieses von Menschen live erlebt wurde.

Analysiert man aber alle Berichte, finden sich doch auffallende Unterschiede. In den indischen Veden stehen die erstaunlichen, vielleicht sogar zukunftsweisenden technischen Beschreibungen im Vordergrund. Nicht so markant, aber dennoch praxisorientiert sind die indianischen Berichte, bei den Maya zum gesamten Konzept der Montage und bei den Mapuche sogar mit dem Hinweis, dass diese vom Weltraum aus zur Erde hin erfolgte. Ebenso beschreiben die Mixteken die Nutzung des Systems ohne jegliches schmückende mythologische Beiwerk. Völlig anders dagegen die orientalischen Berichte wie von Henoch oder Etana, die als Augenzeugen den Blick auf die Erde buchstäblich als Reportagen beschreiben. Andererseits entstanden teilweise absonderliche Erzählungen, die eher eine Affinität zu einer Fahrt mit der Geisterbahn aufweisen. Dennoch dienten diese Überlieferungen, deren Ursprünge wahrscheinlich aus der prähethitischen oder mesopotamischen Kultur stammten, den anderen Kulturen in diesem Raum bis zu den Hebräern als Grundlage ihres religiösen Verständnisses für einen Gott, der seinen bevorzugten Standort im Himmel oder, um es konkreter auszudrücken, im Weltall hatte.

Natürlich werden zu dem gesamten Themenkomplex noch weitere Fragen auftauchen, für deren Beantwortung wiederum die Mythologie herhalten muss, gestärkt durch wissenschaftliche Fakten. Dazu gehören auch die Fragen nach dem einstigen Standort des Weltraumlifts und warum dieser zur Ruine verkümmerte, nach dem Verhältnis der Außerirdischen zum Menschen und ob der lange Erdaufenthalt nicht dazu führte, dass Experimente mit katastrophalen Folgen durchgeführt wurden. Dies alles sind weitere diskussionswürdige Themen, die in den folgenden Kapiteln zur Erörterung anstehen.

Menschen und E.T.'s mit gleicher Technik ...

... aber unterschiedlichen Zielen. Obwohl irdische Techniker gegenwärtig noch nicht in der Lage sind, einen Weltraumlift zu errichten, vermutet man üblicherweise, ein solches System müsse für eine außerirdische Intelligenz, die interstellare Raumfahrt betreibt, ein alter Hut sein. In Science-fiction-Filmen wird doch gezeigt, wie sich Raumschiffe blitzschnell mit Hypergeschwindigkeit entfernen. Aber per Knopfdruck sofort an jeden x-beliebigen Ort zu gelangen, funktioniert in dieser Form bei Außerirdischen wohl ebenso wenig. Auch für sie wird der Energiebedarf wohl eines der größten Probleme sein. Wer reisen will, für den gelten überall im Kosmos die physikalischen Gesetze der kinetischen Energie (Masse und Geschwindigkeit). Daher dürfte ein Weltraumlift, der über Jahrhunderte hinweg genutzt wird, energetisch die günstigste Lösung sein.

Könnte es nicht sein, dass Außerirdische auf ihrem Heimatplaneten längst mit größter Zufriedenheit ein solches System verwenden, und was liegt dann näher, als ein Exemplar davon auf der Expedition zu dem Planeten einer abgelegenen Sonne am Rand der Galaxis mitzunehmen?

Gegenwärtig haben die Planungen der NASA für einen Space Elevator völlig andere Vorgaben als die vermuteten Verwendungszwecke durch Außerirdische. Die Menschen können ein Liftsystem noch gar nicht im vollen Umfang nutzen. Wenn es darum geht, Kommunikationssatelliten auszusetzen, ist es einfacher, auch weiterhin Raketen zu verwenden. Dennoch gibt es Übereinstimmungen zwischen den Plänen für einen menschlichen Weltraumlift und den prähistorischen Beschreibungen. Einerseits gibt es deckungsgleiche Konstruktionsmerkmale, andererseits führt kein Weg daran vorbei, dass ein Weltraumlift wegen des erheblichen Aufwandes nur bei einer langen Nutzungsdauer sinnvoll ist. Schließlich weisen unzählige Berichte auf alten Schrifttafeln und in Dokumenten darauf hin, dass

E. T.'s bereits vor Jahrtausenden die Erde besuchten und sich sehr lange auf unserem Planeten aufhielten.

Warum aber waren Außerirdische jahrhundertelang, vielleicht sogar über Tausende von Jahren auf der Erde präsent? Um lediglich den Erdball zu erforschen, hätten wahrscheinlich einige Jahrzehnte genügt. Bestand aber die Absicht, in ferner Zukunft auf die Erde überzusiedeln, wäre eine der Voraussetzungen, das Überleben unter Erdbedingungen ausgiebig zu testen, und zwar über Generationen hinweg. Und sollte der Menschheit einmal das Schicksal drohen, die Erde verlassen zu müssen, so wird die dann notwendige Vorbereitung nicht anders ablaufen. Aus irdischer wie auch außerirdischer Sicht ist kaum davon auszugehen, dass man einen Planeten vorfindet, der die gleichen optimalen Konditionen für die eigene Physiologie und Anatomie bietet wie der Heimatplanet.

Will man also die Gewissheit haben, auf einem fremden Planeten lebens- und auch überlebensfähig zu sein, wäre ein langer Aufenthalt, sozusagen zum »Probewohnen«, ein absolutes Muss. Schon allein die andere Größe des fremden Planeten hätte wegen ungewohnter Gravitationsverhältnisse einen entscheidenden Einfluss auf die eventuell anzupassende Statur der Neuankömmlinge. Und auch die atmosphärischen Bedingungen würden voraussichtlich wenig mit denen des Heimatplaneten gemein haben. Beispielsweise könnte der CO_2-Gehalt wie der Sauerstoffanteil erheblich höher oder niedriger als auf der Erde sein. Und der auserkorene Planet würde sich wohl kaum dem Auswanderer anpassen, sondern der Auswanderer müsste sich geduldig im neuen Lebensraum einrichten. Das dürfte ein wenig anders ablaufen, als wir es von den kurzweiligen *Stark Trek*-Episoden gewohnt sind.

Der Genesistext »Lasset uns Menschen machen, ein Bild, das uns gleich sei, die über die ganze Erde herrschen sollen« hat ja einige zu der Hypothese veranlasst, Außerirdische hätten erst den modernen Menschen erschaffen. Es wäre wohl das nutzloseste Experiment Außerirdischer gewesen, die Erdenbewohner ihnen gleichartig zu machen. Aber könnte dieser Text nicht wörtlich gemeint und das Gegenteil geschehen sein? Vielleicht wollten die Erdenbesucher aufgrund der irdischen Bedingungen ihre Anatomie der des Menschen anpassen und dennoch ihre Identität behalten? Dies wäre eine durchaus logische Vorgehensweise, denn der Mensch hat ja naturgemäß keine großen Probleme, sich in der irdischen Umwelt zu bewegen. Einige indianische Legenden berichten von solchen Versuchen. So sollen auf der Erde bereits Prototypen erzeugt worden sein, die aber nicht den Erwartungen ihrer Erschaffer entsprachen. Jedenfalls wäre dieser Ablauf logischer, und wenn Menschen sich irgendwann einmal in der gleichen Situation befänden, wäre es doch ebenso absurd, wenn ihr vorrangiges Bestreben darin läge, die Bewohner eines anderen Planeten umgehend zu modifizieren.

Nun könnte man fragen, warum die Außerirdischen nicht auf der Erde geblieben sind? Diese Frage möchte ich offen lassen. Letztlich wird auf dem Heimatplaneten entschieden, wohin man später einmal auswandern wird, denn es könnten ja noch andere Planeten zur Auswahl stehen. Und falls diese Wesen auch eine DNA besitzen, wovon auszugehen ist, könnte man sie zur Bildung neuer Eigenformen anregen, die den völlig anderen Gegebenheiten angepasst sind. Erst danach würde eine Expedition mit starker Besatzung und vielleicht auch mit tiefgefrorenen Embryos auf die lange Reise gehen.

Die Suche nach neuem Lebensraum

Wie könnte sich wohl die Suche nach einem akzeptablen Planeten gestalten? Eine drohende Supernova ist zwar ein katastrophales, finales Ereignis, aber keine akute Gefahr, denn es verbleibt in der Regel noch eine riesige Zeitspanne, bis sie eintritt. Die Reaktionen auf einem fremden Planeten oder auf der Erde zeigten für diesen Fall wohl kaum Unterschiede. Da der Erde noch Millionen von Jahren bis zu einer solchen Katastrophe verbleiben, macht sich deswegen keiner großartig Gedanken. Aber 30.000 Jahre wären beispielsweise eine Gnadenfrist, die durchaus greifbar ist und wie ein Damoklesschwert über der Menschheit schweben würde. 30.000 Jahre? Das könnte knapp werden.

Sicherlich wird der sofortige Exodus in die Galaxis nicht das primäre Ziel sein. Bis zum Start einer derartigen Mission können einige Jahrtausende vergehen. In der ersten Phase wird es vorrangig darum gehen, die Kenntnisse über den Kosmos zu erweitern. Eine gezielte astronomische Beobachtung mit einem akkuraten Rasterschema erlaubte gewiss, in Sonnensystemen Planeten mit Lebensbedingungen bis auf eine Distanz von einigen 100 Lichtjahren zu orten. Und diese Gestirne würden dann nicht von Menschen aufgesucht, sondern zunächst von intelligenten Sonden, intelligent deshalb, weil die Sonde schon während des Transits autark entscheiden kann, eventuell weitere Sonden auszusetzen, die jahrtausendelang Daten eines in Frage kommenden Planeten zur Erde senden.

Aufgrund dieser Daten wüsste man schon vorab, mit welcher Situation die Besucher konfrontiert würden. Zuletzt müsste aber notgedrungen doch eine bemannte Expedition die Reise durch die Galaxis antreten, sogar mit der unerfreulichen Option, aufgrund unbekannter Risiken die Erde vielleicht nicht mehr wiederzusehen. Der Mensch ist nun einmal eher befähigt, sich ein komplexes Bild von einem Planeten zu machen, auf dem man sich eventuell ansiedeln könnte, als jede noch so ausgeklügelte Sonde. Die dabei zum Einsatz kommenden Raumschiffe werden mit Sicherheit keinem der uns bekannten Modelle à la *Enterprise* ähneln. Sie könnten aus mehreren Modulen gefertigt sein, um ab einer gewissen Entfernung vom heimatlichen Sonnensystem die Reise auf getrennten Wegen weiterzuführen. Dieses Verfahren bietet nicht nur den Vorteil, Energie zu sparen, sondern auch die Möglichkeit, eine größere Anzahl von Sonnensystemen zu inspizieren und dadurch die Expedition effizienter zu gestalten.

Die Entscheidung für einen Planeten als neuen Lebensraum hätte eine für die Menschheit nie zuvor gekannte Tragweite. Selbst wenn die Menschen zu diesem Zeitpunkt eine viel höhere Lebenserwartung hätten, müssten dennoch über mehrere Generationen hinweg die Lebensbedingungen dort ausgiebig getestet werden. Natürlich verbliebe das gigantische Raumschiff während dieser Zeit im sicheren Orbit und als Verbindung zum Planeten diente wahrscheinlich allein schon wegen des langen Aufenthaltes und des Energiebedarfs ein Weltraumlift.

Das Lastenheft der Expedition beinhaltete sicherlich einige technische Vorgaben, die unabdingbare Voraussetzung für einen Erfolg ihrer Mission sind. Dazu zählte gewiss auch, Planetenlaufbahnen zu beeinflussen, um sie in eine günstigere Position zu ihrem Solarstern zu dirigieren. Mit der Beherrschung dieser Technik stiegen ihre Chancen um ein Vielfaches, zum Beispiel einen Planeten mit gefrorenem Wasservorkommen näher zur Sonne hin zu platzieren, um eine lebensfreundliche Atmosphäre zu schaffen. So können schnell die Jahrtausende vergehen, bis die entscheidende letzte Reise mit genau festgelegtem Ziel angetreten wird – dort auf dem neuen Planeten von nun an zu leben. Über allem wird aber die Frage stehen: Mit welchen Lebensformen könnten sie auf einem anderen Planeten konfrontiert werden? Ebenso müssten die Planspiele den Fall einschließen, auf intelligente Wesen zu treffen, was wiederum bei den Einheimischen keineswegs Begeisterungsstürme auslösen würde.

Die eingesetzten Raumschiffe werden nicht mit Hyperraum- oder Warpantrieben durch die Galaxis düsen oder durch Wurmlöcher zur schnelleren Überbrückung kosmischer Distanzen die vierte Dimension drastisch abkürzen. Diese Tricks dürften auch bei fortgeschrittenen Zivilisationen kaum zur Anwendung kommen. Dagegen wäre ein Antimaterie- oder Photonenantrieb oder ein Antrieb mit Kernfusionstechnik schon eher realisierbar, obwohl dies gegenwärtig noch unlösbar scheinende Probleme birgt. Aber die NASA ist entschlossen und erforscht beispielsweise Antimaterie als Antriebstechnik. Sie schreckt nicht der immense Aufwand zur Gewinnung der kinetischen Energie, denn beim derzeitigen Forschungsstand könnten mehrere Teilchenbeschleuniger im Format des CERN in einem Jahr nur den Bruchteil eines Gramms Antimaterie produzieren. Mit dieser Menge kommt man vielleicht schneller zum Jupitermond Europa, sehr viel weiter aber wohl nicht.

Die größten Hoffnungen setzt man auf »saubere« Kernfusion, die nach dem Prinzip des nuklearen Brennvorgangs in der Sonne funktionieren soll, dort jedoch nur durch den enorm hohen Druck aufgrund ihrer Masse entsteht. Bei der Kernfusionstechnik müssten in einem Fusionsreaktor gewaltige Temperaturen erzeugt werden, da erst ab 100 Millionen Grad Celsius Wasserstoffkerne zum Verschmelzen gebracht werden können. Gegenwärtig ist die für diesen Prozess aufgewendete Energiemenge noch größer als die durch die Fusion gewonnene Energie, so dass Raumschiffe für Reisen in andere Sonnensysteme erhebliche Mengen an Kernbrennstoffen mitführen müssten.

Dessen ungeachtet wird schon seit Jahrzehnten die Möglichkeit erwogen, mit Generationenraumschiffen die riesigen Distanzen zu anderen Sonnensystemen zu überbrücken. Es wird von einer Besatzung mit mindestens 1.000 Personen ausgegangen, schon allein deshalb, um eine genetische Verarmung zu vermeiden. Ein derartiges Raumschiff wäre ein riesiger Komplex mit künstlicher Schwerkraft sowie einer autarken Biosphäre, in der sich Menschen über Generationen hinweg fortpflanzen könnten, selbst wenn es gelänge, die Alterungs-Gene positiv zu beeinflussen. Das größte Problem wären allerdings der Antrieb und die exorbitanten Energievorräte. Außerdem müssten Nahrungsmittel und Sauerstoff reproduziert werden, und ohne Wartung und Reparaturen wird eine derartige Langzeitexpedition auch nicht die Jahrhunderte überstehen.

Zu all diesen Schwierigkeiten gesellt sich noch ein Problem, das nicht durch Technik zu lösen ist. Es ist der Mensch, denn keiner kann voraussagen, wie sich die sozialen Verhältnisse einer kasernierten Gemeinschaft auf engstem Raum über Jahrhunderte hinweg entwickeln. Wie verhalten sich die folgenden Generationen, die das Leben auf der Erde nur via Bildschirm kennen lernen? Um eine genetische Verarmung oder Inzucht zu vermeiden, müsste schon ein ausgeklügelter Plan vorliegen, wer sich mit wem weitervermehren darf. Ob das gut geht? Dies alles sind Probleme, die dazu führen könnten, dass nach Jahrhunderten auf einem fernen Planeten Wesen landen, die sich vom ursprünglichen Erdenmenschen im wahrsten Sinne des Wortes lichtjahreweit unterscheiden.

Wie sehr sich der Mensch dann verändert haben könnte, zeigte ein TV-Beitrag von Phoenix im Februar 2010 unter dem Titel *Aufbruch zu den Sternen*. Darin ging es genau darum, was geschehen könnte, falls durch Veränderungen der Sonne die Menschheit zum Auswandern gezwungen wird. Interessanterweise sahen in dieser Sendung Wissenschaftler aller Gattungen als größtes Hindernis für interstellare Raumfahrt nicht nur – wie weithin bekannt – die exorbitanten Distanzen und Antriebstechniken an, sondern ebenso den reisenden Menschen. Sie vertraten die Ansicht, dass außer den zwangsläufig auftretenden psychischen Problemen der Mensch auch aufgrund seiner Physiologie in der jetzigen Form nicht für Exkursionen in andere Sonnensysteme geeignet ist.

Der Mensch müsste, daran ließen die Experten keinen Zweifel, für derartige Reisen genetisch radikal verändert werden. Und erstaunlicherweise lässt sich das in Zukunft durchaus realisieren! Allerdings hätte dieser neue Typ Mensch anatomisch und physiognomisch nicht mehr viel mit dem ursprünglichen Vertreter seiner Gattung gemein. Das wurde an einem Modell mit kürzeren Armen und Beinen gezeigt, die für derartige Reisen einfach praktischer sind. Also ein weiterer triftiger Grund für die Annahme, dass Menschen allein aus Neugier niemals unser Sonnensystem verlassen werden.

Dennoch: Trotz all dieser Schwierigkeiten dürfte als sicher gelten, dass im Verlauf von Jahrmillionen E. T.'s bereits Exoplaneten besucht haben. Der Überlebenstrieb findet immer einen Weg! Und sollte den Menschen dieses Schicksal auch einmal beschieden sein, und sie wüssten die Rückreise von einem Planeten antreten, der für die Auswanderung geeignet erscheint, würden sie gewiss nichts anders verfahren als solche Außerirdische. Sie würden auf sicheren Umlaufbahnen – in unserem Fall beispielsweise am Langrange-Punkt zwischen Erde und Mond – nicht nur eine, sondern gleich mehrere Sonden positionieren, um ständig Informationen über den auserwählten Planeten zu beziehen. Man will ja schließlich wissen, was sich dort so alles zuträgt und welche Maßnahmen bei einer Rückkehr zu treffen sind. Einige Merkwürdigkeiten in unserem Sonnensystem weisen darauf hin, dass so etwas in Bezug auf unsere Heimatwelt tatsächlich geschehen ist!

1991-VG: offenbar ein Beobachtungssystem

Dass die Erde wahrscheinlich schon seit Jahrtausenden unter Beobachtung steht, ist keine Vermutung von Ufologen, vielmehr stammt sie von angesehenen Wissenschaftlern, die auf einige kuriose Besonderheiten in unserem Sonnensystem stießen, für die sie bis jetzt noch keine endgültigen Erklärungen vorlegen konnten. In unserem Sonnensystem existiert nämlich ein Mysterium, das durchaus in einigen Jahren mit relativ geringem Aufwand nach empirischen Regeln ein außerirdisches Interesse an unserem Planeten beweisen könnte.

Am 6. November 1991 entdeckte der Astronom Jim V. Scotti mit dem Space-Watch-Teleskop am Kitt-Peak-Nationalobservatorium ein ungewöhnliches Objekt, das sich alle sechzehn Jahre und neun Monate auf einer nahezu erdgleichen Umlaufbahn unserem Planeten nähert und seitdem unter dem Kürzel 1991-VG katalogisiert ist. Am 5. Dezember 1991 richteten Radioastronomen für die folgenden Tagen ihre Antennen auf 1991-VG, und normalerweise werden Radarstrahlen unabhängig von der Oberflächenbeschaffenheit eines Objektes reflektiert. Doch diesmal geschah etwas Eigenartiges – es kam kein Echo zurück! Deshalb vermuteten einige Astronomen und SETI-Forscher, 1991-VG könnte eine extraterrestrische Sonde sein. Zu jener Zeit betrug die Entfernung zur Erde knapp 460.000 Kilometer, aber vor Jahrhunderten war 1991-VG der Erde schon einmal näher gewesen. Alexander Christ vom ARTEMIS-Institut aus Aalen in Baden-Württemberg, das Prozessdatenverarbeitung für die Astronomie liefert, teilte mir seine Rückrechnungen des Bahnverlaufs von 1991-VG unter der Annahme eines natürlichen Objektes bis zum Jahresende 1517 mit. Der Abstand innerhalb des Erde-Mond-Systems betrug zu dieser Zeit sogar nur 274.362 Kilometer.

Aufgrund der geringen Größe und der erdähnlichen Umlaufbahn, vor allem aber wegen der beobachteten, starken Helligkeitsschwankungen nahmen Astronomen auch an, es könnte sich um die ausgebrannte Raketenstufe einer Apollo-Mission handeln. Der australische Astronom Duncan Steel von der Universität in Adelaide, der eng mit zwei von der NASA beauftragten Organisationen zusammenarbeitet, um kleinere Objekte im erdnahen Weltraum aufzuspüren, rechnete alle in Betracht kommenden Objekte zurück. Er wollte feststellen, ob eine Korrelation mit der Bahn von 1991-VG bestand, konnte jedoch keine Übereinstimmung mit einem von Menschen entsandten Objekt finden. Andere Astronomen berechneten ebenfalls die Rückwärtsextrapolation der Bahn und kamen zu dem Ergebnis, dass diese in unmittelbarer Nähe der Erde nicht langfristig stabil bleibe. Also könne dieses Objekt sich nicht schon seit Tausenden von Jahren auf dieser Bahn bewegen. Dabei hat man natürlich nicht berücksichtigt, dass intelligente Sonden über die Fähigkeit verfügen, ihre Bahn zu korrigieren.

Duncan Steel befasste sich außerdem mit der Möglichkeit, es könne sich bei 1991-VG um einen Asteroiden handeln, was er aber wegen der Helligkeitsschwankungen ebenfalls ausschloss. Diese Reflexionen entstehen normalerweise nur bei sehr glatten Oberflächen und sind typische Anzeichen für künstliche Objekte. Zudem sei der erdähnliche Orbit völlig atypisch für Asteroiden, und bei einer starken Annäherung an die Erde hätte sich die Bahn von einer fast kreisrunden immer mehr in eine elliptische verändert, wie man es von abgelenkten Objekten aus dem Asteroidengürtel kennt.

Nachdem Duncan Steel alle Möglichkeiten in Betracht gezogen hatte, blieb für ihn nur die Option, dass 1991-VG ein außerirdisches künstliches Artefakt ist. Der amerikanische Astronom Jim Scotti vom Lunar and Planetary Lab an der Universität von Arizona bestätigte diese Einschätzung widerstrebend: »Ich hoffe noch immer, dass 1991-VG ein natürliches Objekt ist.« Er sagte dies im Bewusstsein der Konsequenzen einer solchen Entdeckung. Sollten sich die Vermutungen der Wissenschaftler, dass 1991-VG eine extraterrestrische Sonde ist, nämlich weiter erhärten, könnten sowohl die politischen Auswirkungen als auch die kulturell-religiösen und sozialen Folgen dramatisch sein. Andererseits könnte dies zu einem neuen Solidargefühl unter den Staaten führen, vor allem bei denen, die immer noch aus religiösen Gründen Konfliktbereitschaft zeigen. Es hätte allerdings auch ein Gutes, wenn 1991-VG als außerirdisches Artefakt erkannt würde. Die Menschheit wäre frühzeitig informiert und könnte sich auf eine möglicherweise real drohende Invasion Außerirdischer vorbereiten. Somit ließe sich die weltweite massenpsychologische Schockwelle begrenzen, wenn tatsächlich eines Tages die Aliens unverhofft hier wieder auftauchten, um Besitzansprüche auf die Erde durchzusetzen.

In der britischen Fachzeitschrift *The Observatory* wurde ausgiebig über das Objekt 1991-VG berichtet. Es könnte sich leicht um die sensationellste Entdeckung der Menschheitsgeschichte handeln, aber die Druckmedien decken darüber den Mantel des Schweigens. Selbst die öffentlich-rechtlichen Rundfunk- und Fernsehanstalten haben offenbar wichtigere Themen zu vermelden. Das Drama um einen koksenden Popstar oder der Medienjubel über den lange ersehnten Nachwuchs in einem Königshaus scheinen die wahrhaft weltbewegenden Themen zu sein!

Ist man sich der möglichen Konsequenzen dieser Entdeckung bewusst, kann man eigentlich nur den Kopf darüber schütteln, dass die ansonsten so sehr auf ihren Schutz bedachten Staaten, die Abermilliarden für militärische Pseudosicherheit ausgeben, 2009 die finanziellen Mittel für die systematische erdnahe Meteoridenbeobachtung kürzten. Hatte man etwa vergessen, dass Einschläge von vagabundierenden Himmelskörpern im Laufe der Erdgeschichte globale Veränderungen auslösten, die Massensterben nach sich zogen? Genauso verantwortungslos wird nun wahrscheinlich eine noch größere Gefahr nicht zur Kenntnis genommen. Deshalb wäre es nicht nur wünschenswert, sondern sogar dringend erforderlich, wenn der nur etwa zehn Meter große Himmelskörper 1991-VG eine breitere Akzeptanz in der Öffentlichkeit fände. Selbst wenn die Wahrscheinlichkeit, dass 1991-VG ein künstliches Objekt ist, nur ein Prozent beträgt, wären eingehende Untersuchungen an diesem Artefakt gegenüber allen anderen Weltraummissionen vorrangig durchzuführen.

In der Internet-Enzyklopädie Wikipedia kann jeder sein Wissen verbreiten. Aber ist es nicht verwunderlich, wenn es am Ende des Berichts über 1991-VG trotz aller vorgebrachten Erkenntnisse und Fakten heißt: »Heute geht man davon aus, dass es sich bei 1991-VG um einen Felsbrocken handelt, der bei einem Meteoriteneinschlag auf dem Mond in den Weltraum geschleudert wurde und seither selbständig um die Sonne kreist.« Vor allem der Satz »Heute geht man davon aus …« wirft doch die Frage auf: Wer konkret geht davon aus? Angesichts dieser substanzlosen Begründung drängt sich spontan der Verdacht auf, hier soll ein unbequemer Sachverhalt unter den Teppich gekehrt werden. Geht es um prähistorische Erdenbesucher, wird immer sehr nachdrücklich der wissenschaftliche Nachweis eingefordert, während er in diesem Fall keine Rolle zu spielen scheint.

Einige Fakten sprechen gegen diese Behauptung: Ein Felsbrocken vom Mond erzeugt keine großen Helligkeitsschwankungen, und Radarstrahlen hätte er sicher reflektiert. Um endgültig Klarheit zu erlangen, sollte man den Vorschlag von Steven J. Ostro vom Jet Propulsion Laboratory in Pasadena befolgen, bei der nächsten Erdbegegnung in den Jahren 2016 bis 2018 eine Mission zu 1991-VG auf die Reise zu schicken: »Wir sollten dann allerdings nicht allzu überrascht sein, wenn sich auf den Fotos von 1991-VG weder die kraterübersäte Oberfläche eines kleinen Asteroiden noch die filigranen Elemente einer Pioneer-4-Sonde, einer Centaur-Raketenoberstufe oder eines Teils von Apollo 10 zeigen.«

Obwohl ich mit einigen Auffassungen der Präastronautik-Anhänger keineswegs konform gehe, darf nicht unerwähnt bleiben, dass die Hauszeitschrift *Sagenhafte Zeiten* der AAS, der Forschungsgesellschaft für Archäologie, Astronautik und SETI, öfter beachtenswerte Meldungen bringt, die andere Publikationen nicht einmal für erwähnenswert halten. So erschien in der Ausgabe 4/2010 ein Bericht über das Objekt 2010-KQ, das durch das Catalina Sky Survey in Arizona entdeckt und von der NASA verfolgt wurde. 2010-KQ zeigt überraschenderweise einige Übereinstimmungen mit 1991-VG, und auch hierbei soll es sich nicht um einen Asteroiden handeln. Das Objekt ist nur wenige Meter groß und könnte nach Expertenmeinung eine Raumsonde oder Teil einer Raketenstufe sein. Aufgrund des merkwürdigen Bahnverlaufes, der sehr nahe an der Mondbahn vorbeiführte, vermuten die Spacewatch-Experten, es müsse aus eigener Kraft zu einem bestimmten Zeitpunkt Position und Geschwindigkeit verändert haben. Die nächste Annäherung wird voraussichtlich 2036 stattfinden.

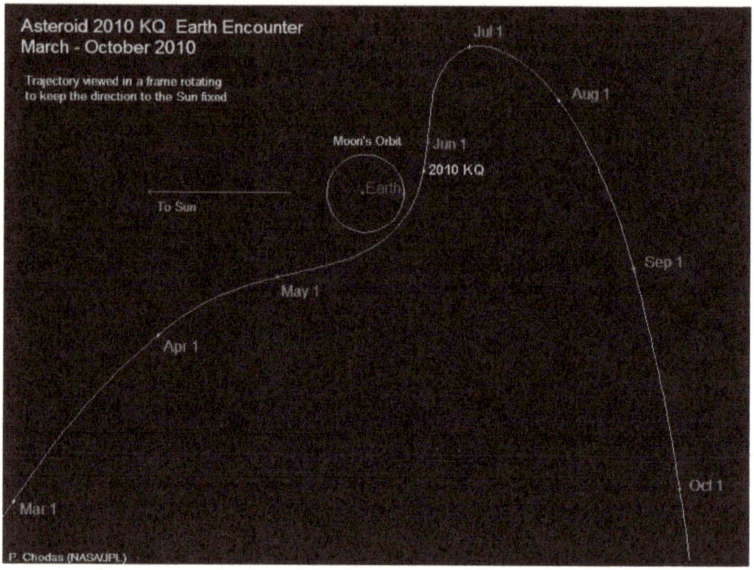

Abb. 11. Die NASA-Grafik zeigt die Flugbahn des erdnahen Objekts 2010-KQ im Jahr 2010.

In den Jahren 1999 und 2000 wurden als weitere Objekte 1999-CG9 und 2000-SG344 mit einem ähnlichen erdnahen Bahnverlauf wie 1991-VG entdeckt, wobei 1999-CG9 einen geschätzten Durchmesser von etwa fünfzig Metern aufweist, aber wie 2010-KQ bisher nicht weiter erforscht ist. Für 1991-VG konnte trotz Rückrechnung aller in Frage kommender Objekte kein Hinweis darauf gefunden werden, dass es sich um den Überrest einer Rakete handelt. Sollte dies für die beiden anderen Objekte ebenso zutreffen, dann würde aus der Hypothese, es handele sich um künstliche Sonden, wohl eine Tatsache.

In diesem Zusammenhang stehen meiner Ansicht nach auch einige sehr merkwürdige Fälle über verzögerte Funksignale (LDE = Long Delayed Echoes) aus dem Jahr 1927. Der Holländer Astrophysiker Dr. B. van der Pol (1889-1959) hatte damals bei Versuchen mit Radiowellen im Kurzwellenbereich Echos mit unerklärlichen Verzögerungen von dreißig Sekunden empfangen. Wären die Wellen beispielsweise vom Mond reflektiert worden, hätte es nur die normale

Verzögerung von zwei bis drei Sekunden geben dürfen. Im Oktober 1928 wurde das Experiment wiederholt und von Beamten der norwegischen Telegrafenverwaltung in Oslo überwacht. Und wieder wurden die gleichen Verzögerungen registriert.

Erst Jahrzehnte später befasste sich Professor Ronald Bracewell von der Stanford University in den USA und Anfang der Siebzigerjahre Duncan Lunan, Präsident der Schottischen Vereinigung für Technologie, mit den Aufzeichnungen van der Pols. Bracewell hält die Vermutung für sinnvoll, dass eine außerirdische Zivilisation einen Satelliten in unser Sonnensystem schickte, um Kontakt aufzunehmen. Lunan ging noch einen Schritt weiter und trug die verzögerten Signale in ein Diagramm ein. Das Ergebnis war eine Sternenkarte des 101 Lichtjahre entfernten Doppelsternsystems Epsilon Bootes. Die nach dem gleichen Schema angelegten Sekundengitter aus sechs verschiedenen Jahren ergaben immer das Gleiche: Vergrößerungen des Sternbildes um Epsilon Bootes.

Das Merkwürdigste an Lunans so ermitteltem Sternbild ist aber, dass Bootes größter Stern, Alpha Bootis, im Diagramm nicht in seiner heutigen Position auftaucht, sondern dort, wo er sich aufgrund seiner hohen Eigengeschwindigkeit 11.000 v. Chr. befand. Zu jener Zeit erreichte, so vermutete Lunan, die Sonde unser Sonnensystem, und seitdem befände sie sich in einer Mondumlaufbahn. All dies stimmt zwar wunderbar mit der von mir ermittelten Zeitenabfolge überein, dennoch möchte ich eine gewisse Skepsis anmelden, wenn Duncan Lunan außerdem noch zu der Feststellung gelangt, der Absender des Satelliten komme vom sechsten der sieben Planeten dieses Sterns und zu dem Sonnensystem gehörten obendrein noch sechs Monde. Wenn dem so wäre, warum sollten Außerirdische auf diese Weise ihren exakten Standort preisgeben? Später schränkte Lunan seine Vermutung zwar wieder ein, doch das Rätsel um die verzögerten Funksignale bleibt bis heute im Wesentlichen ungeklärt.

Falls es sich bei 1991-VG tatsächlich um eine Sonde handelt, ist kaum davon auszugehen, dass sie aus einem fernen Sonnensystem zur Erde geschickt wurde. Sie wäre mit ihrem geringen Volumen sicherlich zu klein, um neben den Systemen zur Nachrichtenübermittlung und Steuerung noch eine Antriebstechnik mit der nicht unerheblichen Energiemenge zu enthalten, die für eine Distanz von vielleicht mehr als 100 Lichtjahren ausgelegt sein müsste. Sollte wirklich ein derartiges System installiert sein, und die früheren Erdenbesucher kämen aus einer Distanz von bis zu etwa 100 Lichtjahren, dann müsste sich die Menschheit durchaus Sorgen machen. Wenn die Sonden die überaus zahlreichen Atombombenexplosionen der letzten Jahrzehnte registrierten und dies außerhalb unseres Sonnensystems wahrgenommen würde, könnte man dort zu der Einsicht gelangen: Auf der Erde tut sich etwas – es wird höchste Zeit, dass wir dort einmal nach dem Rechten sehen!

Interessant wäre es zu wissen, wie die Religionsregenten wohl reagieren würden, wenn die NASA beispielsweise auf öffentlichen Druck hin im Jahr 2016 tatsächlich eine Mission zum Objekt 1991-VG startete? Der drohende untrügliche Beweis ehemaliger Erdenbesucher könnte vom Vatikan bis nach Teheran eine beängstigende Nervosität auslösen. Weil nun ein metaphysisches Gotteswesen wahrlich keine Sonden benötigen würde, um die Erde und seine geliebten Menschen zu beobachten, wäre das wohl schlichtweg der Supergau nicht nur für das Christentum, sondern für alle Religionen. Falls es dann wirklich ein außerirdisches Artefakt wäre, dürfte es äußert schwierig werden, dieses Objekt noch als ein Produkt von »unseren Brüdern der Schöpfung« hinzustellen.

Allein schon, um diese peinliche Situation zu vermeiden, wird wahrscheinlich niemals eine Rakete die Reise zu 1991-VG antreten. Dass aber ehemals Gott, Jahwe oder Allah als Außerirdische existent waren, wird sich beweisen lassen! Irgendwann! Dazu sollen neben einem prähistorischen Weltraumlift im Folgenden noch einige weitere, völlig neue Ansätze zur Diskussion gestellt werden, die natürlich falsifiziert werden können. Vielleicht erhärten sie aber auch die Annahme einer außerirdischen Einflussnahme auf den Verlauf der Menschheits- und Erdgeschichte – und lassen ihn zur Gewissheit werden.

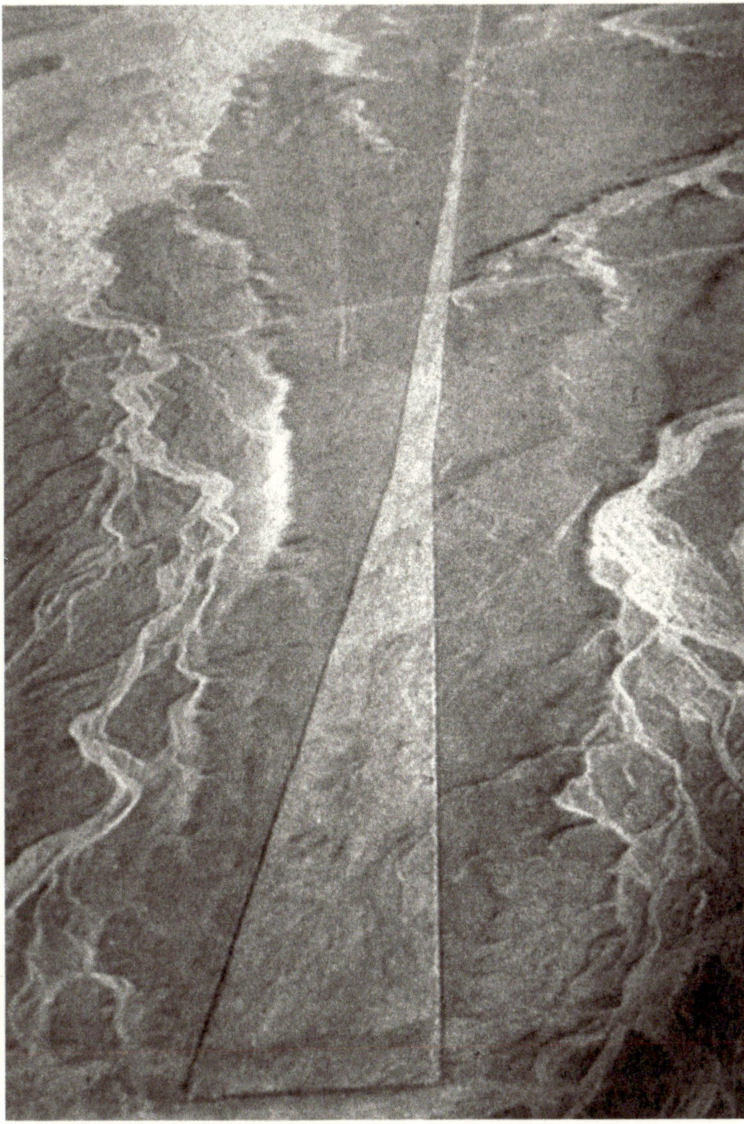

Abb. 12

Die Himmelsleiter stand in Nazca

Die Aufnahme auf der vorigen Seite weckte in mir unwillkürlich eine Assoziation zum Weltraumlift, und so erwachte spontan meine Vermutung, dass Nazca möglicherweise der Standort für eine solche »Himmelsleiter« war. Die trapezförmige Fläche, die in eine lange Linie übergeht, könnte durchaus ein Liftsystem mit dem Startturm und dem Kabelstrang symbolisieren. In den Boden dieses etwa 500 Quadratkilometer großen Gebiets im südamerikanischen Peru finden sich weitere trapezförmige Flächen wie auch häufig gruppenweise angeordnete Linien eingeritzt. So existiert eine Trapezfläche mit fünf parallelen Linien – etwa eine Darstellung von Kabelsträngen? Eine Linie läuft sogar über zwanzig Kilometer schnurgerade über mehrere Berge hinweg. Weltweit bekannt sind auch die zahlreichen als Geoglyphen bezeichneten überdimensionierten Tierfiguren. Das größte Mysterium sind aber die regelrecht abgeschnittenen felsigen Berggipfel, die in den vielen Nazca-Berichten so gut wie keine Beachtung finden. Dabei müssten diese bis zu über einen Kilometer langen Flächen allein schon wegen ihrer nicht zu erklärenden Entstehung die Wissbegierde wecken. Eventuell steigert sich das Interesse, wenn sie als Standfüße für einen Lift ins All eine neue Definition erfahren.

In der hurritisch-hethitischen Kosmologie wird als Standort des Startturms neben dem Gebirge erstmals das Meer genannt, doch warum sollten Außerirdische den Ozean bevorzugen? Konflikte mit Hoheitsrechten, wie die NASA sie im äquatorialen Bereich nicht ausschließt, dürften für sie sicher kein Thema gewesen sein. Bei einem Blick auf den Globus erhielt jedoch Nazca als Standort für die Himmelsleiter erstmals einen gehörigen Dämpfer, denn Nazca oder, genauer definiert, die Palpa-Region mit ihren großflächig abgeschnittenen Bergen befindet sich etwa 1.600 Kilometer südlich des Äquators. Ein Weltraumlift kann aber nur funktionieren, wenn er exakt auf dem Äquator stationiert ist. Jeder andere Ort südlich

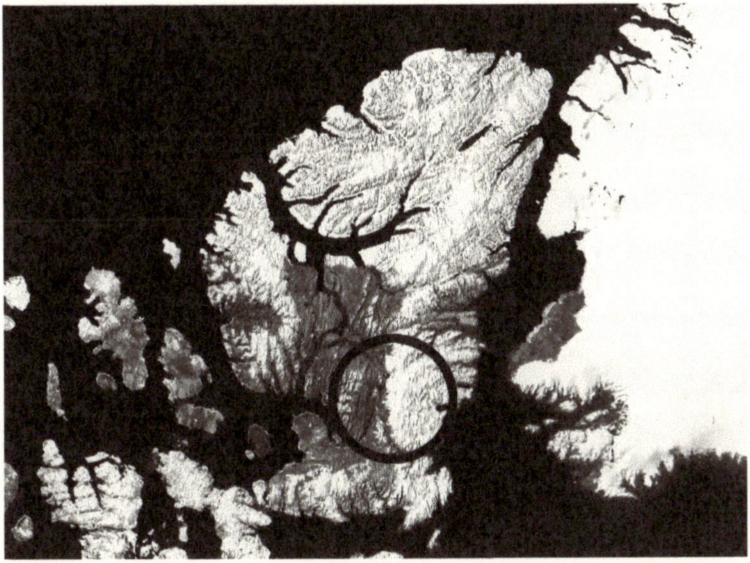

Abb. 13. Die etwa 740 Kilometer lange und 483 Kilometer breite Ellesmere-Insel westlich von Grönland ist recht gebirgig und im Osten vergletschert. Mit einer Fläche von 196.236 Quadratkilometern ist sie die zehntgrößte Insel der Welt. In dem markierten Gebiet hätte dann vor über 13.000 Jahren der geografische Nordpol gelegen.

oder nördlich davon hätte halsbrecherische Schlingerbewegungen zur Folge, die ein derartiges System umgehend zum Einsturz brächten. Somit wäre mein Traum von der Himmelsleiter in Nazca schnell ausgeträumt gewesen, wenn, ja, wenn nicht eine Tatsache unumstößlich wäre: Um 11.000 v. Chr. gab es einige sprunghafte klimatische und geologische Veränderungen.

Falls Sie einen Globus besitzen, können Sie meine Überlegungen am Modell nachvollziehen, und die dreidimensionale Betrachtung macht meine Vermutung vielleicht klarer. Wenn ich den Nordpol in den südlichen Bereich der Ellesmere-Insel zwischen 75° Nord und 78° West verlege und mit einer Schnur einen neuen Äquator markiere, verläuft der über Nazca. Ja, wenn es so einfach wäre: den Nordpol etwas verschieben, und schon liegt Nazca auf dem Äquator! Es mag durchaus strittig sein, ob die Pole zu jener Zeit eine andere Position innehatten, auch wenn das von einigen Naturwissenschaftlern in Betracht gezogen wird, aber dass die Palpa-Region früher etwa 1.600 Kilometer nördlicher lag, dafür existieren neben überzeugenden geologischen Belegen ebenso stichhaltige mythologische Aussagen.

Wenn wir den Überlieferungen der Inuit vertrauen dürfen, war die kanadische Ellesmere-Insel nämlich einmal das »Dach der Erde« – und das lässt einen doch aufhorchen. Ein Dach ist stets der oberste Abschluss eines Gebäudes und befindet sich wohl selten an einer Seitenfläche. Warum sollte dieser Sachverhalt bei dem Erdengebäude anders gewesen sein?

Dr. Immanuel Velikovsky, Autor des Buches *Welten im Zusammenstoß,* vermutete den früheren geografischen Nordpol in dem Gebiet zwischen der Insel Sukause und Baffinland, der sich dann durch eine Nahbegegnung von Venus und Erde verschob. Damit stellte er wieder einmal – völlig unabhängig zu Nazca – seinen wissenschaftlichen Spürsinn unter Beweis. Gleichfalls ist in den indischen Veden von einer Polverschiebung um 100 Yojanas die Rede. Zieht man für dieses Modell das große Yojana mit 16,1 Kilometern in Betracht, dann wäre eine Polverlagerung um etwa 1.600 Kilometer doch erstaunlich präzise, so wie das kleine Yojana die Geschwindigkeit der Vimanas genau angibt.

Die Verlagerung der Erdachse ist belegbar

Angesichts der nicht mehr zu widerlegenden globalen Flutkatastrophen und des dramatischen Klimawandels in der Zeit um 11.000 v. Chr. verdient die Annahme einer Polverlagerung eine systematische Neubetrachtung. Dazu wäre es allerdings erforderlich, dass Klimatologen in Verbindung mit Geologen nicht nur die Gründe für die lokalen Klimaveränderungen zu deuten versuchen, sondern kontinentalübergreifend Ursachenforschung betreiben. Mehr noch, dann müssten sie sogar über den planetaren Rand hinausblicken, denn dramatische

Temperatursprünge von fünf Grad in kürzester Zeit lassen Ursachen vermuten, die nur im kosmischen Bereich zu finden sind.

Wie aber kann es zu einer jähen Polverlagerung von sage und schreibe 1.600 Kilometern kommen? Nach Berechnungen eines Planetenexperten würde eine Nahbegegnung mit einem Himmelskörper sogar auf eine Distanz von drei Millionen Kilometern noch eine solche Polverlagerung bewirken. Wir müssten dann, wenn wir die kosmische Variante berücksichtigen und den Zusammenhängen konsequent nachgehen, auch über eine außerirdische Einflussnahme nachdenken. Das mag im ersten Moment zwar etwas überspannt klingen, aber in den folgenden Kapiteln über die Veränderungen in unserem Sonnensystem werden dazu noch einige interessante Hypothesen zur Diskussion gestellt.

Dr. Horst Friedrich aus Wörthsee zieht für eine Polverlagerung die durchaus reale Möglichkeit von Nahbegegnungen mit planetengroßen, vagabundierenden kosmischen Objekten in Betracht. Schon allein Planetennahbegegnungen können durch rasch verlaufende Präzessionsphänomene sogar innerhalb von nur einem Tag jähe Polverlagerungen bewirken. Gleichzeitig bedauert er, dass für die Schulastronomie ein derartiges Szenario noch immer etwas völlig Undiskutables sei.

So könnte das nahe Vorbeiziehen eines planetenartigen Weltraumkörpers an der Erde durch die gegenseitigen Gravitationskräfte eine Verlagerung der gesamten Erdkruste auf dem Magma-Gleitlager bewirkt haben, was zu katastrophalen Flutwellen und Erdbeben geführt hätte. Zwar behielten die Pole ihre Position bei, aber die geografische Lage der Kontinente hätte sich verändert, weil der überwiegend flüssige Gesteins- und Metallanteil im Erdinneren anderen Bewegungsabläufen unterliegt, die unter Umständen noch bis auf den heutigen Tag nachwirken. Es sind sogar Auswirkungen auf die Präzessionsmechanik der Erdeachse denkbar, die einen Zyklus von 25.800 Jahren hat und schon im Pharaonenreich bekannt war, obwohl man den Ägyptern die mathematischen Fähigkeiten zu einer derartigen Berechnung bekanntlich abspricht.

Die Astronomie hat für die Präzession immer noch keine plausible Erklärung, aber es wird vermutet, dass die Taumelbewegung abnimmt und die Erde sich wie ein Kreisel langsam wieder aufrichtet. Unter anderem werden die Sonne und der Mond, die Ozeane sowie das flüssige Erdinnere für die Pendelbewegung der Erdachse verantwortlich gemacht, was ja durchaus stimmen mag. Es geht hier aber vor allem um die Frage, ob die Präzession schon immer den gleichen Bewegungsabläufen unterlag oder erst später verstärkt in Erscheinung trat, und auch darum, ob eine Planetennahbegegnung vielleicht die Wanderung der magnetischen Pole begünstigt haben könnte.

Die magnetischen Pole sind nicht mit der Rotationsachse der Erde identisch, dennoch müssen sie bei einer Beurteilung dieser Hypothese mit einbezogen werden. Im Gegensatz zu den geografischen verändern die magnetischen Pole permanent ihre Position, mal mehr, mal weniger, weshalb sich die Seefahrer früherer Zeiten über divergierende navigatorische Berechnungsergebnisse öfter die Haare rauften. Der magnetische Nordpol ist fortwährend in der arktischen Inselwelt Kanadas unterwegs, wovon die Ellesmere-Insel ein Teil ist. Dies ist der Pol, auf den die Kompassnadeln deuten, weil hier, vom magnetischen Südpol ausgehend, die unregelmäßigen Magnetfeldlinien durch die Erde auf der Nordhalbkugel zusammenlaufen. Für den Laien völlig unverständlich, für Geologen hingegen ganz klar, dass der magnetische Nordpol eigentlich als Südpol bezeichnet werden müsste.

Der Alvarez-Bericht über den Asteroideneinschlag vor 65 Millionen Jahren und das jähe Aussterben der Dinosaurier wurde vom wissenschaftlichen Establishment nur zögerlich anerkannt, bis es dann hieß: Wir können nicht mehr bestreiten, dass sich derartige Ereignisse vor Millionen von Jahren ereigneten. Während der Entwicklung des modernen Menschen hat es solche Kataklysmen allerdings nicht mehr gegeben, und deshalb brauchen wir an unseren diesbezüglichen Vorstellungen auch nicht das Geringste zu ändern. Ob die hier ausgebreiteten Überlegungen das Gleiche bewirken, bleibt abzuwarten.

Eiszeit in Nordamerika – prima Klima in Sibirien

Einleitend zum gesamten Klimakomplex hier die Meinung des berühmten britischen Astrophysikers Stephen Hawking: *Das wäre in der Wissenschaft nicht neu: In der Praxis widerstrebt es Menschen, eine Theorie aufzugeben, in die sie viel Zeit und Mühe investiert haben. Gewöhnlich versuchen sie die Theorie so abzuändern, dass sie zu den Beobachtungen passt. Schließlich verwandelt sich die Theorie in ein schiefes und hässliches Gebäude. Einigen wir uns auf eine eher salomonische Sicht: Wie das Wetter ist auch das Klima ein Produkt aus unzähligen, teils unberechenbaren Faktoren und kann in den Computern kaum simuliert werden.*

Die prognostizierten Klimaveränderungen erregen nicht nur politische und wissenschaftliche Aufmerksamkeit, sondern beherrschen auch immer häufiger die Medien. Gegenwärtig ist ja ein regelrechter Glaubenskrieg um den globalen CO_2-Anstieg entbrannt, und der Normalbürger kann schon lange nicht mehr beurteilen, welche Interessenvertreter ihr eigenes Süppchen kochen, denn die Eindämmung des Treibhausgases hat sich zu einem milliardenschweren Wirtschaftsbereich entwickelt. Dabei machen einige Wissenschaftler wie der dänische Klimaforscher Henrik Svensmark inzwischen ausschließlich das Ausbleiben der periodischen Sonnenflecken, kosmische Strahlung und Wolkenbildung für den Klimawandel verantwortlich und stehen den propagierten CO_2-Verursachertheorien sehr kritisch gegenüber.

Aber selbst ein Asteroideneinschlag oder Sonnenaktivitäten können eine Erwärmung auf dem nordamerikanischen Kontinent bei einem gleichzeitigen Temperatursturz im gegenüberliegenden Sibirien sowie klimatischen und geografischen Veränderungen auf der Südhalbkugel einfach nicht zufriedenstellend erklären. Da bleibt es nicht aus, dass Temperaturschwankungen in prähistorischer Zeit wieder »aufgewärmt« werden. So erfährt man beispielsweise, dass schon um 11.000 v. Chr. jähe Klimawandel dramatische Zäsuren für Fauna und Flora zur Folge hatten.

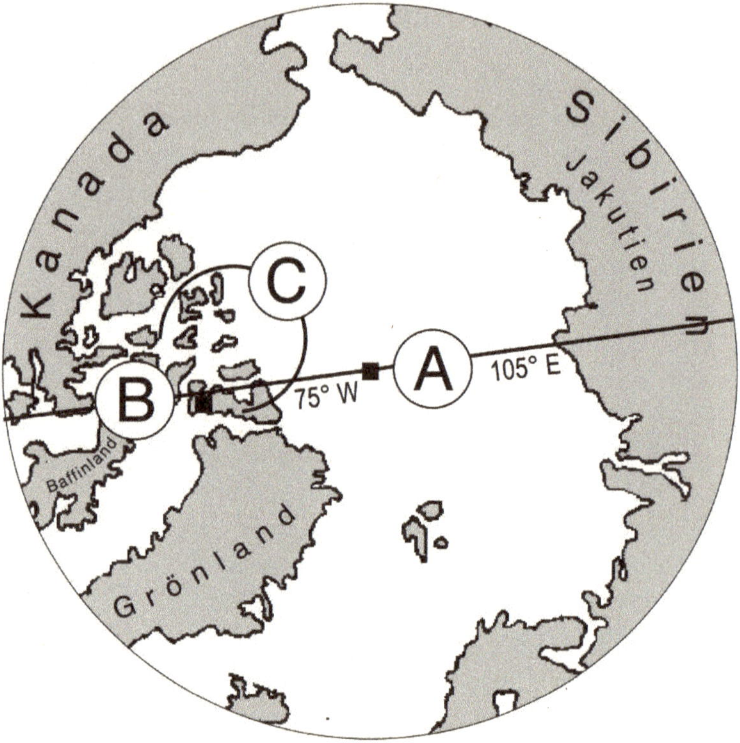

Abb. 14.

A) aktueller geografischer Nordpol

B) Lage des prähistorischen Nordpols vor über 13.000 Jahren auf der nördlich von Baffinland und westlich von Grönland gelegenen Ellesmere-Insel

C) In diesem markierten Gebiet befindet sich der magnetische Nordpol ständig auf Wanderschaft.

Die Karte der Nordpolregion soll veranschaulichen, dass ein Zusammenhang zwischen geografisch weit auseinander liegenden Gebieten besteht, in denen extreme Klimaschwankungen auftraten, die bei konsequenter Beurteilung nur eine Schlussfolgerung zulassen: Lediglich eine Verlagerung der Erdachse kann zu diesen Szenarien geführt haben.

Nun steht es einem nicht zu, die Klimatologen zu kritisieren, das machen sie schon selber, wie am Beispiel der Debatte um das Ende der Eiszeit in Nordamerika zu verfolgen ist. In der Zeit um 11.500 v.

Chr. ist innerhalb weniger Jahre das Klima um fünf Grad angestiegen, was zur Folge hatte, dass fast alle Großsäugetierarten ausstarben. Als Grund für diesen jähen Temperaturanstieg vermuten einige Wissenschaftler, ein Asteroid sei kurz vor dem Aufprall explodiert und habe eine gewaltige Druck- und Hitzewelle ausgelöst. Für manche Gegner dieser Hypothese gehört diese Vermutung schlichtweg »auf die Mülldeponie«. Ihre Version lautet: Der Mensch ist an dieser Entwicklung Schuld! Die ersten Siedler hätten die Großsäuger alle ausgemerzt, so dass diese die Laubbäume nicht mehr abfressen konnten und deren ungestörte Ausbreitung den Klimawandel begünstigte.

Aber sind diese doch sehr kontrastierenden Positionen der Klimatologen nicht einfach ein Ausdruck von Ratlosigkeit? Nehmen wir nur die Asteroidenhypothese: Als der schon erwähnte Tangus-ka-Asteroid in der Atmosphäre explodierte, richtete die Druckwelle mit Millionen umgeknickter Bäume großflächige Verwüstungen an, aber ein Klimawandel fand deswegen nicht statt. Dazu war der Asteroid zu klein. Hätte er hingegen mehr Masse besessen, wäre er mit massiver Wucht eingeschlagen und ein Einschlagkrater müsste vorhanden sein. Man findet jedoch keinen.

Stichhaltiger erscheint deshalb die Erdachsen-Theorie: Vor über 13.000 Jahren befand sich der Nordpol mit größter Wahrscheinlichkeit an der Südspitze der Ellesmere-Insel. Nordamerika lag somit näher am Nordpol, was eine Erklärung für die damalige Kälteperiode sein könnte. Ein erdrückendes Indiz für eine Polverschiebung bietet ein Blick von der Ellesmere-Insel ins gegenüberliegende Jakutien, zum Kälte-Nordpol der nördlichen Erdhalbkugel, der damals über 1.600 Kilometer in südlicheren und damit wärmeren Gebieten lag. Einfacher lässt sich die Klimasituation zu jener Zeit kaum dokumentieren: Auf der gleichen Distanz von rund 1.600 Kilometern wurde es durch eine Polverschiebung in Nordamerika um fünf Grad wärmer, und in Jakutien begann die Permafrostperiode.

In diesem Gebiet grasten damals Millionen von Mammuts bis zu dem Zeitpunkt, als die Erdachse schlagartig kippte. Und das geschah in wenigen Tagen! Dafür sind die über 40.000 Mammutkadaver, die seit dem 19. Jahrhundert aus dem Permafrostboden geborgen wurden, der untrügliche Beweis. Sie wiesen kaum Verwesungsspuren auf, die bei einer schleichenden Vereisung unausweichlich gewesen wären. In ihrem Magen und Gebiss fanden sich noch unverdaute Pflanzen. Einige Forscher wollen das Fleisch sogar verzehrt haben. Und für solchermaßen schockgefrorene sibirische Tiefkühlkost bietet sich nur eine Erklärung an: Das Gebiet muss abrupt näher an den jetzigen Nordpol gerückt sein.

Die Mythen der an der Golfküste beheimateten Cherokee-Indianer bestätigen das: Sie berichten, dass es plötzlich sehr heiß geworden sei. Die Sonne war einige Hand breit höher gewandert. Und genau das wäre bei einer Polverlagerung in Nordamerika zu erwarten gewesen: dass die Sonne aufgrund der südlicheren Lage künftig etwas höher stand.

Im August 2005 fügte eine Meldung der Presseagentur Associated Press dem Thema Polverschiebung noch ein weiteres Mosaiksteinchen hinzu. Deutsche Klimaforscher und Paläontologen aus Hamburg und Bonn hatten in einer Computersimulation das Klima auf der Erde der letzten 125.000 Jahren ermittelt. Das Überraschende dabei: Während man in Westeuropa nur geringe Temperaturunterschiede registrierte, wiesen die Temperaturen in Finnland etwa 13.000 Jahre vor unserer Zeitrechnung ebenfalls einen extremen, um fünf Grad höheren Wert auf. Der Grund: Auch Finnland war früher weiter vom Nordpol entfernt, als dieser sich noch im Gebiet der Ellesmere-Insel befand.

Wissenschaftler benennen zwei mögliche Ursachen für diese Temperaturschwankungen: Erstens hätte eine andere Erdneigung zu einer stärkeren Sonneneinstrahlung führen können, und zweitens könnte eine andere Umlaufbahn der Erde für eine Erwärmung verantwortlich gewesen sein. Mit einer anderen Umlaufbahn könnten die Forscher ja durchaus richtig liegen, aber die besondere Temperaturveränderung für Finnland, abweichend von der allgemeinen Klimasituation in Westeuropa, ist daraus nicht abzuleiten. Es gelang mir, mit einem der Paläontologen Kontakt aufzunehmen, um ihn über die Möglichkeit einer geografischen Polverschiebung zu befragen. Diese Möglichkeit lehnte der Gelehrte jedoch partout ab. Katastrophenszenarien sind in der Wissenschaftskaste nicht allzu beliebt. Trotzdem: Man kann meinen Globus mit der aktuellen Erdachse drehen und wenden, wie man will – lediglich eine Position der Erdachse in

Höhe der Ellesmere-Insel ergibt die Lage, die einen plötzlichen Klimawandel in den erwähnten Regionen begründen kann.

Zwei Grad höhere Durchschnittswerte werden für die Mitte unseres Jahrhunderts prognostiziert. Das erscheint gegenüber den extremen prähistorischen Klimaveränderungen fast schon als Bagatelle. Nun soll die bereits aktive Erderwärmung keineswegs verharmlost werden, aber ist diese Diskrepanz nicht auffällig gering? Zwei Grad in 100 Jahren durch Milliarden Tonnen des von Menschen produzierten CO_2, und im Gegensatz dazu bis zu fünf Grad in kürzester Zeit durch veränderte Windströme?

Mit den Längengraden 75 West/105 Ost einmal um die Erde

Wenn man grob den Längengrad 75 West vom Nordpol in südlicher Richtung verfolgt, der dann über den Südpol als 105° Ost wieder Richtung Norden verläuft ... Auf dieser Linie werden alle markanten Punkte passiert, die für eine Polverlagerung von Bedeutung sind. Es ist nun keineswegs Voraussetzung, dass die zur Disposition stehenden Gebiete genau auf der genannten Linie liegen müssen, denn der Klimawandel hätte sich auch jeweils 1.000 Kilometer westlich und östlich davon ausgewirkt. Außer Nazca, denn mit zunehmender Entfernung vom Äquator wäre die Stationierung eines Weltraumliftes nicht mehr möglich. Also: Zuerst führt der Längengrad 75 West über die Ellesmere-Insel, weiter geht es über Nazca zum jetzigen Südpol, danach läuft er schnurgerade als Längengrad 105 Ost weiter zum annähernd 1.500 Kilometer entfernten geomagnetischen Südpol, der dann, wenn auch zufällig, etwa den einstigen geografischen Südpol markiert.

Dieser Ort ist mit einer Rekordtemperatur von –89° Celsius heute noch der absolute Kältepol der Erde. Verfolgt man die Linie weiter, gelangt man in das antarktische Wilkesland mit seinem kilometerdicken Eispanzer. So ein Eispanzer bildet sich nicht in wenigen Jahren, dazu braucht es Jahrtausende. Schmilzt er eventuell auch über Jahrtausende? Das vorgelagerte Eisschelf befände sich gegenwärtig

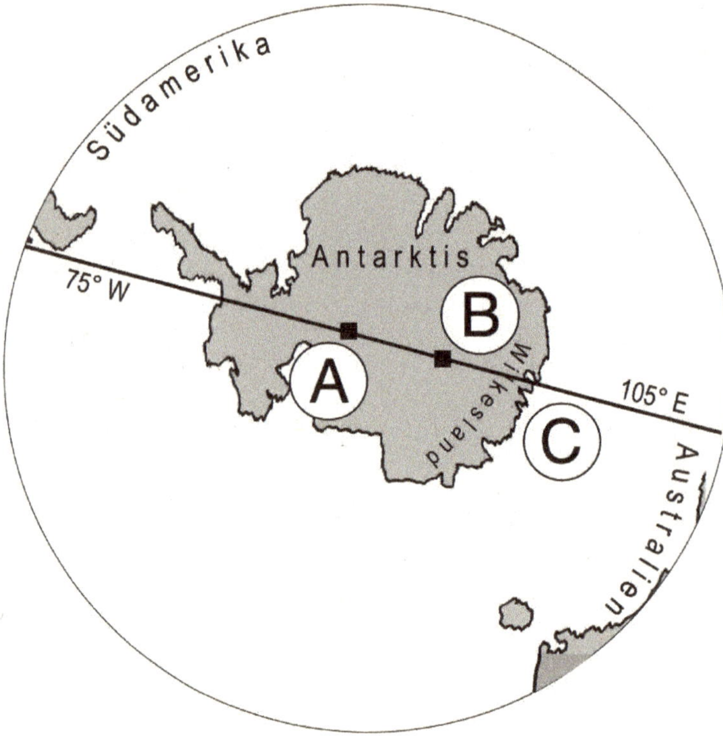

Abb. 15.
A) aktueller geografischer Südpol
B) Lage des geomagnetischen Südpols, in dessen Nähe sich auch der frühere geografische Südpol befand
C) Wilkesland mit dem vorgelagerten Eisschelf

ja etwa 1.600 Kilometer nördlicher vom aktuellen Südpol und läge dadurch klimatisch in wärmeren Regionen. Seltsam oder doch ganz normal: Ende des Jahres 2009 brach eine vierzig Kilometer breite Eisbrücke ab, die in Richtung Australien trieb. Und über Australien führt dann der 105. östliche Längengrad an Jakutien vorbei wieder zum Nordpol zurück.

Wenn das Eis im Wilkesland brüchig wird, müsste auf der gegenüberliegenden Ellesmere-Insel eigentlich das Gleiche geschehen, denn auch sie befindet sich heute klimatisch um 1.600 Kilometer weiter in wärmeren Regionen. Und richtig! 2005 brach ein immerhin

66 Quadratkilometer großer Brocken ab und trieb aufs Meer. Für den Klimaforscher Christian Haas vom Alfred-Wegener-Institut für Polar- und Meeresforschung war dieses Schelf »etwas ganz Besonderes«, weil sich das Eis nicht aus Gletscherwasser, sondern aus Meerwasser gebildet hatte.

Diese Beispiele zeigen eindringlich, dass in den Nord- und Südpolarregionen zeitgleich geologische Veränderungen stattfanden, die zu einem radikalen Klimawandel führten. Ein natürlicher Klimawandel dürfte aufgrund dieser außergewöhnlichen Konstellation doch recht fragwürdig sein und müsste eigentlich die Klimaforscher dazu veranlassen, die eindeutig für eine Polverlagerung sprechende Indizienkette neu zu überdenken.

Piri Reis beweist: Nazca lag auf dem Äquator

Wenn es auf der nördlichen Erdhalbkugel Belege für eine Polverlagerung gibt, müssen sich auch auf der Südhalbkugel welche finden lassen, denn wenn Teile Sibiriens vor über 13.000 Jahren weiter »unten« lagen, müssten entsprechend Gebiete auf der gegenüberliegenden Seite der Erde (einschließlich Nazca) weiter »oben« gelegen haben. Und dieser Beweis existiert in einer Art und Weise, die eigentlich auch den letzten Sturkopf überzeugen müsste. Es ist die Piri-Reis-Karte aus dem Jahre 1513, auf der Küstenlinien, Inseln und Gebirgsketten in der Antarktis eingezeichnet sind, die früher eisfrei waren und somit zweifelsohne weiter nördlich gelegen waren. Die Karte des osmanischen Admirals wird als authentisch anerkannt. Sie ist keine Fälschung.

Als Piri Reis die Karte 1513 in Konstantinopel anfertigte, nutzte er zahlreiche alte Quellen, die teilweise bis ins 4. Jahrhundert v. Chr. zurückreichen. Es gibt Indizien, dass die Karten, auf die er sich bezog, aus der Großen Bibliothek von Alexandria stammten. Vielleicht handelte es sich um Originale, die der Vernichtung durch Alexander dem Großen entgingen, der es aus machtpolitischen Gründen be-

Abb. 16. Die Karte von Piri Reis aus dem Jahr 1513 zeigt Küstenstreifen der Antarktis, die noch vor 13.000 Jahren eisfrei waren, was durch eine schwedisch-britische Antarktisexpedition 1949 Bestätigung fand. Somit müssen die auf der Karte verzeichneten Küstenlinien, Inseln und Gebirgsketten der Antarktis früher klimatisch günstiger gelegen sein.

sonders auf geografische Unterlagen abgesehen hatte. Aber selbst wenn es sich um Kopien handelte, ändert das nichts an deren großer Bedeutung: Piri Reis konnte durch Zeitgenossen keine Kenntnis von der Antarktis gehabt haben, weil dieser Kontinent erst 1818 entdeckt wurde. Und durch geologische Untersuchungen weiß man, dass der Küstenstreifen noch vor 13.000 Jahren eisfrei war; erst in den folgenden Jahrtausenden bildete sich eine bis zu 1.500 Meter dicke Eisdecke.

Professor Charles Hapgood vom Keene College in den USA suchte 1959 in der Washingtoner Library of Congress nach alten Karten der Antarktis. Er stieß auf eine weitere Karte, auf der Gebiete der Antarktis ebenfalls eisfrei eingezeichnet waren. Sie stammte von einem gewissen Oronteus Phynius, über den nichts weiter bekannt ist. Hapgood war überzeugt, dass ein prähistorisches Volk bereits im Besitz von Navigationsinstrumenten zur Berechnung der Längengrade gewesen sein muss. Dieser Meinung schlossen sich sowohl Albert Einstein als auch John Wright an, Präsident der American Geological Society. Hapgood wandte sich daraufhin an die US-Airforce, um die Karten beurteilen zu lassen. Die Antwort der Westover Airforce Base war schlichtweg eine Sensation:

Sehr geehrter Herr Professor Hapgood,

zu Ihrer Bitte um die Bewertung der Piri-Reis-Weltkarte aus dem Jahr 1513 durch unsere Behörde nehmen wir wie folgt Stellung: Wir teilen Ihre Auffassung, dass der untere Teil der Karte die Kronprinzessin-Martha-Küste des Königin-Maud-Landes und die antarktische Halbinsel darstellt. Wir halten Ihre Interpretation für eine logische und aller Wahrscheinlichkeit nach korrekte Auslegung der Landkarte. Die geografischen Details des unteren Kartenbereiches entsprechen erstaunlich genau dem seismischen Profil, das die schwedisch-britische Antarktisexpedition im Jahr 1949 durch die Eisschicht hindurch anfertigte. Somit wurde die Küste vor ihrer Vergletscherung kartografisch erfasst. Heute ist das Eis in der fraglichen Region etwas über 1.500 Meter dick. Es ist uns angesichts des geografischen Kenntnisstandes von 1513 unerklärlich, wie eine Karte aus jener Zeit die gleichen Daten enthalten kann.

Harold Z. Ohlmeyer
Oberstleutnant, USAF
Befehlshaber

Lag die Sensation etwa darin, dass die bisherige Annahme, die antarktische Vergletscherung sei einige Millionen Jahre alt, scheinbar falsch ist? Nein, sie lag darin, dass alle Welt sich jetzt die Frage stellen musste, wer diese Karte ursprünglich angefertigt hatte – Jahrtausende bevor, nach Meinung der Archäologen und Paläontologen, die ersten Zivilisationen existierten! Piri Reis wies selbst darauf hin, dass er für die Vermessungen nicht verantwortlich sei, sondern diese Informationen aus zweiter Hand bezogen hat. Im Grunde müsste nun die banale Aufforderung an die Wissenschaft gestellt werden: »Butter bei die Fische, meine Herren Gelehrten«, von wem stammen denn nun die Originaldaten der Karten? Eigentlich gibt es nur zwei Möglichkeiten: Entweder waren die sagenumwobenen Atlanter die Kartographen, was zeitlich passen könnte, oder Außerirdische hatten sie angefertigt. Denn als man die Karte später in ein Koordinatennetz übertrug, um sie auf einem Globus abzubilden, stellte man verwundert fest, dass sie aus sehr großer Höhe – aus dem Weltraum – ermittelt worden sein musste. Sie zeigt vorrangig den Atlantik, die Westküste Afrikas und Iberiens sowie die durch die Kugelgestalt der Erde an den Rändern »wegfallenden« Erdteile Süd- und Mittelamerika.

Sobald aber am vorherrschenden Weltbild gekratzt wird, sind umgehend die Statusquo-Verteidiger zur Stelle, eben auch bei der geäußerten Vermutung einer Satellitenaufnahme, von der nicht nur der russische Historiker Sergej Manukow überzeugt ist. Weil durch die Kugelgestalt der Erde im südlichen Bereich die umliegenden Kontinente korrekt näher zusammengerückt abgebildet sind, vermuten sie, Piri Reis habe dies rein aus Platzgründen auf seinem Pergament so dargestellt. Es wurde sogar behauptet, dass gar nicht die Antarktis gezeigt werde. Darauf entgegneten Teilnehmer einer Konferenz der ODTÜ, der Technischen Universität des Nahen Ostens in Ankara, die zu den renommiertesten und größten türkischen Universitäten gehört, die NASA habe bestätigt, dass Piri Reis die Erde als ein Geoid (16-eckig) kodiert festgehalten hat, dessen Entschlüsselung erst durch Messergebnisse des Satelliten »Topex/Poseidon« gelang, was den Menschen damals nun wahrlich nicht möglich war.

Aber auch wenn die Karte in vieler Hinsicht sehr detailgenau ist, existieren Ungereimtheiten. So zeigt sie den nordöstlichen Küstenverlauf Südamerikas anders als heute, und die moderne Wissenschaft ist überzeugt, dass er sich in den letzten 100.000 Jahren nicht verändert hat. Aber wer weiß das schon mit absoluter Sicherheit. Es gibt genügend Indizien, wonach sich der gesamte amerikanische Kontinent zum Atlantik hin absenkte oder überflutet wurde. Ebenso wenig ist auszuschließen, dass die Karte fehlerhaft abgezeichnet wurde. Es sind auch eine seltsamerweise rot markierte sowie zwei weitere Inseln eingetragen, die im Atlantik zwischen Südamerika und Afrika nicht mehr aufzufinden sind. Andererseits berichtete sogar die russische *Prawda,* dass Korrekturen in aktuellen Karten vorgenommen wurden, die erstaunlicherweise mit der Karte von Piri Reis übereinstimmen.

Am meisten überrascht aber wohl, dass die Karte die Landabschnitte der Antarktis ohne Eis darstellt und die Verbindung Südamerikas unterhalb des Meeresspiegels exakt wiedergibt. Und woher konnte Piri Reis von der Existenz der Anden wissen, die zu seiner Zeit in Europa noch nicht bekannt waren? »Die zum Teil verblüffende Genauigkeit der Darstellungen lässt vermuten, dass sie auf der Grundlage großräumiger – historisch nicht überlieferter – Vermessungskampagnen entstanden sind«, erklärte der renommierte Experte für alte Karten, Professor Dr. Peter Mesenburg, der mir freundlicherweise zu spezifischen kartografischen Fragen bezüglich der Piri-Reis-Karte Auskunft erteilte.

Man tut sich schon schwer, die Existenz dieser Karte überzeugend zu begründen. Weder der chinesische Admiral Zheng He, der im 15. Jahrhundert große Expeditionen anführte, noch Kolumbus, der im gleichen Jahrhundert angeblich auf alte portugiesische Quellen Zugriff hatte, können Piri Reis inspiriert haben. Da beißt die Maus keinen Faden ab, diese Spekulationen sind Jahrtausende von der tatsächlichen Epoche entfernt, von der die Karte Zeugnis ablegt. Gleichwohl ist es schon ein Fortschritt, wenn Kartographen eingestehen, es sei unerklärlich, wie diese Karte entstehen konnte.

Auch für die Annahme, dass Nazca ehemals auf dem Äquator lag, gibt es überzeugende Indizien. Nimmt man Nazca (15. südlicher Breitengrad, gegenüberliegend 15. nördlicher Breitengrad) als Ausgangspunkt und folgt dem mutmaßlichen Verlauf des Äquators zu jener Zeit, so stellt man unter Berücksichtigung der topografischen

Abb. 17. Links die gegenwärtige Äquatorlinie, rechts der Äquator, wie er vor über 13.000 Jahren verlief, auf dem sich damals Nazca befand. Eine Verlagerung der Erdachse bietet auch eine Erklärung dafür, dass Gebiete der Antarktis früher eisfrei waren, da sie sich weiter nördlich in wärmeren Gebieten befanden.

Eigenschaften fest, dass Nazca damals wie kaum ein anderer Ort auf der Erdoberfläche für ein Liftsystem prädestiniert war. Auf der genannten Linie befinden sich noch Länder wie Brasilien in Südamerika, Zaire und Somalia in Afrika sowie Ceylon, Indonesien, Vietnam und die Philippinen in Asien, die im Verhältnis zum peruanischen Nazca nur wenige Kilometer geeigneter Landfläche auf Äquatorhöhe für ein solches Projekt anzubieten hatten und zudem überwiegend in urwaldähnlichen, sicherlich weniger gut zugänglichen Gebieten lagen. Dass die erforderliche Bodenstation einem gewissen Druck wie auch starken Zugkräften standhalten musste, dürfte unbestritten sein, und dafür eignet sich ein felsiger Grund am besten. Natürlich sind diese Aspekte kein Beleg für einen Weltraumlift, sie zeigen allerdings, dass Nazca unter geografischen und topografischen Gesichtspunkten die Bedingungen für den vielleicht besten Standort erfüllte.

Wer waren die Bergeabschneider?

Die Ebene von Nazca ist in den letzten Jahrzehnten weltweit zu einem Synonym für Unerklärliches, Mysteriöses und Spekulatives geworden. Populär wurde dieser Ort vor allem für seine großflächigen Erdzeichnungen, Geoglyphen genannt, die häufig nur aus großer Höhe zu erkennen sind. Für einen Weltraumlift dürften sie zwar kaum von Interesse gewesen sein, aber es existieren genügend Fakten und Hinweise, dass dort einst die Himmelleiter gestanden hat! Beispielsweise die Lineas, seltsame Rampen und geometrische Darstellungen – aber auch abgeschnittene Bergkuppen.

Sie sind die wahre Sensation dieser Gegend, in der 400 Kilometer südlich der Hauptstadt Lima und vierzig Kilometer nördlich von Nazca gelegenen Palpa-Region. Dort gibt es sie – sehr zahlreich in dem bergigen Gelände. Als Landebahnen prähistorischer Flugzeuge für einen Reiseverkehr auf der Erde dienten sie sicher nicht. Dann müsste es irgendwo auf der Erde ein Pendant zu dieser Anlage geben, denn wer startet, muss auch wieder landen können. Außerdem liegen sie zu dicht beieinander. Nur einige Kilometer weit zu fliegen und dann wieder zu landen, ergibt wahrlich keinen Sinn.

Aber als Teil eines Liftsystems taugen sie. Ein Turm von dreißig oder vierzig Kilometern Höhe lässt sich nicht mauern, und wahrscheinlich wird er, wie auch in Zukunft einmal der irdische Startturm, aus sehr leichtem Material bestanden haben. Trotzdem benötigt er eine Standfläche, und die landebahnähnlichen Flächen, immerhin einige 100 Meter lang, waren vielleicht für infrastrukturelle Maßnahmen erforderlich, die so ein Liftsystem braucht. Schließlich gab es viel zu transportieren, und für Zubringerfahrzeuge musste Platz vorhanden sein. Dafür könnte sich vor allem die Fläche mit einigen Abzweigungen angeboten haben, wie die Abbildung 19 zeigt.

Die deutlich zu erkennenden abgefräste Bergkuppe (Abb. 20) wurde schon vielfach als Landepiste apostrophiert. Sie hat eine Abmessung von etwa 150 × 800 Metern, auf der wiederum eine nivellierte Fläche von etwa 60 × 700 Meter hervorsticht. Das dürfte selbst jene Experten, die sonst für alles Unerklärliche immer gleich

Abb. 18 (links), Abb. 19 (rechts). Diese beiden nur einige Kilometer entfernt liegenden Flächen könnten aufgrund ihrer Anordnung durchaus als Standbeine für den von Gilgamesch und Enkidu bewunderten »schon von Weitem zu sehenden leuchtenden Turm« gedient haben.

eine Lösung parat haben, vor unbeantwortbare Fragen stellen, denn diese Formationen sind sicher keine Laune der Natur. Sehr deutlich kann der Verlauf der zerklüfteten Felsformationen verfolgt werden. Es ließe sich sogar berechnen, wie hoch die abgetragene Kuppe ursprünglich gewesen ist. Es könnten gut und gern fünfzig Meter sein, womit sich eine Felsmasse von einigen Millionen Kubikmetern ergibt, die spurlos verschwunden ist.

Wurde dieses Volumen vor 2.000 oder 3.000 Jahren von den Indios mit Steinmeißeln abgetragen? Wo ist der Archäologe, der dazu Stellung bezieht? Wie lauten die Erklärungen der Experten? Um es deutlich zu sagen: Es gibt keine. Das Deutsche Bundesministerium für Bildung und Forschung befasst sich zwar seit 2002 unter der Leitung von Dr. Markus Reindel mit der »Entwicklung und Adaption archäometrischer Techniken«, wie es so schön heißt, und die Scharrbilder oder Geoglyphen sollen datiert werden. Man schreibt sie inzwischen auch zwei verschiedenen Nazca-Kulturen zu, die in dem Zeitraum zwischen 1000 v. Chr. bis 600 n. Chr. existierten. Aber Millionen Kubikmeter abgetragenen puren Felsens warten immer noch auf eine überzeugende Erklärung.

Abb. 20. Mit welcher Technik wurde die heute fehlende Bergkuppe entfernt? Ein weiteres Rätsel sind die auf der Nahaufnahme zu erkennenden rhombusartigen Linien, die unter der Fläche hindurch verlaufen.

Fest steht nur eines: Dieser gewaltige Arbeitsaufwand wurde gewiss nicht ohne Grund betrieben, und es waren dafür andere Techniken vonnöten, als die damaligen Ureinwohner sie besaßen. Deshalb erlaubte ich mir, das obige Foto per E-Mail an Dr. Reindel zu senden, mit der Bitte um seine Deutung. Leider kam bis heute keine Stellungnahme. Weiter sprach ich einen vom Bundesministerium für Bildung und Forschung eingeladenen und an der Nazca-Exkursion beteiligten Journalisten an und fragte ihn, warum immer von Scharrbildern geschrieben wird, es gebe doch auch einige abgeschnittene Felsen in der Palpa-Region, die 1.000 Mal interessanter sind und immer noch zu den größten Rätseln der Menschheit gehören. Ob ich ihm mal einige Foto zuschicken soll? Ach ja, das würde ihn interessieren. Aber danach herrschte völlige Funkstille.

Im Grunde bleiben nur drei Möglichkeiten: Die erste wäre, ein urzeitliches Volk hat dieses Werk vollbracht. Der Haken daran ist, es existierte kein Volk, das mit Steinwerkzeugen diese Arbeit verrichten konnte. Vor dem Inka-Reich gab es in diesem Gebiet nur kleinere Völker wie die Quechuas, Chipayas oder Aymaras, die nun keinesfalls für diese Arbeit in Frage kommen. Die Urus braucht man eigentlich gar nicht erst zu erwähnen, denn schon die Inka hielten sie für ausnehmend talentiert im Müßiggang. Die zweite und auch häufiger genannte Möglichkeit ist: Diese Flächen sind auf natürlichem Weg durch Schwemmablagerungen entstanden!

Und tatsächlich existieren Schwemmablagerungen im Ingeniotal, aber sie entstanden, weil von höher gelegenen Regionen Sedimente hinuntergespült wurden. Wie kann sich dann auf einem Berg etwas abgelagert haben, und welche Erklärung gibt es in dem Fall für die feingliedrigen rhombusartigen Linien, die unter der nivellierten Fläche bis an den Rand der Felsformation verlaufen? Auch wollte man mir weismachen, diese Fläche sei gar nicht so eben, mit Google-World ließe sich eine Höhendifferenz von bis zu sechzehn Metern nachweisen. Das entspräche immerhin einem Gebäude mit fünf Stockwerken. Aber eine solche Differenz müsste auf dem Foto auf der vorigen Seite deutlich erkennbar sein. Bleibt noch die letzte und wahrscheinlich einzig realistische Version, dass Außerirdische die Berge einebneten, um dort einen Weltraumlift in Betrieb zu nehmen.

Weil es bei mir noch nicht zu einer Reise nach Peru mit anschließendem Rundflug über Nazca gereicht hat, stellte mir freundlicherweise Erich von Däniken einige seiner hundert Aufnahmen von Nazca zur Verfügung. Keine Spur von den behaupteten Höhendifferenzen. Und in diesem Zusammenhang sei auch auf seine Stiftung hingewiesen, die ein interdisziplinäres Forscherteam der HTW Dresden sowie der Universidad Católica del Peru und der Marcus-Universität in Lima finanzierte, um magnetische Messungen, mineralogische Untersuchungen und anderes in Nazca durchzuführen. Sie hatten bereits erhebliche magnetische und elektrische Anomalitäten ermittelt, bei denen die Messwerte das bis zu 1.000-Fache der Norm betrugen. Die Forscher waren alarmiert. Als man aber auf der abgeschnittenen Bergkuppe Messungen durchführen wollte, machte besagter Dr. Reindel seinen ganzen Einfluss geltend, um weitere durchaus harmlose Experimente zu untersagen. Eigentlich ein unvorstellbarer Vorgang, der die Frage aufwirft: Was befürchtete Dr. Reindel?

Diese Vorkommnisse finden leider in der Presse keine Beachtung. Dafür bereichern andere, vor Action nur so strotzende Storys das Kapitel Nazca, wie folgendes Beispiel zeigt: *Tuckernd legt sich das Motorflugzeug in die stabile Seitenlage und dreht den vier Passagieren die Mägen auf links ... Dann erscheinen helle Linien im braunen Einerlei. Zur Linken ist jetzt der Wal zu sehen, 62 Meter lang, zur Rechten das zwei Kilometer lange Trapez auf dem Hügel ... Unermüdlich stakste der Archäologe Johny Isla in diesem Frühjahr durch den schattenlosen Backofen; ein Schlapphut schützte ihn vor der Sonne. Isla steigt in seinen roten Pick-up. Mit seiner roten Baseball-Mütze wirkt der stämmige Archäologe wie der Trainer einer Sportmannschaft. Er fährt hinaus in die Wüste.* Tja, da kann man sich doch des Eindrucks nicht erwehren, sich mit Indiana Jones auf einer Abenteuerreise zu befinden. Eigentlich fehlt nur noch der schwülstige Hinweis, dass Johny Isla der untergehenden Sonne entgegenfährt. Solche Geschichten entstehen, wenn die Presse der Einladung folgt, den Archäologen bei ihrer Arbeit in Nazca über die Schulter zu schauen.

Leider hat sich mittlerweile ein willfähriger, äußerst kulanter Mainstreamjournalismus etabliert, der ohne jeden Instinkt artig die Ansichten der Archäologie kolportiert. Wen wundert es da noch, dass der hofierte Reporter die Archäologen als Helden preist, während jeder, der anderer Auffassung ist oder Zweifel hegt, umgehend das Attribut Phantast oder Spinner erhält. Natürlich finden regelmäßig Pressekonferenzen statt, um die umwälzenden neuen Erkenntnisse einer breiten Öffentlichkeit zu präsentieren, und jedes Mal frohlocken Forscher und die Journalistenschar: Hurra, das Nazca-Rätsel ist endgültig gelöst! Außerirdische werden nicht mehr benötigt, denn die kilometerlangen Linien und Tierfiguren von Nazca sind keine Landebahnen von Außerirdischen und auch kein astronomischer Kalender, und vor allem können die UFO-Theorien des Archäo-Phantasten Erich von Däniken endgültig *ad acta* gelegt werden. Genau mit dieser Wortwahl wird jedes Mal hämisch von den wahren Nazca-Problemen abgelenkt. Beispielhaft einige Auszüge des an Einfältigkeit kaum noch zu überbietenden Berichts des ZEIT-Redakteurs Urs Willmann:

Absage an die Spinner: Die geheimnisvollen Steinbilder in den peruanischen Anden taugten nicht als Weltraumbahnhof für Außerirdische. Außerirdische Luftschiffer dagegen hatten am selben Ort vor Jahrtausenden mit Schwierigkeiten zu kämpfen. Schon im Anflug entdeckten sie an allen Ecken und Enden der markierten Pisten massive Bauten aus Stein, Lehm und luftgetrockneten Ziegeln. Daneben fingerten zehn Meter hohe Masten in den Himmel. Auch Lamas hatten sich, saftiges Gras kauend, auf die Landebahnen verirrt. Wo zum Teufel sollte einer da seine galaktischen Aeroplane unfallfrei aufsetzen? Weitaus wahrscheinlicher ist, dass Mastenwald und Immobilien damals jegliches Landemanöver unmöglich gemacht haben. Damit ist die Schnapsidee endgültig vom Tisch, wonach es sich bei den gigantischen Scharrbildern von Nazca und Palpa um Flugpisten für Außerirdische gehandelt habe. Seit Erich von Däniken 1968 in seinen Erinnerungen an die Zukunft *geschrieben hatte, die rätselhaften Zeichnungen sähen aus wie Start- und Landebahnen, hat sich diese These in vielen Köpfen festgesetzt. Und die Forscher hatten damit ein grundsätzliches Problem: Je irrwitziger eine Theorie, desto schlechter lässt sie sich widerlegen. Lange blieb einem beim Streiten nur das Haareraufen; jetzt kann man sich immerhin auf fundierte wissenschaftliche Daten berufen!*

Fast erschrocken fragt man sich aufgrund der boulevardartigen Diktion, ob die ZEIT vielleicht einen journalistischen Wandel vollzogen hat? Lieber Herr Willmann, wer hat jemals behauptet, Außerirdische benötigten Steinbilder zum Landen? Woher wissen Sie, dass die schon an allen Ecken stehenden massiven Bauten eine Landung verhinderten? Das sind ja tolle Weisheiten. Schon mal darüber nachgedacht, dass rein hypothetisch eine Landung lange vor einer Besiedlung stattfinden konnte? Kamen Sie vielleicht bei einem Schnaps zu viel auf die irrwitzige Schnapsidee, Scharrbilder mit Landebahnen gleichzusetzen? Sind es tatsächlich fundierte wissenschaftliche Daten, wenn eine zehn Meter lange aufgefundene Holzstange als Werkzeug für die Kratzarbeiten auf dem Nazca-Untergrund als Beweis herhalten muss. Nein und nochmals nein, diese Art von Beweisführung ist sehr fraglich und unterliegt noch mehr der Falsifizierbarkeit als Dänikens Vermutungen.

Prinzipiell interessieren mich die Geoglyphen trotz ihrer immer noch ungeklärten Entstehungsweise nicht viel mehr als der berühmte umfallende Reissack in China, denn sie können ohne weiteres durch Menschenhand entstanden sein. Aber ein 500 Quadratkilometer großes Gebiet mit Linien und überwiegend nur aus der Luft zu erkennenden, bis zu mehreren 100 Meter großen Tierfiguren zu versehen, nur um die Götter um Wasser anzuflehen, ist das glaubhaft? Weil dieser gewaltige Aufwand aufgrund der damaligen geringen Bevölkerungsdichte jeglicher Logik entbehrt, sind auch dies nach empirischen Regeln nur Vermutungen und Spekulationen.

Im Internet wird seitenweise über die Arbeiten des Dr. Reindel in Nazca berichtet. Aber ist es wirklich so bedeutsam, wenn aus der Paracas-Zeit (ca. 600–200 v. Chr.) oder der Nazca-Zeit (ca. 0–650 n. Chr.) Nekropolen freigelegt werden, wo doch so gut wie jedes Volk irgendwie versuchte, seine Verstorbenen würdevoll zu bestatten? Ist es wirklich so aufschlussreich, bemalte Tonscherben in Lehmhütten zu finden? Ist es tatsächlich bewiesen, dass die Geoglyphen und die kilometerlangen Linien einst als Prozessionswege für rituelle Großveranstaltungen dienten und diese dadurch erst verdichtet wurden? Muss es, nebenbei bemerkt, nicht sehr possierlich ausgesehen haben, wenn die Nazca zum Beispiel über die schmalen Pfade der Spinne watschelten?

Sicher werden diese Figuren nicht von Außerirdischen stammen, sondern höchstwahrscheinlich von einer früheren weltweit aktiven Hochkultur. Denn wie will man die Affinität zu auf anderen Kontinenten vorgefundenen ähnlichen Figuren erklären? Merkwürdigerweise existieren neben den Nazca-Geoglyphen die ebenfalls in Gänze nur aus der Luft zu erkennende Hill-Figur in England sowie auf dem Finnis-Springs-Plateau in Südaustralien die Konturen eines Menschen. Das Besondere an der australischen Figur: Sie ist immerhin über vier Kilometer groß, die Gesamtlänge der Linien beläuft sich auf achtundzwanzig Kilometer, und einige sind bis zu fünfunddreißig Meter breit.

Klimamodelle sind auch in Nazca der Renner

Wie heutzutage fast unerlässlich, erschien im Gefolge der Nazca-Expeditionen natürlich auch eine Gruppe Heidelberger Geographen mit Professor Bernhard Eitel an der Spitze, um die Klima- und Landschaftsgeschichte der letzten 11.000 Jahre zu rekonstruieren, denn so erhoffte man sich, bessere Vorhersagen für die aktuellen Klimamodelle treffen zu können. Mit den 11.000 Jahren waren sie ja nicht allzu weit von einer anderen Historie Nazcas entfernt. Aber ist es wirklich so von Bedeutung, dass dort ein Wechsel von Kalt- zu Feuchtphasen stattgefunden hat? Diese Klimawechsel hat es immer gegeben und wird es auch zukünftig geben. Aber Klimamodelle jeglicher Art sind wohl der ideale Schlüssel zur Schatzkammer eines jeden Finanzministers, um dringend benötige Gelder locker zu machen, gleichgültig um welches Forschungsobjekt es sich handelt.

Wäre es nicht wesentlich nützlicher gewesen, nachzuforschen, wo die über 800 Meter lange felsige Kuppe des Berges geblieben ist?

Nicht einmal Bruchstücke sind irgendwo zu finden. Liegt irgendwo auf der Erde oder auf dem Meersgrund noch ein Monolith à la Ayers Rock? Wenn Menschen und Außerirdische die gleichen Ideen produzieren, ergibt sich noch eine weitere, zugegebenermaßen phantastische Möglichkeit. Um das Kabel ins All kürzer zu halten, erwägen Wissenschaftler, dessen Ende an einem Asteroiden zu befestigen, um die Fliehkräfte zu steigern. Haben Außerirdische dieses Prinzip in Nazca angewendet und die abgetrennte Bergkuppe als Gegengewicht weit über den geostationären Punkt hinaus am Kabelende befestigt? Schwirrt die Felskuppe seit Beendigung der Liftaktion als Asteroid irgendwo durch unser Sonnensystem – heute noch?

Handelt es sich dabei vielleicht um das Objekt 2010-TK7? Sicher wäre es ein geeigneter Kandidat. Erst im Juli 2011 tauchte die Meldung über diesen bisher unbekannten 300 Meter großen Begleiter der Erde in den Medien auf, der durch den 2009 gestarteten WISE-Satelliten (Wide-Field Infrared Survey Explorer) der NASA entdeckt wurde. Sein Orbit ist am Lagrange-Punkt aufgehängt, wo sich die Gravitationskräfte von Sonne und Erde aufheben, so dass er dort regelrecht parken kann. Darum befand sich 2010-TK7 immer auf der zur Sonne gewandten Seite der Erde und konnte bisher nicht gesichtet werden. Wahrscheinlich ist es nur ein unbedeutender kleiner Asteroid, über dessen Form man noch nichts weiß. Stutzig machen aber gerade die Berechnungen der Wissenschaftler, die festgestellt haben, dass 2010-TK7 seit mindestens 10.000 Jahren auf seiner stabilen Umlaufbahn der Erde folgt.

Ich möchte keineswegs die Arbeit der deutschen Archäologen und Geologen diskreditieren. Die Kommission für Archäologie Außereuropäischer Kulturen des Deutschen Archäologischen Instituts, kurz FAAK, hat unter Beteiligung der ETH in Zürich mit ihrer Edition *The Geoglyphs of Palpa* eine sehr umfangreiche sowie exakte fotografische und grafische Kartierungsarbeit dieses Gebietes vorgelegt. Sie hat sehr fachgerecht über die Paracas- und Nazcas-Kultur berichtet, aber ihre Deutungen über Linien und Geoglyphen müssen eben nicht der Weisheit letzter Schluss sein. Außerdem ist bedenkenswert, dass in den zahlreichen und detaillierten Nazca-Berichten seltsamerweise nicht ein einziger Hinweis auf die Entstehung der abgeschnittenen Berge auftaucht, obwohl das doch eigentlich von allergrößtem Interesse sein müsste, weil diese nicht durch Menschenhand entstanden sein können. Aber um dieses Rätsel machen Archäologen wie auch Geologen und in deren Gefolge die Journalistenschar einen Bogen, dessen Radius schon astronomische Dimensionen erreicht.

Die Bergeabschneider sind bekannt

Weil es die Forscher nicht vermögen, auf den abgeschnittenen Berg in der Palpa-Region eine Antwort zu finden, muss man sich notgedrungen wieder der Mythologie zuwenden, die für dieses Mysterium überraschende und verblüffende Lösungen anbietet. Von Gott Zipacná, dem Sohn des »Siebenpapagei«, dem Erschaffer der Gebirge, wie er genannt wird, berichtet das Popol Vuh, das heilige Buch der Quiché-Maya: *Zipacná spielte Ball mit den großen Bergen …* Insgesamt werden ihm sechs Berge zugesprochen, die er in einer Nacht herrichtete. Deshalb ist die Vermutung naheliegend, dass jener Zipacná für das Abfräsen des Berggipfels in der Palpa-Region verantwortlich war. Wenn er dafür nur eine Nacht benötigte und diese Aktion für ihn wie Ballspielen war, kann man sich ausmalen, über welch überragende Technik die Außerirdischen verfügt haben müssen.

Wieder einmal muss an dieser Stelle auf Übereinstimmungen zwischen den Überlieferungen des Popol Vuh und der ägyptischen Mythologie hingewiesen werden. Sogar einige Ethnologen sehen einen Zusammenhang zwischen dem Osiris-Mythos und dem Maya-Gott Siebenpapagei. Wie der ägyptische Erdgott Geb mit Osiris und Seth hatte auch Siebenpapagei zwei Söhne, eben den besagten Zipacná und seinen Bruder Cabracán, der den Beinamen »Erschütterer der Berge« trägt. Nur geschah hier kein Brudermord wie in Ägypten, sondern alle drei Götter wurden von Menschen liquidiert.

Während bei den Maya Cabracán der böse Bube war, übernahm diese Rolle bei den Ägyptern Seth. In Dublin befindet sich das Papyrus Chester Beatty, das den Streit zwischen Horus und Seth beschreibt. Dabei stieg Seth auf einen Berg und schnitt kurzerhand eine Felsspitze mit einer Länge von immerhin siebzig Metern ab, um daraus einen Felsenkahn zu basteln. Warum werden solche Aussagen nicht ernst genommen? Liegt das nicht nahe bei der unzweideutigen Sprache unserer Vorväter? Für die Ethnologen müsste es doch mehr als reizvoll sein, herauszufinden, wie zwei verschiedene Erzählungen entstehen konnten, in welchen die Obergötter links wie rechts des Atlantiks mit Zipacná und Seth je einen Sohn hatten, denen das Attribut zugesprochen wurde, »Berge abzuschneiden«.

Vor allem die extrem klimatischen wie auch die geologischen Veränderungen entlang des Längengrades 75 West und 105 Ost sind ein bestechendes Argument, dass Nazca einst auf dem Äquator lag. Berücksichtigt man dazu noch die abgeschnittenen Berge, die ja irgendeinen Sinn haben müssen, bleibt augenscheinlich nur die Variante, die gesamte Anlage diente als Standort für einen Fahrstuhl ins All. Wer später die überdimensionierten Tierfiguren anfertigte, bleibt weiterhin Spekulation und ist für das Thema Weltraumlift nicht im Geringsten von Relevanz.

Und noch einmal führt der Weg zum größten Genie der Frühzeit. In den Apokryphen schildert Henoch seinen Weg nach Westen. Man kann vermuten, dass er sich auf der Anreise zur Liftstation in Nazca befand: *Von hier ging ich weiter an einen anderen Ort, und er zeigte mir im Westen ein großes und hohes Gebirge und starre Felsen. Vier geräumige Plätze befanden sich in dem Gebirge, in die Tiefe und Breite sich erstreckend und sehr glatt; drei von ihnen waren dunkel und einer hell.*

Geräumige Plätze auf Bergen, Tafelberge und Hochebenen gibt es in fast jedem Erdteil. Auch der seltsame Tafelberg in Südafrika fällt in diese Kategorie, selbst wenn er auf seiner Oberfläche alles andere als besonders glatt ist. Aber auf der Erde existiert nur ein einziger Ort, auf den Henochs Beschreibung zutrifft: Nazca!

Wie die Götter das Sonnensystem veränderten

Wenn die katastrophalen Klimaveränderungen globalen Ausmaßes durch eine spontane Polverlagerung erfolgten, kann eigentlich nur eines der Auslöser gewesen sein: die Nahbegegnung mit einem anderen Himmelskörper. Schaut man sich in den Mythen der Welt um, ist der Kandidat auch schnell ausgemacht: die Venus. Natürlich kann man sich fragen, warum so viele und zum Teil detaillierte Berichte über eine Annäherung der Venus an die Erde existieren. Hatten unsere Altvorderen nur eine besonders ausgeprägte Phantasie oder finden sich in unserem Sonnensystem vielleicht Indizien, die eine Positionsänderung der Venus in den Bereich des Möglichen rücken?

Damit wird ein sehr heikles Thema angestoßen, das bei Astronomen und Astrophysikern meistens auf Unverständnis stößt. Sie gehen nicht läppische 13.000 Jahre zurück, wenn sie katastrophale Geschehnisse im Sonnensystem diagnostizieren, sondern bewegen sich im Millionen- oder Milliardenbereich. Und gewiss können mythologische Berichte keine Beweise nach wissenschaftlichen Kriterien sein, aber einen Fingerzeig geben sie mitunter doch. »Geschichte und Mythen formen eine Tradition, die sicher einen Wahrheitskern enthält«, schrieb schon der Ethnologe Professor Hermanns. Ich möchte hier so weit gehen, mich sogar mit der *Entstehung* der Venus zu beschäftigen.

Dass die Venus – übrigens ähnlich wie der Jupiter – weltweit zu einer herausragenden Gottheit mutierte, ist aufgrund ihrer Helligkeit am Firmament nur zu verständlich. Eher ungewöhnlich ist hingegen, dass ihre Entstehung häufig in Verbindung mit einer Planetenkollision Erwähnung findet. Bei den Griechen war es die Göttin Pallas Athene, die als glühender Stern, von Jupiter gesandt, auf die Erde stürzte. In Mittelamerika trug die Venus verschiedene Namen, darunter Chac-Ek (Großer Roter Stern), Kukulcán, Chaska (die Wellhaarige) und Quetzalcoatl (Gefiederte Schlange, weil die neue Venus einen feurigen Schweif hinter sich herzog). Das sind alles historisch überschaubare Dimensionen.

Die Vermutung ist nicht neu, dass die Venus noch ein sehr junger Planet ist. Bereits 1949 stellte der New Yorker Arzt und Psychoanalytiker Dr. Immanuel Velikovsky in seinem Buch *Welten im Zusammenstoß* erstmals seine These vom neuen Planeten Venus vor, stieß aber prompt und teilweise auch zu recht auf rigorose Ablehnung von wissenschaftlicher Seite. Überraschend war, dass seine Vermutung über eine heiße Venusatmosphäre wie auch die retrograde Venusrotation später durch die ersten Sonden Bestätigung fand. Deshalb kann man Velikovsky ein gewisses Gespür nicht absprechen, zumal er auch vermutete, dass der frühere Nordpol nahe der Ellesmere-Insel lag.

Velikovsky hat seine Theorie von der neuen Venus nie in irgendeinen Zusammenhang mit Aliens gebracht, obwohl letztlich nur deren Eingreifen zum jetzigen Orbit des Planeten geführt haben kann. Seiner Meinung nach war eine Kollision mit dem Mars der Auslöser für die Veränderung, was aber aufgrund physikalischer Gesetzmäßigkeiten nicht möglich ist. Er irrte sich noch in einigen weiteren Punkten. So datierte er die Entstehung der Venus wie auch die Sintflut auf das siebte vorchristliche Jahrhundert – eine nicht akzeptable Einordnung, denn dass sich die weltumspannenden Flutkatastrophen vor über 10.000 Jahren ereigneten, ist unumstritten und Fakt.

Aber bei der Lektüre seines Buches waren für mich weniger seine physikalischen Interpretationen von Interesse, sondern primär die mythologischen Überlieferungen zum neuen Planeten Venus. Sie enthalten ganz erstaunliche Berichte von einer Planetenkollision mit dem Jupiter und einer manipulierten Venusbahn. Allen voran sei hier Homer genannt, der Verfasser zweier der frühesten Epen der Weltliteratur: *Ilias* und *Odyssee.* In seiner *Hymne an Minerva* erklärte er ...

... und diese Geburt war von großen Umwälzungen an Himmel und Erde begleitet. Der Planet raste auf die Erde zu, und es war nicht gut zu unterscheiden, ob Jupiter oder sein Abkömmling herannahte. Homers Landsmann, der Philosoph Aristokles, berichtet, *dass Jupiter-Zeus die ungeborene Pallas Athene in einer Wolke verhüllte und diese dann mit einem Blitzschlag aufriss.* Aus der *Illias* erfährt man, *dass Pallas Athene als ein glühender Stern mit sprühenden Funken auf die Erde herunterstürzte; sie schoss einher als ein Stern von Jupiter gesandt.*

Dass die Venus dem Haupte des Jupiters entsprang, könnte durchaus die optische Wahrnehmung einer Nahbegegnung von Venus und Jupiter gewesen sein. Sollte sich dies tatsächlich ereignet haben, hätte die Venus in der Folge dauerhaft eine extrem elliptische Umlaufbahn um die Sonne eingenommen und wäre für immer eine Gefahr für die Erde geblieben.

Auch aus der Phaeton-Sage von Hesiod geht anschaulich hervor, dass die Planeten ihre Bahn verlassen hatten und sogar eine Nahbegegnung mit der Erde stattfand: Phaeton bat den Sonnengott Helios, einen Tag lang den Sonnenwagen lenken zu dürfen. Helios war zunächst nicht von dieser Idee begeistert, aber Phaeton bat und bettelte, und schließlich gab der Vater nach. Aber vom ersten Augenblick an ging alles schief. Kaum hatte er die Zügel ergriffen, löste er auf seiner Fahrt mit dem schwer zu steuernden Wagen jede Menge Katastrophen aus. Sobald die Pferde merkten, dass nicht der erfahrene Helios die Zügel führte, fielen sie in einen wilden Galopp. Sie rasten mit dem Sonnenwagen so weit hinunter, dass die Erde verbrannte und die Meere verdampften. Dann preschten sie hinauf zum Himmel, so hoch, dass der Sonnenwagen eine lange Spur im Himmelsgewölbe hinterließ, die heute noch nachts zu sehen ist: die Milchstraße. Die Götter wurden angesichts dieser Zerstörungen zornig, und Zeus sah ein, dass er die wilde Fahrt stoppen musste. Um diesen Parforceritt durch das Sonnensystem zu beenden, blieb ihm keine andere Wahl, als Phaeton mit einem Blitz abzuschießen.

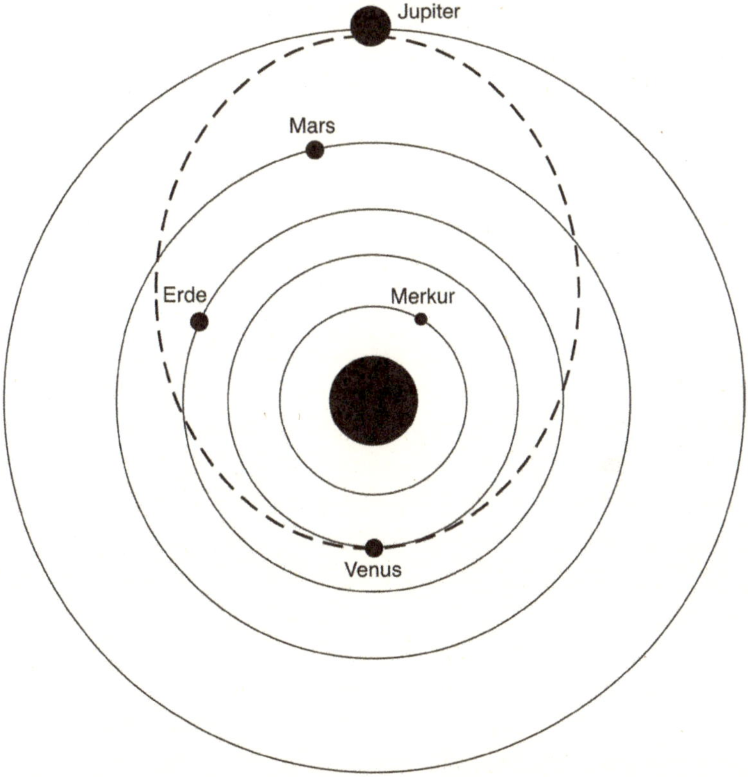

Abb. 21. Die gestrichelte Linie zeigt, welche Bahn die neue Venus nach einer Nahbegegnung mit Jupiter ohne eine Manipulation für immer eingenommen hätte. Ein Zusammenstoß mit dem Mars oder der Erde wäre auf lange Sicht durchaus möglich gewesen.

Lässt man das übliche schmückende Beiwerk weg, wird genau das beschrieben, was auf Abbildung 21 zu sehen ist. Die Venus kam der Erde sehr nahe und schoss dann wieder bis zur Höhe des Jupiters hinauf. In dem Dialog *Timaeus* bezeichnet Platon diese Geschichte als Sage, wahr ist für ihn jedoch eine Verschiebung der Planeten in ihrer Bewegung um die Erde, weil sie aus ihrer Bahn gerieten und einen Weltenbrand verursachten. In der germanischen Völuspá wird Ähnliches berichtet: *Und die Sterne wussten nicht mehr, wo ihr Platz war.*

Ilmar schmiedete eine neue Sonne und einen neuen Mond, bringt sie aber nicht zum Leuchten

Nach dem finnischen Kalevala Epos, das zu den großen Epen der Menschheitsgeschichte zählt, hatten die Götter versucht, die wir hier mit Außerirdischen gleichsetzen, den Jupiter als zweite Sonne zu zünden. Wie das funktioniert? Im Prinzip ganz einfach, durch Massezufuhr. Mein Archiv enthält einen Zeitungsausschnitt, in dem sowjetische Wissenschaftler von der Annahme ausgingen, durch permanentes Aufsaugen von Weltraumstaub, Kometen und Asteroiden würde in ferner Zukunft Jupiter von allein durch diese Massezunahme einen nuklearen Brennvorgang in Gang setzen und als zweite Sonne erstrahlen. Nach dem gegenwärtigen Erkenntnisstand besitzt Jupiter zu wenig Masse und mit vermuteten 20.000° Celsius im Inneren zu niedrige Temperaturen, um Kernfusionen zu erzeugen. Nach Berechnungen von Physikern des Max-Planck-Instituts in München müssten mindestens nochmals 20.000° Celsius dazukommen, um den atomaren Brennvorgang einzuleiten.

Trotzdem schildert das Kalevala Epos eindrucksvoll den gescheiterten Versuch, eine neue Sonne zu zünden. Um detaillierte Informationen über das Epos zu erfahren, habe ich in der Bibliothek der Universität Siegen unter Mithilfe freundlicher Studenten aus über einer Million Bücher drei geeignete herausgefunden. So konnte ich die Liedtexte ermitteln, in denen von Ukko die Rede ist, dem höchsten Gott des Kalevala, der gelegentlich auch mit Jupiter gleichgesetzt wird. Und im 47. Gesang erfährt man eine Bestätigung dafür, dass Jupiter in vorgeschichtlicher Zeit als zweite Sonne erstrahlen haben könnte: *Ukko, der Herr der Höhe, wundert sich über die Dunkelheit am Himmel und schlägt Feuer zu einem neuen Mond und einer neuen Sonne. Als er das Feuer geschlagen hatte, verbarg er den Funken in einer silbernen Dose. Er gab ihn der Jungfrau zu wiegen, der Tochter der Lüfte, dass ein neuer Mond und eine neue Sonne daraus entstehen sollte.*

Ein anderer Vers erwähnt zudem, dass aufgrund dieser Ereignisse ein neues Zeitalter auf der Erde begann: *Dann entzündete Ukko-Ju-*

piter an der Sonne ein Feuer, um damit eine neue Sonne und einen neuen Mond anzuzünden, und damit hob ein neues Weltalter an. Könnte mit dem »an der Sonne ein Feuer entzünden« vielleicht die Übertragung des nuklearen Brennvorgangs in der Sonne auf den Jupiter gemeint sein? Im 49. Gesang kommt die Glanznummer des Kalevala Epos. Meine Vermutung, dass das Unternehmen der Außerirdischen von Pleiten, Pech und Pannen geprägt war, findet hier eine prägnante Bestätigung: *Ilmar schmiedete einen neuen Mond und eine neue Sonne, bringt sie aber nicht zum Leuchten.* Pech gehabt, könnte man sagen, oder knapp daneben ist auch vorbei!

»Wie bist du vom Himmel gefallen, du strahlender Morgenstern!«

Die Venus hatte im Altertum keineswegs den Nimbus eines lieblichen Himmelswesens, eher Furcht einflößend war ihr Erscheinen bei den Völkern und stets mit Gefahren verbunden. Über Generationen hinweg gab es immer wieder Berichte von einer drohenden Annäherung der Venus an die Erde – die sehr wohl für möglich gehaltene Wiederkehr eines früheren Ereignisses. In Palästina vor Jesajas Zeiten brachte man dem Baal, gleich der Venus, noch primitive Brandopfer dar, was von den jüdischen Priestern natürlich aufs Schärfste verurteilt wurde. Aber auch Jesaja, der in Judäa den Ruf eines bestens informierten Astronomen mit Kenntnissen über die Planeten und Gestirne hatte, traute der Venus nicht so recht. Er ließ sich sogar einen Beobachtungsstand errichten, auf dem er nachts nach kosmischen Gefahren Ausschau hielt – und er schwärmte von einer neuen Erde: *Darum will ich den Himmel bewegen, dass die Erde beben soll von ihrer Stätte… Wie bist du vom Himmel gefallen, du strahlender Morgenstern! Wie bist du zur Erde gefällt, der du die Völker heimsuchtest!*

Doch es gibt noch andere historische Belege für eine Bedrohung aus dem All. So wird in der *Histoire des nations civilisées du Mexique* berichtet, dass die Sonne von Quetzalcoatl angegriffen wurde. *Dar-*

aufhin wollte sich die Sonne nicht zeigen, und vier Tage lang war die Welt ihres Lichtes beraubt. Danach erschien ein großer Stern, der zum ersten Male im Osten aufging. Die Aufeinanderfolge der Jahreszeiten und die Dauer von Tag und Nacht gerieten durcheinander. Damals war es, dass das Volk die Berechnung der Tage, Nächte und Stunden entsprechend dem entstandenen Zeitunterschied neu ordnete. In den Schriften von Molina und Avila wird erwähnt: *Ein Zusammenstoß von Himmelskörpern ging der Weltenkatastrophe voraus, der verheerende Flutkatastrophen folgten.*

Im Buch XXI der von Augustinus verfassten Schrift *De Civitate Dei* (Vom Gottesstaat) berichtet Castor in Kapitel 8: *Am Himmel trug sich ein wunderbares Ereignis zu. An dem bekanntesten Stern, der Venus, hat sich ein großes Wunder ereignet. Sie hat ihre Farbe, Größe, Gestalt und Bahn verändert, was weder vorher noch nachher jemals vorgekommen ist.* Das Ereignis trat unter König Ogygus ein. Er soll ein Ureinwohner Griechenlands gewesen sein, der das Reich von Theben bewohnte und die erste Sintflut überlebte. Die zweite, biblische Sintflut überlebte dieser griechische Noah als Deukalion, in der Mythologie der Sohn des Prometheus und der Pronoia, mit seiner Frau Pyrrha. Dass die Venus am Anfang ihres Daseins blutrot war, aber ihre ursprüngliche Farbe nach und nach verlor, berichten auch die Dogon aus dem afrikanischen Mali. Ein Venuskalender, auf den verschiedenen Venus-Positionen beruhend, war ihnen ebenfalls geläufig, und astronomische Texte aus China berichten von Zeiten, *in denen die Venus am helllichten Tage am Himmel sichtbar war und mit der Sonne um Helligkeit wetteiferte. Ein neuer glänzender Stern erhob sich über dem Osten.*

Eine sehr merkwürdige Venusbahn

Das Erscheinen der Venus als Morgen- und Abendstern am Firmament ist bis auf die Minute genau bestimmbar. Da gibt es keine Veränderungen, der Statusquo hat Bestand, das siderische Jahr beträgt unverrückbar 225 Erdentage. Gegenwärtig sehen wir die Venus 71 Tage lang morgens vor der Sonne aufgehen, nach 221 Tagen tritt sie in die obere Konjunktion zur Sonne, einen Monat vor dem Ende dieser Periode wird sie von der Sonne überstrahlt, so dass sie sechzig Tage nicht sichtbar ist. Dann ist die Zeit des Morgensterns vorbei, und die Venus erscheint für kurze Zeit östlich von der untergehenden Sonne als Abendstern. Aber war dies immer so? Wahrscheinlich nicht, denn in Ninive, der vorgeschichtlichen assyrischen Hauptstadt am oberen Tigris, fand Sir Austen Henry Layard (1817-1894), einer der führenden britischen Amateur-Archäologen seiner Zeit, in den Trümmern der Bibliothek des Assurbanipal die Venus-Tafeln, die gänzlich andere, um nicht zu sagen, völlig wirre Venuspositionen beschreiben.

Altorientalisten, Archäologen und Astronomen, die sich mit den genannten Daten auseinandersetzten, standen vor einem Rätsel. So verschwand am 11. Tage des Sivan die Venus im Westen, blieb neun Monate und vier Tage vom Himmel fort und wurde am 15. Tag des Adar im Osten wieder sichtbar. Im folgenden Jahr, am 10. des Arashsamna, verschwand die Venus im Osten, blieb zwei Monate und sechs Tage vom Himmel fort und wurde am 16. Tebit im Westen sichtbar. Im Jahr darauf verschwand die Venus am 26. Ulul im Westen, blieb elf Tage lang vom Himmel fort und wurde am 7. des zum Kalenderausgleich eingeschalteten Monats Ulul im Osten sichtbar. Ein Jahr später verschwand die Venus am 9. Nisan im Osten, blieb fünf Monate und 16 Tage fort und wurde am 25. Ulul im Westen sichtbar. Im fünften Jahr der Beobachtung verschwand die Venus am 5. Ayar im Westen, blieb sieben Tage lang fort und erschien wieder am 12. Ayar; im selben Jahr verschwand sie am 20. Tebit im Osten, blieb einen Monat abwesend und erschien am 21. Sabat im Westen.

Mehrere Abhandlungen wurden daraufhin von den Fachleuten verfasst, aber die Sammlung von Keilschrifttafeln astronomischen

Inhaltes aus Mesopotamien ist so groß, dass Dutzende von Wissenschaftlern einige Jahre benötigten, um das Material aufzuarbeiten. Dennoch blieb der Tenor letzten Endes gleich: Die spinnen, die Assyrer! Ein etwas derbes Urteil über dieses alte Kulturvolk, dem sonst exzellente astronomische Kenntnisse nachgesagt werden. Aber es gibt einfach bis heute keine schlüssige Erklärung für diese offensichtlichen Unregelmäßigkeiten in der Venusbahn.

Auch die Maya könnten zur Lösung des eigenartigen Venusorbits beitragen, denn sie verfügten über nicht weniger verblüffende Kenntnisse der Himmelskörper. Vielleicht besteht durch die Dresdener Maya-Codices die Riesenchance, eine andere Umlaufbahn der Venus zu bestätigen. Diese Codices enthalten nicht nur sehr umfangreiche, sondern noch immer rätselhafte astronomische Berechnungen von korrigierten Venusbahnen, die bis heute nicht entschlüsselt sind, da sie schlichtweg keiner versteht. Aber wie sollte dies auch möglich sein, wenn in den Köpfen der Wissenschaftler die Venus ihre jetzige Position seit Entstehung des Planetensystems schon immer innehatte.

Noch verrückter wird es, wenn die Venus, wie in der von J. B. J. Delambre publizierten, über 5.000 Jahre alten indischen Planetenübersicht, gar nicht erst erscheint. Es wird nur lapidar erwähnt: »Allein die Venus ist darauf nicht zu finden.« Ebenso wenig wird die Venus von den alten Brahmanen erwähnt, die immerhin die Veden auslegen, und in einer alten babylonischen Sternentabelle taucht sie auch nicht auf, wie Ernst F. Weidner und Donald G. Thibaut vermerken. Merkur, Mars sowie Jupiter und Saturn waren in diesen Kulturkreisen geläufig, nur der hellste Planet, die Venus, fand keine Beachtung.

Wären die Merkwürdigkeiten über die Venus nur aus einem Kulturkreis überliefert, erübrigte sich darüber wohl jede Spekulation. Durch die weltweit übereinstimmenden Berichte erhält die Vermutung einer veränderten Laufbahn jedoch eine erheblich höhere Wahrscheinlichkeit. Es ist deshalb nicht nur legitim, sondern nahezu unverzichtbar, diese Überlieferungen einer anderen Venushistorie mit einzubeziehen und sie nicht einfach in der Schublade »Mythologie« abzulegen.

Wie Außerirdische das Sonnensystem veränderten

Auf einer Straße ereignet sich ein Autounfall. In der Regel wird ein Sachverständiger versuchen, den Unfallhergang zu rekonstruieren. Der Fall scheint eindeutig zu sein: Ein Pkw mit überhöhter Geschwindigkeit versuchte, einen anderen zu überholen, wobei es fast zur Kollision kam und der Überholte eine Beule in seiner Karosserie zu beklagen hatte. Der Unfallverursacher hingegen verlor mehrere Kleinteile wie Spiegel, Blinker und einiges an Chromzierart, die jetzt weit verstreut auf der Straße herumlagen. Ein weiterer Crash mit einem anderen Auto konnte nur durch ein geglücktes Ausweichmanöver verhindert werden, was aber zur Folge hatte, dass der Wagen außer Kontrolle geriet und auf dem Dach in entgegengesetzter Richtung zum Stillstand kam.

Können Sie sich nun vorstellen, dass ein anerkannter Sachverständiger dieses Geschehen so deutet: Die Schramme in der Fahrertür ist gar keine; das ist nur eine durch Lichtreflexion hervorgerufene optische Täuschung. Obwohl einige Materialien vor 100 Jahren noch nicht existierten, erklärt er, dass die auf der Straße herumliegenden Kleinteile nicht von dem aktuellen Crash stammen, sondern Überreste einer Kollision aus der Frühzeit des Automobils sind. Und die in entgegengesetzte Fahrtrichtung zeigende Front des auf dem Dach liegenden Autos sei ein eindeutiger Beweis dafür, dass der Wagen aus einer anderen Richtung kam und deshalb nichts mit diesem Unfall zu tun hatte.

So ungefähr stellen sich die Vermutungen der Experten über einen kosmischen Unfall mit der Venus dar. Prähistorische Besuche von Außerirdischen sind an sich schon suspekt, aber jetzt auch noch, gestützt durch mythologische Überlieferungen, ein Billardspiel mit Planeten zu vermuten; ist das überhaupt noch zumutbar? Zweifellos, denn in unserem Sonnensystem wimmelt es geradezu von Ungereimtheiten, an denen die Wissenschaftler ratlos knabbern. Aber sollte die Venus wirklich erst vor 13.000 Jahren ihren heutigen Platz im Sonnensystem eingenommen haben, wäre das der ultimative Beweis, dass bei diesem Ereignis Außerirdische beteiligt waren. Es ist einfach kein physikalischer Mechanismus bekannt, nach der eine ehemals sehr exzentrische Umlaufbahn sich von selbst in die kreisähnlichste Bahn aller Planeten des Sonnensystems verwandeln kann.

Wie bereits erwähnt, besitzt Jupiter zu wenig Masse, um den atomaren Brennvorgang einzuleiten. Zweifellos verfügten Außerirdische über identische Kenntnisse, weshalb diese Version *ad acta* gelegt werden kann. Dazu hätte wahrscheinlich nicht einmal die Masse der über sechzig Trabanten einschließlich der großen Monde Io, Ganymed und Kallisto genügt.

Sollten aber Außerirdische tatsächlich für das Phänomen einer »neuen Venus« verantwortlich sein, muss nach anderen Gründen gesucht werden. Auch wenn es keineswegs in das Verhaltensmuster passt, dass sich Menschen gemeinhin von einer höher entwickelten außerirdischen Zivilisation machen, könnten ebenso Leichtsinn, gepaart mit Neugier oder purem Übermut à la Phaeton zu einer

beispielslosen Wahnsinnstat geführt haben. Vermutlich haben auch Außerirdische so etwas wie eine Psyche, und wer weiß, wie diese sich im Laufe eines extrem langen Erdaufenthaltes entfaltet hat.

Wir denken ja immer, unser Sonnensystem ist für immer statisch, da wird sich nichts ändern. Heute gehen Astrophysiker davon aus, dass unser Mond durch die Kollision eines Protoplaneten mit der Erde entstanden ist. Selbst wenn dieses Ereignis in der Frühzeit des Sonnensystems stattfand, belegt es sehr wohl, dass in Millionen Jahren Abweichungen von Planetenbahnen nicht auszuschließen sind.

Deshalb bleibt realistisch betrachtet nur ein Sicherheitsaspekt. Folgt man dieser Überlegung, ist konsequenterweise davon auszugehen, dass die Erdenbesucher bereits vor dem Start ihrer Expedition über unser Sonnensystem bestens informiert waren. Also hatten sie auch Kenntnis von einem Planeten, der zwischen Mars und Jupiter in dessen Nähe seine Bahn zog und durch die Gravitationskräfte Jupiters einen sehr exzentrischen Orbit aufwies. Somit bestand die Gefahr, dass er irgendwann diese Bahn verlassen und als vagabundierender Planet durchaus zu einer Gefahr für die Erde werden konnte. Diesen Planeten also vorsichtshalber im Jupiter versenken? Keine schlechte Idee. Aber die Durchführung könnte einen anderen, katastrophalen Verlauf genommen haben.

Jupiters Geheimnisse: sein Mond Europa und der Große Rote Fleck

Der Gasriese Jupiter, in den die Erde 318 Mal hineinpassen würde, ist doppelt so massereich wie alle anderen Planeten und Monde zusammen. Eigentlich ist das gesamte Jupitersystem mit seinen über sechzig Trabanten ein autarkes Planetensystem im Sonnensystem. Deshalb ist nicht völlig auszuschließen, dass der Planet, aus dem später die Venus wurde, ehemals sogar ein Mond des Jupiters war. Dessen größter Mond Ganymed weist immerhin einen Durchmesser von beachtlichen 5.262 Kilometern auf. Mit 12.000 Kilometer Durchmesser wäre die Venus als Mond des Jupiters keinesfalls zu groß, denn diese Größenrelation beträgt nur einen Bruchteil des Größenverhältnisses der Erde zu unserem Mond.

Wenn in der Mythologie außer von einer neuen Sonne auch von einem neuen Mond die Rede ist, gibt es nur einen einzigen in Frage kommenden Kandidaten: den Jupitermond Europa. Für Astrophysiker und -biologen ist auf der Suche nach außerirdischen Lebensformen der in 671.000 Kilometer Entfernung vom Jupiter seine Bahn ziehende Trabant das mit Abstand attraktivste Objekt in unserem Sonnensystem. Deshalb kann davon ausgegangen werden, dass dieses Objekt für Außerirdische nicht minder interessant war.

Astrobiologen vermuten unter dem einige 100 Meter dicken Eispanzer von Europa einen kilometertiefen Ozean mit einem eigenen funktionierenden Ökosystem, das durch warmes schwefelhaltiges Wasser von der inneren Wärme des Mondes gespeist wird. In dieser Umgebung könnten sich nach Meinung der Experten sehr vielfältige und unterschiedliche Lebewesen entwickelt haben. Diese maritimen Bedingungen wären somit ein ideales Terrain für amphibische Lebensformen. Der Planetenwissenschaftler Professor Richard Greenberg von der University of Arizona hält nicht nur primitive Nautiliden, also freischwimmende und gehäusetragende Kopffüßer mit räuberischem Hintergrund, sondern sogar höher entwickeltes Leben auf Europa für möglich.

In einem Punkt herrscht unter allen Astrobiologen Einigkeit: Wenn ein Himmelskörper in unserem Sonnensystem Lebensformen beheimatet, dann nur Europa. Deshalb soll auch, wenn die Finanzierung gesichert werden kann, im Jahr 2020 eine gemeinsame NASA/ESA-Mission zum Jupitermond Europa starten, die sechs Jahre später dort eintreffen wird. Es ist vorgesehen, dass ein Roboter den Eispanzer durchbohrt und durch die entstandene Röhre ein Mini-U-Boot in den unterseeischen Ozean gelangt. Die ermittelten Daten sollen anschließend zur Erde gesendet und analysiert werden.

Was den Jupiter selbst angeht, sagen die Wissenschaftler, dass unser Wissen über sein Inneres hochgradig indirekt ist, und das wird wohl noch eine ganze Weile so bleiben. Seine Hülle besteht aus einer Gasatmosphäre und hat keine feste Oberfläche. Bei einem Blick auf ihn sehen wir nur die Oberseite der Wolken hoch in den Atmosphären. Das gasförmige Material hat dort bereits einen Druck von über vier Millionen bar und wird mit zunehmender Tiefe immer dichter, dann folgt eine Schicht aus flüssigem Wasserstoff und eine weitere aus schwerem metallischen Wasserstoff. Der Kern mit der 15- bis 20-fachen Erdmasse soll aus Gestein oder Metall bestehen.

Doch der Jupiter weist noch ein ganz besonderes Mysterium auf: den Großen Roten Fleck. Dabei handelt es sich um einen riesigen ovalen Wirbelsturm, in den die Erde zwei Mal hineinpasst. Bereits vor 300 Jahren wurde er von Giovanni Domenico Cassini (1625-1712) entdeckt, und Messungen scheinen zu bestätigen, dass er sich zyklisch verkleinert. Ist dieser monströse Wirbel durch die Nahbegegnung mit einem Planeten entstanden? Rechnet man mit Blick auf eine solche Nahbegegnung 13.000 Jahre zurück, könnte der Große Rote Fleck früher sogar noch um ein Mehrfaches größer gewesen sein. Allein die Einschläge der 21 Fragmente des im Sommer 1994 in den Jupiter eingetauchten vier Kilometer durchmessenden Kometen Shoemaker-Levy 9 waren fast ein Jahr lang messbar.

Es ist nach wie vor ein Rätsel, wie der Große Rote Fleck so lange bestehen kann, obwohl die mit bis zu 600 Stundenkilometern dahinrasenden Stürme zyklisch etwa alle siebzig Jahre zur Ruhe kommen, zuletzt erst im Jahr 2011. Die in Ost-West- und West-Ost-Richtung verlaufenden Wirbel sollen nach wissenschaftlicher Meinung den Fleck erzeugt haben, womit sich aber die Frage stellt, warum nicht mehr Gebilde dieser Größenordnung auf dem Jupiter existieren? Gewiss entstehen immer wieder neue Wirbel, die aber ebenso schnell wieder verschwinden oder sich auflösen.

Als ich wegen meiner astronomischen Fragen zur ungeklärten retrograden Venusrotation einen ESA-Wissenschaftler bemühte und Außerirdische erwähnte, schrie er förmlich auf: »Wenn ich nur das Wort Außerirdische höre, bekomme ich schon Pickel.« Seit dieser Erfahrung kommen Außerirdische bei meinen Recherchen nur noch selten zur Sprache, um nicht für einen weiteren Akne- oder, noch schlimmer, Nesselfieberausbruch verantwortlich zu sein.

Unter dieser Voraussetzung wandte ich mich an einen Planetenexperten vom Deutschen Zentrum für Luft- und Raumfahrt (DLR) in Berlin und stellte die hypothetische Frage, in welcher Entfernung ein erdähnlicher Planet Jupiter passieren müsste, um dem Gravitationsfeld wieder entkommen zu können? Er hatte es mit 900.000 Kilometern ganz schnell ausgerechnet. Ob der Große Rote Fleck durch die Gravitationskräfte eines anderen Planeten entstanden sein könnte, verneinte er erwartungsgemäß. Sollte es aber Außerirdischen gelungen sein, die Laufbahn eines Planeten X so zu beeinflussen, dass dieser nicht, wie vielleicht geplant, in die Gashülle stürzte, sondern den Jupiter in einem spitzen Winkel sehr nah und mit hoher Geschwindigkeit passierte, bleibt die Frage, ob dieser durch seine Gravitationskräfte den riesigen Wirbel nicht vielleicht in der gashaltigen Oberfläche erzeugt haben könnte.

Im Prinzip ist es nicht von Belang, ob der Große Rote Fleck das Produkt einer Nahbegegnung mit einem Planeten ist, dennoch könnte dieses Szenario die Ursache für dessen Entstehung gewesen sein. Merkwürdig an ihm ist nämlich, dass er nicht mit den Wirbelstürmen um den Jupiter wandert. Er ist zwar nicht ortsgebunden, bewegt sich aber offenbar erheblich langsamer, als es auf den drei Aufnahmen

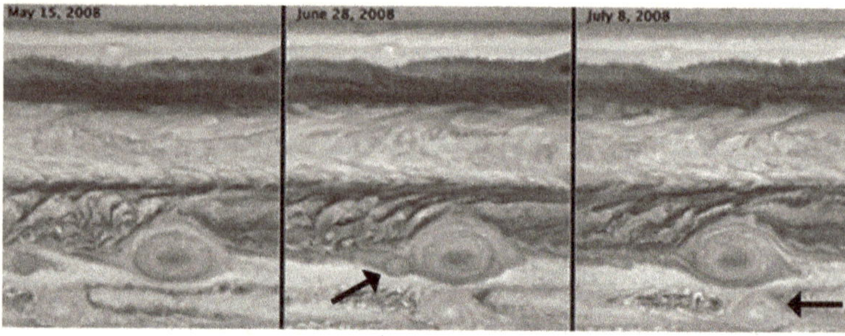

Abb. 22. Diese drei Aufnahmen des Hubble-Weltraumteleskops vom Mai, Juni und Juli 2008 zeigen ein beeindruckendes Schauspiel auf dem Jupiter. Der Kleine Rote Fleck wie auch der jüngste Rote Fleck nähern sich unausweichlich mit sehr hoher Geschwindigkeit dem Großen Roten Fleck. Während der Kleine Rote Fleck am großen Verwandten im Juli locker vorbeizieht, wird der andere Fleck schlichtweg aufgefressen. Zu diesen Aufnahmen in der Zeit vom 15. Mai bis 8. Juli sei noch erwähnt, dass der Jupiter eine extrem hohe Eigenrotation von knapp zehn Stunden aufweist und für einen Umlauf um die Sonne fast zwölf Jahre benötigt.

den Anschein hat. Gegenwärtig soll er im Jahr etwa sechs Grad in Richtung Westen wandern.

Der Grund für seine trägere Bewegung könnte eine »Verankerung« sein, die vielleicht Tausende von Kilometern in tiefere Schichten reicht. Leider weiß man gegenwärtig noch nicht, wie tief zonische Winde in das Innere des Jupiters eindringen und ab welcher Tiefe der flüssige metallische Wasserstoff eine andere Konsistenz annimmt. Aber die Gravitation eines vorbeiziehenden Planeten könnte derart massive und bis in tiefere Schichten reichende Verwirbelungen ausgelöst haben, dass sie den Großen Roten Fleck banden und zur Reduzierung der Geschwindigkeit führten. Wenn der Mond durch seine Gravitation Ebbe und Flut auf der Erde verursachen kann, warum soll dann nicht auch ein Planet mit einer erheblich höheren Zentrifugalkraft eine Gasoberfläche zum Verwirbeln bringen? Die riesigen Dimensionen des GRF mit einer Länge von 25.000 Kilometern lassen deshalb unwillkürlich den Verdacht aufkommen, hier könnte es zu einer Nahbegegnung zweier Planeten gekommen sein. Wie aber könnte der kosmische Crash abgelaufen sein, und welche Folgen hatte er?

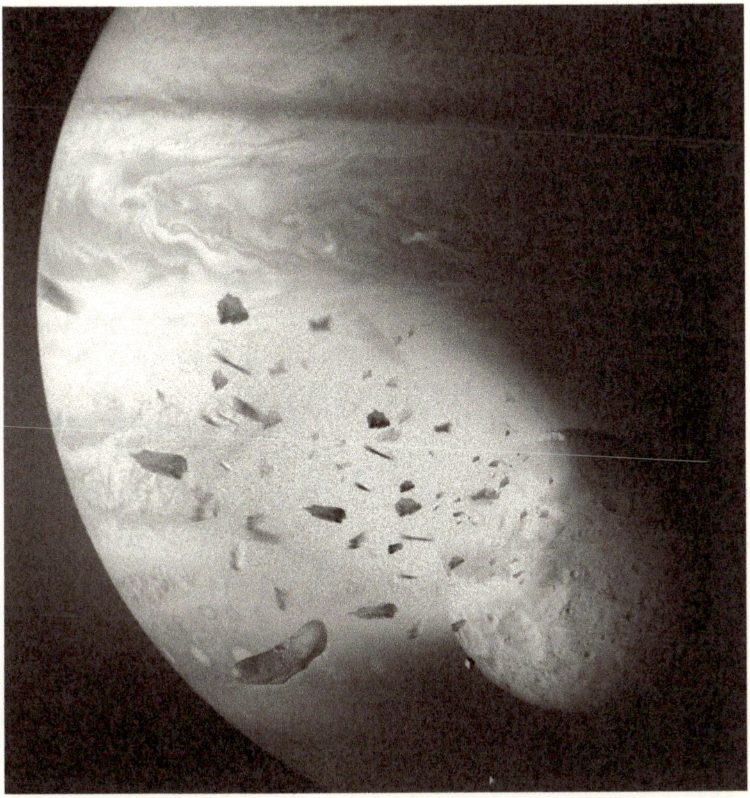

Abb. 23. Könnte sich die Jupiter-Venus-Nahbegegnung so zugetragen haben? Weltweit berichtet die Mythologie von einem leuchtenden Schweif der Venus. Eine Möglichkeit ist, dass sie gigantische Mengen von Jupitergasen mitgerissen hat. Eine andere besteht darin, dass durch die abgesprengte Planetenkruste fast die gesamte Venusoberfläche von monströsen Vulkanausbrüchen betroffen war und deren Emissionen einen leuchtenden Schweif bildeten. Die Chaldäer bezeichneten die Venus jedenfalls als helle Fackel, und die indischen Atharva-Veden berichten, »die Venus sah aus wie ein mit Rauch versehenes Feuer«.

Wenn die Venus sich in einem sehr spitzen Winkel mit einer sehr hohen Geschwindigkeit, die auch nötig war, um wieder die erforderliche Fluchtgeschwindigkeit zu erreichen, Jupiter genähert hatte, mussten sich die Gravitationskräfte des gewaltigen Planeten auf sie ausgewirkt haben. Vielleicht haben sie nicht nur seine Rotationsgeschwindigkeit beeinflusst, sondern auch noch massive tektonische Reaktionen ausgelöst, die große Teile der äußeren Lithosphäre explodieren ließen. Dieser Vorgang wäre dann durch die unterschiedliche Winkelgeschwindigkeit der breiigen Kernmassen gegenüber der Planetenkruste noch begünstigt worden. Zusätzlich wurden also durch innere mechanische Vorgänge des Planeten Teile der äußeren Kruste regelrecht zerrissen und abgesprengt. Der anfangs glühende Planet taumelte danach in Richtung Sonne und nahm eine neue, extrem exzentrische Umlaufbahn ein. So erschien zum ersten Mal der neue und jetzt gefürchtete Planet Venus.

Beweisen NASA-Aufnahmen eine außerirdische Einflussnahme?

Auf der Erde wird man schwerlich ein Artefakt finden, das den ultimativen Beweis für die Existenz prähistorischer Astronauten erbringt. Aber vielleicht finden sich Beweise im Sonnensystem, wenn manche der Asteroiden als Bruchstücke der Venuskruste identifiziert werden können? Dazu möchte ich einige Fotos präsentieren, anhand derer sich die Leserinnen und Leser ein eigenes Urteil bilden können. Auf vielen Abbildungen und auch in den zahlreichen TV-Dokumentationen über einen drohenden Asteroideneinschlag auf der Erde werden diese auch als Planetoiden bezeichneten Objekte stets als große unförmige Klumpen dargestellt, aber bei einigen Objekten zeigen die bisher zur Erde gesendeten Daten doch etwas anderes.

Ida wurde erstmals 1884 von einem Wiener Observatorium entdeckt. Sein Abstand zur Sonne beträgt im Perihel, also am nächsten Punkt seiner Umlaufbahn um unser Zentralgestirn, etwa 405 Millionen und im Aphel, am fernsten Punkt, knapp 450 Millionen Kilo-

Abb. 24. Diese Aufnahme von Ida könnte fast schon als Kronzeuge für die Planetenkrusten-Hypothese auftreten. Im Weltall treten die Licht-Schatten-Effekte bekanntlich verstärkt auf, aber schauen Sie noch einmal genauer hin: Kann die auf der rechten Bildseite fast schon als grazil zu bezeichnende Formgebung sich aus Staub und Materiepartikeln so gebildet haben?

meter. Wie der Asteroid Gaspra (etwa 20 × 12 × 11 Kilometer), der 1991 bei ihrem Vorbeiflug von der Raumsonde Galileo vermessen wurde, könnte auch Ida mit 56 Kilometer Länge, einer Breite von 24 Kilometern und einer Dicke von 21 Kilometern ausgezeichnet zu einer Planetenkruste passen.

Alles, angefangen bei der Galaxis bis zu den Sonnen, Planeten, Monden und auch Asteroiden, soll sich nach der Kantschen Nebularhypothese aus rotierenden Staub-, Gas- und Materiepartikeln gebildet haben – an den Spiralarmen der Galaxis besonders gut zu erkennen. So entstanden große runde Himmelskörper und natürlich auch unförmige Asteroiden. Dazu eine weitere Aufnahme des Asteroiden Ida, die nun ganz und gar nicht in dieses Muster passt.

Für die Wissenschaftler bilden die im Verhältnis zur Asteroidenmasse riesigen Einschlagkrater eine der größten Erklärungsschwierigkeiten – und so richtig kamen sie ins Grübeln, als im Juni 1997 die Raumsonde NEAR-Shoemaker Aufnahmen des Asteroiden Mathilde mit immerhin etwa 53 Kilometer Durchmesser zur Erde sandte. NEAR steht für Near Earth Asteroid Rendezvous, also für »Rendezvous mit einem erdnahen Asteroiden«. Wie sich herausstellte, weist Mathilde Krater von dreißig Kilometer Breite und zehn Kilometer Tiefe auf, und es existieren noch fünf weitere Krater mit bis zu zwanzig Kilometer Durchmesser. Eigentlich unmöglich, denn bei einem so gewaltigen Einschlag hätte der Asteroid völlig eliminiert werden müssen.

Eine vergleichbare Situation fand NEAR-Shoemaker auf dem 34 × 13 × 13 Kilometer großen erdnahen Asteroiden Eros vor. Die Sonde landete im Februar 2001 auf dem Asteroiden – zum ersten Mal überhaupt in der Geschichte der Raumfahrt. Auch auf Eros befindet sich ein sehr tiefer und mit acht Kilometer Durchmesser überaus großer Krater, der den Asteroiden beim Einschlag eigentlich zertrümmert haben müsste. Über 200.000 Aufnahmen und Messungen ermöglichten den Wissenschaftlern eingehende Analysen. Eros soll aus felsigem Material ähnlich der Erdkruste bestehen. Außerdem werden Eisen-Stein-Gemische vermutet, die durch große Hitze schmolzen (bei einer Planetennahbegegnung durchaus möglich) und sich in unterschiedlichen Schichten ablagerten.

Im Internet zeigt auf YouTube ein Video von Eros merkwürdigerweise an der Unterseite Flächen ohne Krater. Könnte es nicht sein, dass die relativ glatten Flächen sich früher innerhalb der Planetenkruste befanden? Andererseits passt seine Form eigentlich nicht zu einer Planetenkruste, obwohl überraschenderweise sogar Wissenschaftler nicht ausschlossen, dass Eros aus einem größeren Himmelskörper entstanden sein könnte, der aus nicht bekannten Gründen zerfiel.

Kommen wir aber nun zu einem Asteroiden, der sicher nicht aus einer Planetenkruste stammt. Im Mai 2003 startete die japanische Hayabusa-Sonde zum erdnahen Asteroiden Itokawa, auf dem sie im September 2005 landete. Es wurden Bodenproben entnommen, die im Juni 2010 zur Erde zurückgebracht wurden. Obwohl Itokawa nur ein sehr kleiner Asteroid ist (ca. 550 × 300 × 200 Meter), verblüfften die Aufnahmen die Wissenschaftler. Sie vermuten, dass er ursprünglich aus zwei Teilen bestand, die sich zusammenfügten. Entsprechend erklärte ein Asteroidenexperte in einer TV-Sendung: »Wir müssen den gesamten Asteroidenkomplex neu betrachten.« Dem ist voll und ganz zuzustimmen. Es sind vor allem die kilometergroßen

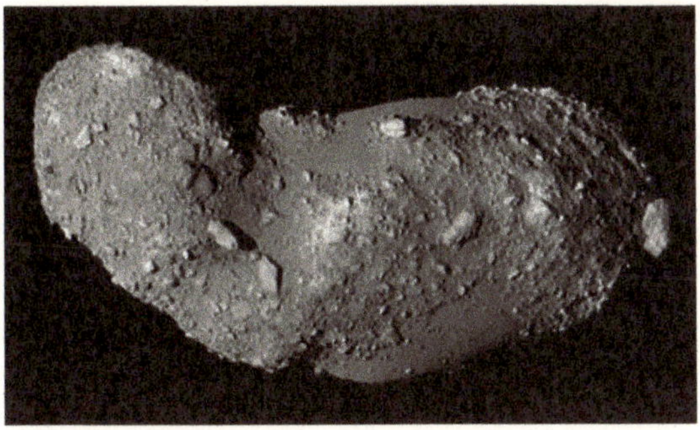

Abb. 25. Auf Itokawas Oberfläche liegen große Felsbrocken, und sie ist mit Regolith bedeckt. Was aber sieht man nicht? Keinen einzigen Einschlagkrater! Deshalb dürfte sicher sein: Itokawa ist wirklich ein Relikt aus der Urzeit des Sonnensystems, das in Milliarden von Jahren diese Gesteinstrümmer behutsam einsammelte.

Einschlagkrater neu zu bewerten, wie zum Beispiel jene auf Ida, die eigentlich nur entstehen konnten, wenn der Asteroid noch Teil einer Planetenkruste war.

Daraus ließe sich folgern, dass nur größere Himmelskörper wie Planeten und Monde umhervagabundierende Objekte zusätzlich anziehen und so beschleunigen, dass bei einem Einschlag auch Krater entstehen. Ida ist mit Einschlagkratern förmlich übersät, seine Gravitationskraft aber sehr schwach. Kurioserweise wird Ida von einem kilometergroßen Mond namens Dactyl umkreist, der keinerlei Ambitionen zeigt, auf Ida einzuschlagen. Zweifellos war bei der Entstehung des Sonnensystems mehr Materiegebröckel vorhanden, das sich überwiegend in einer Richtung bewegte. Ob allerdings Ida als Asteroid trotzdem so oft getroffen wurde, bleibt eher fraglich, wenn man gleichzeitig Itokawas Oberfläche betrachtet.

Nun sind beileibe nicht alle Asteroiden Bruchstücke einer Planetenkruste. Bei spektroskopischen Untersuchungen hat man verschiedene Typen mit unterschiedlicher chemischer Zusammensetzung ermittelt. Am häufigsten sollen die dunklen C-Typen (= kohlenstoffhaltige) sein, wozu auch die größten Asteroiden wie Ceres und Vesta zählen, bei denen die Wortwahl Zwergplanet schon eher angebracht

Abb. 26. In jeder Animation wird der Asteroidengürtel zwischen Jupiter und Mars mit einem exorbitanten Volumen dargestellt. Das hat auch seinen Grund: Wenn die Masse maßstabgetreu wiedergegeben würde, sähe man nämlich rein gar nichts.

wäre. Für die Vermutung, dass einige Asteroiden Bruchstücke der ehemaligen Venuskruste sind, kämen wohl überwiegend die S-Typen (= steinige) und die M-Typen (= metallhaltig) in Frage.

Nach der Titius-Bodesche-Reihe, die heute nicht mehr anerkannt wird, hätte zwischen Mars und Jupiter ein weiterer Planet liegen müssen. Während sich auf einer Distanz von »nur« 220 Millionen Kilometern zur Sonne immerhin vier Planeten und ein Mond bildeten, klafft zwischen Mars und Jupiter eine 550 Millionen Kilometer breite Lücke, in die gut ein Planet hineingepasst hätte. Ein Astronom der Universität Bochum entgegnete auf diese Annahme jedoch, eine andere Planetenanordnung als die gegenwärtige sei physikalisch und mathematisch gar nicht möglich.

In eben dieser riesigen Lücke befindet sich aber der Asteroidengürtel mit Hunderttausenden von Gesteinsbrocken, die in den Darstellungen regelmäßig mit einer Masse angezeigt werden, die locker das Volumen des Jupiters erreicht. Dabei besitzen alle Asteroiden zusammen nicht einmal ein Tausendstel des Erdvolumens; sie bieten nur drei bis fünf Prozent der Mondmasse auf. An der Dichte des Asteroidengürtels ändern selbst die erst 2010 neu entdeckten 25.000 Asteroiden nicht viel. Man kann es auch in einem Vergleich darstellen: Eine Röhre mit zehn Metern Durchmesser um den Großraum Berlin gelegt und darin eine zerbröselte Nuss verstreut, das ergibt das wahre Verhältnis von Raum und Asteroidenmasse. Würde man dann vielleicht von einem Nussgürtel sprechen?

Über die Entstehung der Asteroiden gibt es verschiedene Theorien. Dass sie die Überreste eines früheren Planeten sind, gilt heute als veraltet. Gegenwärtig wird die Version favorisiert, die Gravitationskraft des Jupiters habe eine Planetenbildung verhindert. Bei den Milliarden Kilometer entfernten Objekten des Kuipergürtels, einer ringförmigen und relativ flachen Region, die sich in unserem Sonnensystem außerhalb der Neptunbahn erstreckt, und der Oortschen Wolke, einer unser gesamtes Sonnensystem weiträumig einschließenden kugelförmigen Ansammlung bisher nicht genau identifizierter astronomischer Objekte, genügten die Gravitationskräfte der Sonne wahrlich nicht mehr zur Planetenbildung. Aber diese Kräfte dem Jupiter zuschreiben? Jupiter besitzt nur ein Tausendstel der Sonnenmasse, und die Asteroiden, vielfach auch in größeren Ansammlungen als »Familien« anzutreffen, sind bis zu 400 Millionen Kilometer von Jupiter entfernt.

Wie sollen bei diesen Distanzen Jupiters Gravitationskräfte noch wirken, wo sogar bei einer Entfernung von »nur« 58 Millionen Kilometern zur massigen Sonne sich ungestört der Planet Merkur bilden konnte? Den größten Widerspruch zu dieser Hypothese liefern aber die großen Jupitermonde Io, Europa, Ganymed und Kallisto, die sich auf der kosmisch sehr geringen Distanz zwischen 200.000 bis 1,8 Millionen Kilometer ungestört als schöne runde Trabanten Jupiters bildeten. Auch wenn diese aus Staubringen wie denen des Saturns entstanden sein sollten, ist der Ablauf keineswegs gesichert, denn dann hätten aus den Ringen des Saturns auch einmal Monde entstehen müssen.

Durch die Jupitermonde taucht noch eine weitere neue Überlegung auf. Außer den vier Galileischen Monden umkreisen auf extrem elliptischen Bahnen mit teilweise großer Neigung bisher fast sechzig registrierte Satelliten den Jupiter. Astronomen vermuten mehrere Hundert dieser überwiegend nur einige Kilometer großen Gesteinsbrocken, wovon ein großer Teil den Jupiter nicht in seiner Drehrichtung, sondern retrograd umkreist. Weil diese »irregulären Satelliten« genau wie im Asteroidengürtel in Gruppen auftreten und den Jupiter größtenteils in zwanzig Millionen Kilometer Entfernung umkreisen, könnten einige davon ebenfalls aus der Venuskruste stammen.

Vor allem die Asteroidenfamilien machen doch stutzig, die durch Kollisionen größerer Körper entstanden sein sollen und deren frische Oberflächen in kosmischen Zeiträumen sehr schnell eine rötlich-braune Färbung annahmen. Wenn die neue Venus bei einer Nahbegegnung mit Jupiter Teile ihrer Kruste verloren hätte, dann wäre diese wahrscheinlich in großen, sich auflösenden Fragmenten abgesprengt worden, die sich durchaus zu solchen Asteroidenfamilien ausbilden konnten.

Ein höchst interessanter Asteroid muss noch erwähnt werden, der als eingefangener Trabant den Mars umkreist: Phobos. Wissenschaftler vermuten, dass Phobos (27 km Durchmesser) und sein Bruder Deimos (13 km Durchmesser) aus dem gleichen Material bestehen wie die Asteroiden zwischen Mars und Jupiter und auch von dort stammen. Beide wurden 1877 von Asaph Hall entdeckt, einem amerikanischen Astronom, der Experte in der Berechnung von Umlaufbahnen war. Aber schon 1726 hatte der irische Satiriker Jonathan Swift berichtet, dass gewisse Wittenberger Astrologen (wahrscheinlich Abraham Rockenbach und David Herlicius) um das Jahr 1600 behaupteten, sie hätten zwei kleine Satelliten entdeckt, die den Mars umkreisen, wobei der innere vom Mittelpunkt des Planeten drei Durchmesser und der äußere fünf entfernt sei, der eine seinen Umlauf in zehn Stunden, der andere in 21,5 Stunden vollende. Das stimmte sogar bis auf wenige tausend Kilometer.

Heute beträgt der Abstand von Phobos etwa 9.300 Kilometer bis zur Marsoberfläche. Deimos' Abstand beläuft sich auf etwa 23.500 Kilometer. Phobos nähert sich permanent dem Mars und wird eines fernen Tages auf ihm einschlagen. Sollten einmal Menschen den Mars kolonisieren, wird man deshalb kaum umhinkommen, seine Umlaufbahn zu verändern. Was aber macht Swift Aussage so interessant? Ganz einfach, die dafür nötigen optischen Geräte, um die kleinen Trabanten visuell zu erfassen, existierten weder zu Rockenbachs und Herlicius' noch zu Swifts Zeiten. Es ist schon erstaunlich, wie dieser Widerspruch gelöst wurde: Galileo Galilei informierte 1609 Johannes Kepler über seine Entdeckung der Venusphasen. Doch ausgerechnet der berühmte Astronom Kepler soll diese Nachricht als Aufspürung zweier Marsmonde interpretiert haben, und davon soll Swift später

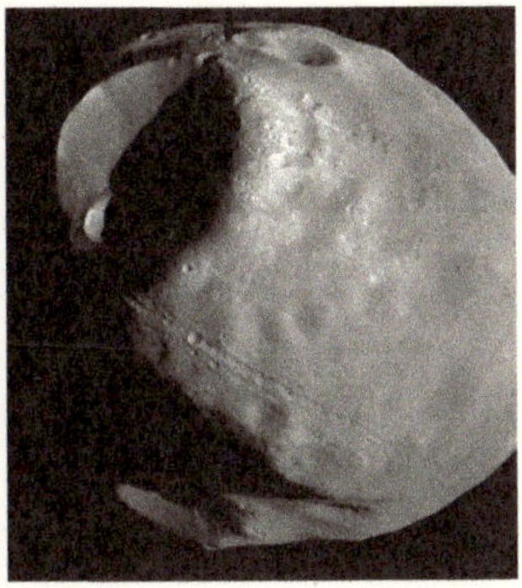

Abb. 27, 28

erfahren haben. Eine doch mehr als abenteuerliche Version, denn weder Kepler noch Galileo ahnten etwas von Marsmonden, von einem fast exakt bestimmten Bahnverlauf ganz zu schweigen.

Was Galileo nicht sah, das gelingt heute ungleich besser, wie die eindrucksvollen Aufnahmen der ESA-Sonde Mars-Express zeigen, die zwei weitere Überraschungen bereithalten.

Auf dem linken Bild sind es vor allem die außergewöhnlichen Riefen auf der Oberfläche, die möglicherweise durch ausgeworfenes Material bei Einschlägen auf dem Mars entstanden sind, so jedenfalls die Erklärungen von Wissenschaftlern. Wie aber können diese durch Auswurfmassen entstehen? Vor allem, wenn die Linien ohne Unterbrechung sogar durch einige recht tiefe Einschlagkrater schnurgerade hindurchführen. Rechts taucht wieder das Problem der Kratergröße in Relation zur Gesamtgröße des Asteroiden auf. Es bleibt rätselhaft, wie am Asteroidenkopf ein derart großer Krater entstehen konnte, der bei dieser Aufnahme auch durch den Licht-Schatten-Effekt im Weltall eher einer Kernbohrung ähnelt.

Trotz ESA-Mission – die Venus bleibt ein Mysterium

Bruno de Finetti, ehemals Professor am Mathematischen Institut der Universität Rom, ein Experte auf dem Gebiet der Wahrscheinlichkeitsrechnung, schrieb bereits 1964 in seinem Artikel *Die Verbreitung der Wahrheit,* die moderne Naturwissenschaft sei dadurch entstanden, dass sie sich von Theologie und Metaphysik losgesagt habe. Aber dieser Anspruch der Naturwissenschaft, eine eigenständige Quelle der Erkenntnis zu sein, habe zwei Feinde, die nie ermüden und die man nie besiegen könne: auf der einen Seite den Dogmatismus, der von den Naturwissenschaftlern selber praktiziert werde und die gewonnenen Erkenntnisse so sehr verabsolutiere, dass die Einführung neuer Ansichten schwer, wenn nicht gar unmöglich wird; andererseits den Skeptizismus, der die erkenntnismäßigen Aspekte der Naturwissenschaft auf eine Reihe unzusammenhängender Hypothesen einengt.

Finettis »Wahrheit« lässt sich ohne Umschweife auf einige postulierte Erkenntnisse über die Venus übertragen. An den Messergebnissen der ESA-Expedition Venus-Express gibt es keine Zweifel, an den Interpretationen und Schlussfolgerungen schon eher. Es ist der von Finetti kritisierte praktizierte Dogmatismus, der eine alternative Venushistorie erst gar nicht in Erwägung zieht, was aber für eine empirische Beweisführung unausbleiblich wäre. Infolgedessen bleiben einige der veröffentlichten Erkenntnisse über die Venus induktive Beweise, die grundsätzlich keine absolute Gewissheit über den Wahrheitsgehalt einer Aussage liefern.

Seit dem 11. April 2006 befindet sich die ESA-Sonde *Venus-Express* in einer Umlaufbahn um den inneren Nachbarn der Erde, um dessen Geheimnisse zu lüften. Vorrangig wird sie als Atmosphärenmission betrachtet, wobei – wie nicht anders zu erwarten – auch Rückschlüsse auf die Erderwärmung gezogen werden sollen. Als nach zweimaliger Terminänderung die ESA am 28. November 2007 in Paris endlich ihre Internationale Pressekonferenz zu ihrer Mission »Venus-Express« abhielt, wurde der Morgenstern, der gleichzeitig ein Abendstern ist, für kurze Zeit wieder einmal durch die Medien zum Gegenstand des öffentlichen Interesses. Zudem hatte die ESA angekündigt, den Grund für die retrograde Venusrotation bekanntzugeben, was aber aufgrund ausbleibender Erkenntnisse auch diesmal nicht geschah. Dennoch soll hier der Versuch unternommen werden, einige Venusmysterien erneut zu sensibilisieren und zur Diskussion zu stellen.

Alle Planeten des Sonnensystems zeigen bis auf einen keine wesenhaften Anomalitäten. Nur der Planet Venus tanzt völlig aus der Reihe, wie man doppelbödig vermerken kann! Kein anderer Planet hat einen so umfangreichen Mysterienkatalog vorzuweisen, der mit der merkwürdigen Atmosphäre und Oberflächenbeschaffenheit beginnt und mit dem so gut wie nicht vorhandenen Drehimpuls noch lange nicht endet. Nach der Nebularhypothese bildeten sich anfangs die Protoplaneten aus den in einer Richtung rotierenden Staub-, Gas- und Materiewolken. Also müsste auch die Venus den gleichen Drehimpuls haben, hat sie aber nicht. Denn die Venus rotiert, wenn man überhaupt noch von Rotation sprechen kann, als einziger Planet retrograd. Dazu dauert dieser Vorgang volle 243 Erdentage, was quasi einem Stillstand gleichkommt! Einige Astrophysiker sehen den Verursacher für diesen Beinahe-Stillstand in der dichten Venusatmosphäre. Dazu ein Gegenargument: Die Erde benötigt trotz ihrer Atmosphäre nur 24 Stunden für eine Rotation, der Mond ohne die Spur einer Atmosphäre schlappe 27 Tage, wobei natürlich auch die Gezeitenkräfte eine Rolle spielen.

Fast jede europäische Universität ist mit einzelnen Programmen an der ESA-Mission beteiligt. Also habe ich kurz entschlossen bei einem Astrophysiker der Uni Heidelberg wegen dieser eigenartigen gegenläufigen Rotation nachgefragt und folgende Antwort erhalten: »Die Venus ist mit einem Mond kollidiert.« Nach meiner nächsten Frage, wo denn dieser ominöse Mond verblieben ist und dass es doch eigentlich undenkbar ist, dass ausgerechnet nach einem solchen Horrorcrash die Venus den kreisrundesten Orbit aller Planeten hält, war das Gespräch beendet. Mit dieser Version wandte ich mich an einen ESA-Mitarbeiter der Uni Köln: »Alles Quatsch, die Gezeitenkräfte sind die Ursache.« Die Diskrepanz der Aussagen zur retrograden Venusrotation lässt jeglichen Habitus unter den Wissenschaftlern vermissen. Subtile theoretische Interpretationen mögen zwar dem Postulierenden gefallen, als Quelle der Erkenntnis taugen sie aber auch nicht immer.

Die Gezeitenkräfte sind gegenwärtig die favorisierte Version, die beim sonnennahen, nur 58 Millionen Kilometer entfernten Merkur durchaus wirken, wie an seinem sehr exzentrischen Orbit zu erkennen ist. Er benötigt für eine Eigenrotation akzeptable 58,6 Tage, die Erde und der Mars etwa 24 Stunden, der Riesenplanet Jupiter hingegen nicht einmal volle zehn Stunden. Warum aber ausgerechnet die Venus – ohne jeden Mond wie auch Merkur und Mars – so gut wie überhaupt keine Rotation aufweist, während die äquatorialen Wolkenschichten der Venus diesen Planeten mit über 300 km/h in nur vier Tagen einmal umrunden, bleibt weiterhin rätselhaft.

Eine zufriedenstellende Antwort auf die Frage, warum die Venus entgegengesetzt rotiert, fehlt also immer noch. Als astronomischer Laie geht man ja unbefangener an Lösungsmöglichkeiten heran, und so stellte sich mir nun die Frage, ob nicht die »Einbremsung« der Venus auf ihre neue Bahn der Grund für den Stillstand der Rotation gewesen sein könnte? Bremse ich mein Auto ab, kommen ja auch die Räder zum Stillstand. Also habe ich wieder einmal beim Astronomischen Institut in Potsdam (AIP) nachgefragt: Wie kann eine Planetenlaufbahn verändert werden? Antwort: Dazu müssten schon die Gravitationskräfte des Planeten beeinflusst werden, aber gegenwärtig ist kein Mechanismus bekannt, der dies bewirken könnte. Wenn es aber technisch realisierbar wäre, würde dann die Eigenrotation zum Stillstand kommen? Antwort: Nein, die ist davon völlig unabhängig.

Es könnte aber noch eine andere Möglichkeit geben. Angeblich hat die Venus trotz ihres metallischen Kerns kein Magnetfeld, eben weil sie nicht rotiert und somit der Dynamoeffekt nicht wirken kann. Das Magnetfeld der Erde hat auch Einfluss auf die Drehbewegung der Erde, und es ließe sich sogar berechnen, wie stark ein Magnetfeld sein müsste, um die Rotationsgeschwindigkeit drastisch zu verringern. Was wäre nun, wenn man zur Einbremsung der Venus ein mächtiges künstliches Magnetfeld erzeugte, wodurch der Planet zum Stillstand kam und bei der letzten Taumelbewegung aufgrund des veränderten Bewegungsablaufes des breiigen Inneren die Venus zufällig begann, wenngleich anfangs kaum wahrnehmbar, entgegengesetzt zu rotieren?

In Bezug auf die Venusatmosphäre gibt es die größte Übereinstimmung bei den Wissenschaftlern, weil sie ja auch am besten erforscht ist. Fragen aber bleiben, wie zum Beispiel: Warum erreicht die Venus so extrem hohe Temperaturen von fast 500° Celsius? Die vierzig Millionen Kilometer größere Nähe zur Sonne kann nicht der Grund sein. Merkur ist nochmals fünfzig Millionen Kilometer näher, erreicht aber gerade einmal tagesdurchschnittliche 350° Celsius. Und er hat gar keine Atmosphäre. Aber kann allein eine Atmosphäre für diese Höllenglut verantwortlich gemacht werden?

Der Verursacher für die lebensfeindliche Treibhaustemperatur des Morgenplaneten ist ausgemacht: Seine Atmosphäre besteht zu 96,5 Prozent aus Kohlendioxid (CO_2) und die mächtige Wolkendecke zu 75 Prozent aus Schwefelsäure. Diese äußerst dichte Wolkenschicht soll die Sonneneinstrahlung nicht mehr ins Weltall zurückstrahlen lassen, so dass sich die Venus aufheizt. Andererseits lässt diese mächtige Wolkendecke aber auch nur einen Bruchteil der Sonneneinstrahlung zur Venusoberfläche gelangen, so dass dort eher diffuse Lichtverhältnis bei eigentlich angenehmen Temperaturen herrschen müssten. Noch kurioser erscheint die Vermutung zur Venusaufheizung, wenn der niederländische Ozonforscher und Nobelpreisträger Paul Crutzen riesige Mengen Schwefel in die Stratosphäre befördern will, um dadurch eine kühlende Wirkung für die Erde zu erzielen.

Ebenso widersprüchlich erscheint es mir, dass auf der Nachtseite der Venus trotz fehlender Sonneneinstrahlung in einem Zeitraum von gut 120 Erdentagen dennoch so gut wie kein Abkühlungsprozess stattfindet. Wissenschaftler vermuten, dass einst monströse Vulkanausbrüche die Venus heimsuchten, die auf der Erde hingegen stets zu Temperaturstürzen führten. Wenn aber der Venus erhebliche Mengen ihrer schützenden Gesteinskruste fehlten, könnte dann die dünnere Lithosphäre die gigantischen Vulkaneruptionen nicht begünstigt haben, so dass zusätzliche Hitze aus dem Planeteninneren zu den exorbitanten Temperaturen führten?

Bisher existieren von der Venusoberfläche nur Aufnahmen der sowjetischen Venera-Sonden, die bereits nach einer Stunde aufgrund

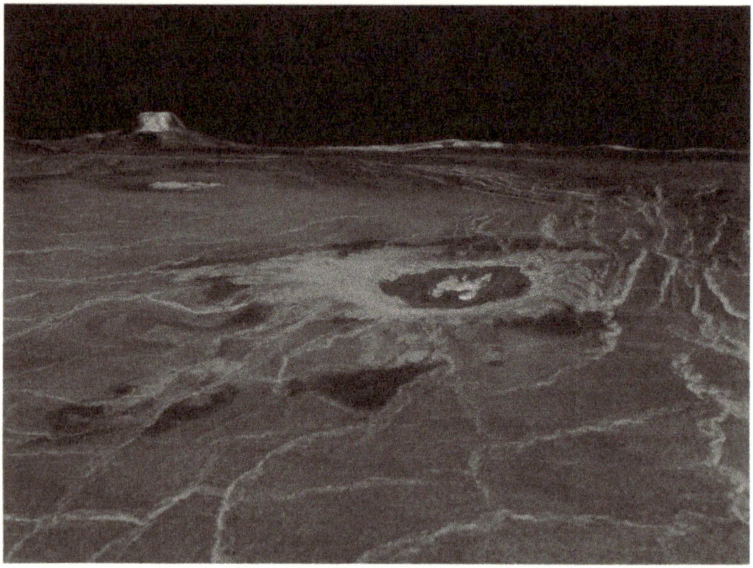

Abb. 29. Diese Computer-Animation der NASA entstand durch Radaraufnahmen von der Venusoberfläche. Sie zeigt wahrscheinlich ein realistisches Bild und lässt die dort herrschenden Höllenbedingungen erahnen.

des immens hohen Drucks ihren Geist aufgaben. Die Fotos zeigen ein von Furchen durchzogenes, nicht erodiertes basaltähnliches Gestein, wiederum ein Beleg für eine noch sehr junge Kruste. Nach neuesten Erkenntnissen ist die Venus regional immer noch vulkanisch aktiv, obwohl man trotz der zahlreichen Lavaseen und bis zu 800 Kilometer langen Lavaflüsse bisher keine Vulkanausbrüche orten konnte. Man schätzt, dass siebzig bis achtzig Prozent der Oberfläche aus solchen Vulkanebenen bestehen.

Über die Lithosphäre der Venus wie auch das Alter der Oberfläche streiten sich die Experten. Laut dem amerikanischen Professor Turcotte hat sich die gesamte Venusoberfläche nach einer Katastrophe komplett erneuert und sollte noch sehr jung sein: 500 Millionen Jahre! Das ergibt zu meiner Vermutung eine Diskrepanz von läppischen 499.986.668 Jahren.

Aber die Zeiten und die Beurteilungen ändern sich, und so wurden aus 500 Millionen Jahren zwischenzeitlich zweieinhalb Millionen

Jahre, und nach neuesten Auswertungen der Sonde Venus Express durch das Deutsche Zentrum für Luft- und Raumfahrt (DLR) im April 2010 gelangte man zu der Feststellung, dass die erstarrten Lavaflüsse kaum verwittert sind, wodurch plötzlich sogar weniger als 250.000 Jahre aktuell sind. Das erscheint immer noch als eine lange Zeitspanne, für Geologen ist ein solches Alter aber schon fast Gegenwart. Somit hat sich die Diskrepanz zu meiner Annahme von 499.986.668 Jahren immerhin auf bescheidene 286.668 Jahre verringert.

Erde und Venus ähneln sich strukturell sehr, man spricht ja auch von Schwesterplaneten. Höchst interessant wäre deshalb ein Modellvergleich, in dem die Erdatmosphäre ohne ihre Gesteinskruste simuliert würde. Hätten wir dann annähernd die gleichen höllischen Bedingungen wie auf der Venus? Dass die Venus Teile ihrer Kruste verloren hat, ist zugegeben nur eine Vermutung und keineswegs relevant für das gesamte hier zur Diskussion stehende Thema. Aber die Oberflächenstruktur bietet doch einige interessante Indizien für diese Annahme. Auf der Venus befinden sich zwei kontinentartige Gebilde: Ishtar Terra mit bis zu 11.000 Meter hohen Bergen nahe des Nordpols und südlich der Äquatorialebene das Hochland Aphrodite Terra.

Das wiederum könnte bedeuten, dass diese Kontinentalstrukturen noch Reste der Originalkruste sind. Beide erheben sich über riesigen Ebenen der ansonsten flachen Venus, wobei die Ebene Atlanta Planitia (1.400 Meter unter dem mittleren Radius) eine Ausdehnung zwischen 200 und 300 Kilometer in der Breite und etwa 4.000 Kilometer in der Länge hat. Allein dieses Gebiet besitzt ein Volumen, aus dem Abertausende von Asteroiden stammen könnten, wie zum Beispiel der Asteroid Ida.

Die alten Kulturen, die nachweislich über exzellente astronomische Kenntnisse verfügten, hinterließen eine eindeutige Botschaft: Die Venus ist ein neuer Planet! Von der Schulastronomie wird das natürlich vehement abgelehnt, obwohl signifikante Abnormitäten im Sonnensystem zu derartigen Deutungen geradezu auffordern. Ob sich alles so zugetragen hat, kann freilich nur vermutet werden, aber wir möchten hier dazu anregen, die subjektiven und objektiven Wahrnehmungen astronomischer Merkwürdigkeiten auf den

Prüfstand zu stellen. Wenn die im folgenden Kapitel präsentierten mathematischen Beziehungen zwischen Planeten und Pyramiden zweifelsfrei anerkannt werden, müsste die Venushistorie nämlich neu geschrieben werden. Sicher, eine endgültige Lösung bleibt den Wissenschaftlern vorbehalten. Wünschenswert wäre jedoch, dass sie sich trotz Grenzüberschreitungen ihrer Profession an einen Ausspruch Albert Einsteins erinnerten und diesen befolgten: »Immer wieder sträube ich mich, etwas für wahr zu halten, nur weil Wissenschaftler es lehren und alle es glauben. Alles muss ich von Grund auf ohne Vorurteile neu erarbeiten und durchdenken!«

Pyramiden und Planeten

Wenn wir uns mit der Frage beschäftigen, ob ein Zusammenhang besteht zwischen den drei Gizeh-Pramiden und den drei innersten Planeten, sollten wir auf Aussagen des Physikers Dr. rer. nat. Hans Jelitto zurückgreifen, die letztlich sogar der Hypothese des neuen Planeten Venus ein weiteres Puzzleteil hinzufügen können. In seinem Buch *Pyramiden und Planeten* von 1999 stellt er einen Zusammenhang zwischen den drei Gizehpyramiden und den drei innersten Planeten her. Durch verschiedene Berechnungen der Pyramiden- und Planetenpositionen gelangt man unwillkürlich in die Zeit um 11.000 v. Chr. Wenn sich dieses Datum für das Erscheinen der Venus wie auch für den Bau der Pyramiden bestätigen sollte – und immer mehr spricht dafür –, dann könnten wir auch den Grund für das Ende des prähistorischen Weltraumlifts gefunden haben.

In Fernsehberichten und Printmedien gibt es trotz der vielen Ungereimtheiten bei der Bauausführung der Pyramiden keine Zweifel an der ägyptischen Urheberschaft. Ab und an werden zwar auch Außerirdische herangezogen, aber stets mit einem spöttisch-abfälligen Unterton. Ob nun Außerirdische diese monströsen Steinberge aufschichteten, bleibt dahingestellt, vielleicht waren sie dem häufig als Bauherrn erwähnten Henoch auch einfach nur bei der Planung und Ausführung behilflich, bevor sie mit ihm der Erde Adieu sagten. Etwas Ähnliches vermutete schon 1859 der Engländer John Taylor, als er seine Theorie veröffentlichte, »nach der eine von Gott erwählte Gruppe nichtägyptischer Einwanderer unter seiner unmittelbarer Anleitung die Pyramiden erbaute«. Wer nun aber die wahren Bauherren waren, wird wohl noch lange ein Rätsel bleiben.

Dass die Pyramiden dazu inspirierten, sie als ein Produkt Außerirdischer zu erklären, war fast schon unvermeidlich. Aber wenn es um einen plausiblen Grund geht, dass sie überhaupt erbaut wurden, laufen die Meinungen doch sehr auseinander. Da haben es die

Pyramiden-Esoteriker einfacher. Für sie ist die Pyramide einmal ein Energiespeicher, an dem außerirdische Raumschiffe ihren Treibstoffbedarf auftanken (was für eine innovative Technik!), ein anderes Mal lassen sich aus den Gängen Prophezeiungen ablesen. Das landet bei mir eigentlich immer in der Kategorie »Unsinn«. Und doch fand ich in dem 1988 erschienenen Buch *Das Geheimnis der Pyramid Power* von Max Toth eine seltsame Prophezeiung, wonach der September des Jahres 2001 das letzte durch die Maße der Pyramide verkörperte Datum sein soll, obwohl niemand weiß, welches Ereignis dann eintritt. Heute ist der 11. September 2001 nicht nur für die USA ein prägnantes Datum. Weil aber keiner die Zukunft voraussagen kann, gehört diese Prophezeiung wohl ebenso in die Kategorie »Zufall«.

Fragt man jedoch nach dem Warum, dann bieten auch Modelle, die sie als Nachbildung des Sternenhimmels betrachten, wofür der grenzwissenschaftliche Ägyptologe Robert Bauval in mehreren seiner Bücher und Reden eintritt, keine logische Erklärung, ganz abgesehen davon, dass die Abweichungen doch erheblich sind. Und ich möchte den Pharao sehen, der es geschafft hätte, ein Volk über Generationen hinweg schuften zu lassen, um einige Sternpositionen des Orion zu kopieren, wo es doch viel angenehmer war, sich diese jeden Abend live und *in natura* anzusehen.

Aber es gibt einen Zusammenhang zwischen den drei Pyramiden und den Planeten Erde, Venus und Merkur – das steht außer Frage. Der Physiker Dr. Hans Jelitto hat das mathematisch nicht nur in einer, sondern sogar in drei Gleichungen belegt. Er geht davon aus, dass das Volumenverhältnis zwischen Sonne und Erde auf die Lichtgeschwindigkeit verweist und in den Pyramidenmaßen festgehalten ist. Sein Beweis: Das Volumen der Sonne ist etwa 1,301 Millionen Mal größer als das die Erde, und der Mittelwert der vier Kantenlängen der Cheopspyramide beträgt 230,364 Meter.

Daraus ergibt sich: $230{,}364 \text{ m} \times 1.301.000 = 2{,}9970 \times 10^8 \text{ m}$

Die Lichtgeschwindigkeit beträgt: $= 2{,}9979 \times 10^8 \text{ m/s}$

Nun könnte man sich fragen, woher die Konstrukteure den Meter und die Sekunde kannten. Die Neudefinition des Meters seit 1983 beruht auf einer Zeitmessung, weil die Definition der Sekunde als atomares Zeitnormal beide Einheiten unabhängig von verkörperten

Maßen bestimmt. Diese Strecke der Vakuum-Lichtgeschwindigkeit beträgt exakt 299.792.458 Meter in der Sekunde.

Eine ähnliche Gleichung gibt es für die Chefrenpyramide. Der Zusammenhang lautet hier: Die Volumina der beiden großen Pyramiden stehen im selben Verhältnis zueinander wie die Volumina der Planeten Erde und Venus. Wir erhalten für die Pyramiden ($V = 1/3 \cdot S^2 h$, S = Grundkantenlänge und h = Pyramidenhöhe) ein Volumenverhältnis von

$$\frac{V_{Cheops}}{V_{Chefren}} = \frac{\frac{1}{3} \cdot 230{,}364^2 \cdot 146{,}9 \ \mathrm{m}^3}{\frac{1}{3} \cdot 215{,}262^2 \cdot 143{,}0 \ \mathrm{m}^3} = \mathbf{1{,}1683}$$

und für die Planeten:

$$\frac{V_{Erde}}{V_{Venus}} = \frac{1{,}0832122 \cdot 10^{12} \ \mathrm{km}^3}{\frac{4\pi}{3} \cdot (6051 \ \mathrm{km})^3} = \mathbf{1{,}1672}$$

Überträgt man diese Gleichung auf die Mykerinospyramide, müsste die Grundkante 89,1 Meter lang sein. Tatsächlich beträgt die Länge rund 105,5 Meter und wäre damit um achtzehn Prozent zu lang. Jelitto fand den Zusammenhang in der Apheldistanz der Erde und des Merkur. Im Gegensatz zu Venus und Erde hat der Merkur eine sehr exzentrische Bahn. Der astronomische Zusammenhang lautet wie folgt: Die Grundkantenlängen von Cheops- und Mykerinospyramide stehen im gleichen Verhältnis zueinander wie die Apheldistanzen bei Erde und Merkur, und das wiederum entspricht den Verhältniswerten der Cheopspyramide zur Erde und der Mykerinospyramide zum Merkur. Die Abweichungen betragen im ersten Fall nur 0,03, im zweiten 0,1 und im dritten 0,2 Prozent, was in Relation zu anderen Gleichungen sehr gering und durchaus vertretbar ist.

Und nun ergibt sich die nächste Frage: Ist es aufgrund der Planetenbahnen eigentlich möglich, dass die drei Planeten Merkur, Venus und Erde eine Konstellation einnehmen, die genau der Anordnung der drei Pyramiden in Gizeh entspricht? Die Zeichnungen auf den folgenden Seiten zeigen in der Mitte die Sonne und von innen nach außen die Umlaufbahnen von Merkur, Venus und Erde. Die Bahnen

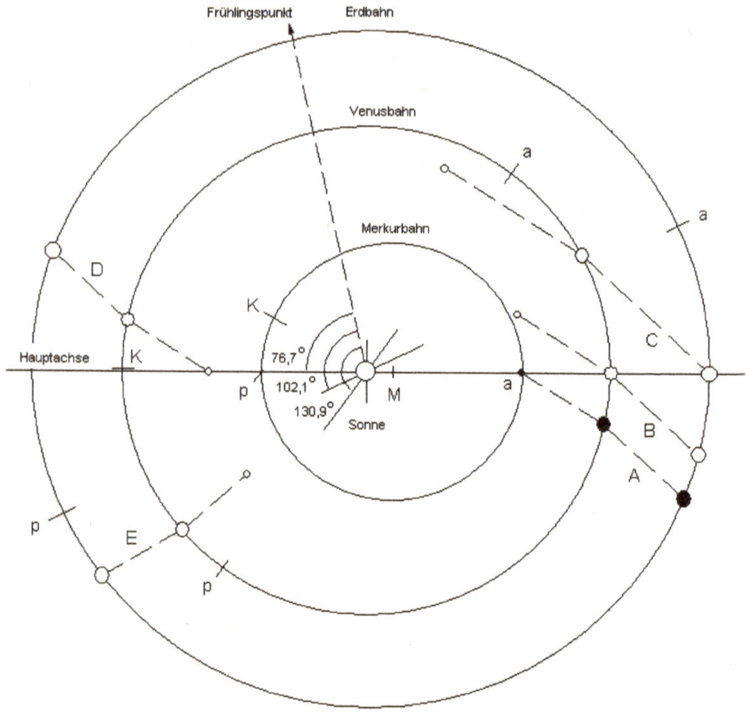

Abb. 30. Maßstabsgetreue Darstellung der Umlaufbahnen von Merkur, Venus und Erde um die Sonne mit eingetragenen Planetenpositionen gemäß der Pyramidenanordnung. »M« kennzeichnet den Mittelpunkt der Merkurbahn, »p« und »a« bedeuten Perihel und Aphel und »K« aufsteigender Knoten.

von Venus und Erde sind nahezu konzentrische Kreise um die Sonne, das heißt die Sonne befindet sich etwa im Zentrum der Bahnen. (Tatsächlich sind sie leicht ellipsenförmig, doch die Abweichung von einem Kreis ist so gering, dass es optisch nicht zu erkennen ist.) Die Merkurbahn ist jedoch relativ stark exzentrisch, so dass die Sonnenposition deutlich von der Mitte der Ellipse abweicht.

Dies hat eine interessante Konsequenz: Der Abstand zwischen den Bahnen von Merkur und Venus variiert. Auf der linken Seite des Bildes ist der Abstand relativ groß, während er auf der rechten Seite gering ist. Versucht man, die Anordnung der Pyramiden so auf die Planetenbahnen zu übertragen, dass alle drei Pyramiden auf ihrer

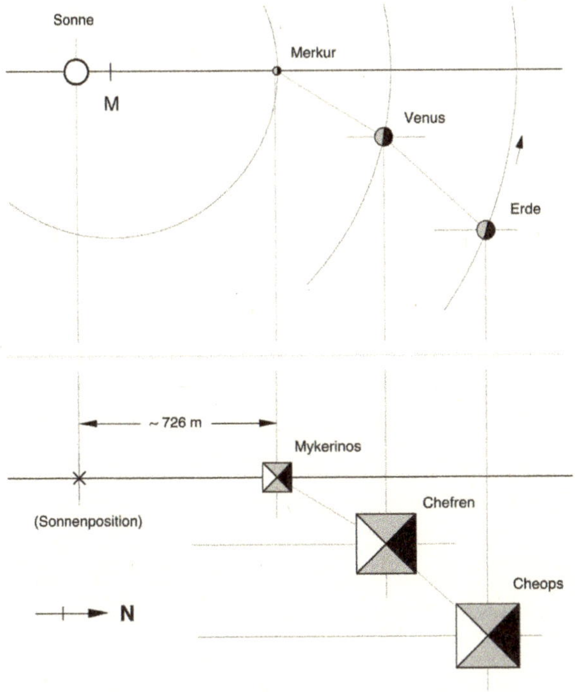

Abb. 31. Korrelation zwischen der Anordnung der drei großen Pyramiden von Gizeh (unten) und einer Konstellation der ersten drei Planeten unseres Sonnensystems (oben), die sich alle 3.800 Jahre wiederholt.

entsprechenden Bahn liegen, stellt man fest, dass dies praktisch nur auf der rechten Seite des Bildes möglich ist. Wenn wir auf der Perihelseite (links) die Planeten Erde und Venus auf ihre Bahnen setzen, so ist erkennbar, dass gemäß der Anordnung der Pyramiden der Merkur seine Bahn nicht erreichen kann. Er wäre zu weit entfernt (Anordnungen D und E). Auf der rechten Seite dagegen, der Aphelseite, gelingt es, alle drei Planeten gemäß der Pyramidenpositionen auf ihre Bahnen zu setzen. Daraus folgt, dass der Merkur im Aphel seiner Bahn stehen muss oder ganz in dessen Nähe. In der Anordnung A würde sich die Sonne gemäß der Pyramidenanordnung genau südlich der Mykerinospyramide befinden. In der Anordnung

B wäre sie südlich der Chefrenpyramide und in der Anordnung C südlich der Cheopspyramide.

Wenn wir nach Maßgabe der Gleichungen die Position der drei großen Pyramiden von Gizeh in Bezug zu den ersten drei Planeten des Sonnensystems setzen, so ergibt sich:

1. Der Merkur muss sich im Aphel oder ganz in dessen Nähe aufhalten.
2. Die Sonnenposition im Pyramidengelände wäre etwa 726 Meter südlich der Mykerinospyramide.
3. Es gibt nur genau eine Lösung für die Sonnenposition. Würde man andere Planeten zugrunde legen, beispielsweise Merkur, Venus und Jupiter, so würde in den meisten Fällen gar nicht die Möglichkeit bestehen, die Planeten entsprechend zu platzieren. Stünde die Mykerinospyramide nur 100 Meter weiter nördlich, würde auch für Merkur, Venus und Erde keine Lösung existieren.
4. Der Ort für die Sonnenposition auf dem Pyramidenplateau ist relativ stark eingegrenzt; es gibt daher keine große Auswahl für die Positionen.

Dr. Jelittos Zusammenfassung lautet kurz: »Aus den Gleichungen folgt, dass die drei Pyramiden von Gizeh in der Reihenfolge Mykerinos, Chefren und Cheops den inneren drei Planeten Merkur, Venus und Erde unseres Sonnensystems zuzuordnen sind. Weiter gibt es in der ersten Gleichung die Analogie ›Sonne und Licht‹ (Lichtgeschwindigkeit). Ein Problem ist allerdings, dass man sich wohl kaum vorstellen kann, die alten Ägypter hätten schon die Parameter der Planetenbahnen und sogar die Lichtgeschwindigkeit gekannt. Es könnte bedeuten, dass es nicht die alten Ägypter waren, die die Pyramiden bauen ließen. Ich möchte hier nicht spekulieren, doch eines kann man folgern: Die Baumeister waren möglicherweise im Besitz von physikalischem und astronomischem Wissen, das nicht mehr in das bisherige Bild des alten Ägypten passt.«

Darin stimme ich mit Dr. Hans Jelitto völlig überein. Der Physiker lässt keinen Zweifel daran: Durch modernste technische Methoden wurden in den letzten Jahren über tausend Planeten außerhalb unseres Sonnensystems entdeckt, und fast jede Woche kommt ein neuer Planet hinzu. Die Wahrscheinlichkeit für außerirdisches Leben wird damit immer größer. In diesem Buch werden alte Überlieferungen mit neuesten astronomischen Erkenntnissen kombiniert, die zu erstaunlichen Folgerungen zwingen. Es geht nicht so sehr um die Frage nach außerirdischen Besuchern, sondern um die Motivation für ihre Besuche bei uns. Neben den interessanten technischen Aspekten eröffnet das phantastische Perspektiven in Bezug auf außerirdisches Leben und unsere Stellung als Menschen.

Unterschiedliche Böschungswinkel und ein 360-Tage-Jahr

Eigentlich verwunderlich, dass die seltsame Anordnung des Pyramiden-Ensembles auf dem Gizeh-Plateau, was die Abstände wie auch die unterschiedlichen Höhenlagen der Pyramiden betrifft, bisher so gut wie keine Beachtung fand. Die ägyptischen Bauwerke, wie zum Beispiel die Djoserpyramide, sind gewöhnlich in einem streng geometrischen Bezirk angelegt, doch die Anordnung der Pyramiden von Gizeh auf verschiedenen Niveaus überrascht. Sie ist auch sicher keine notgedrungene Fügung in die topografischen Gegebenheiten des Plateaus.

Ebenso wenig macht man sich Gedanken über eine weitere Besonderheit. In dem Buch *Die ägyptischen Pyramiden* des ehemaligen Direktors der ägyptischen Abteilung des Britischen Museums, I. E. S. Edwards, fand ich den Hinweis, dass die Cheopspyramide einen Böschungswinkel von 51° 50′ hat, bei der Chefrenpyramide beträgt dieser 52° 20′, und damit läuft diese geringfügig etwas spitzer zu. Die Verkleidungsblöcke sind sehr akkurat plan geschliffen. Deshalb wäre es doch sehr praktisch gewesen, diese bei der Chefrenpyramide angewandte Technik mit Winkeln, Schablonen und so weiter erneut anzuwenden, falls die Ägypter tatsächlich die Erbauer waren.

Ist diese komplizierte, dazu völlig unnötige Änderung vorgenommen worden, um etwas zu manifestieren? Eine Möglichkeit wäre, dass die Chefrenpyramide mit ihrem Böschungswinkel die jetzige Venus verkörpert. Hätte sie aber den gleichen Böschungswinkel wie die Cheopspyramide, entspräche das symbolisch dem Volumen der Venus mit ihrer ehemaligen Planetenkruste. Das wären, ins Verhältnis zur Größe der Venus gesetzt, im Radius etwa fünfzehn bis zwanzig Kilometer mehr Umfang für die Venus, womit der Asteroid Ida durchaus einer der Kandidaten für die Möglichkeit wäre, ein Bruchstück aus ihrer Kruste zu sein.

Öfter wurde vermerkt, dass die Höhe der Cheopspyramide der milliardste Teil des Abstandes zur Sonne ist, was aber nicht korrekt ist. Zieht man das Perihel als kosmische Konstante heran, beträgt der sonnennächste Abstand 147,06 Millionen Kilometer, die Cheopspyramide brachte es aber nur auf eine Höhe von 146,59 Meter. Interessant wird das gesamte Zahlenmaterial, wenn der Blick in die Vergangenheit gerichtet ist.

So gut wie allen alten Kulturen war zunächst ein Jahr von nur 360 Tagen geläufig. Ob es nun die Ägypter, die Assyrer oder das neue Babylonische Reich war, alle waren gezwungen, später fünf Tage anzuhängen, damit der Kalender wieder mit dem Sonnenlauf übereinstimmte. Auch in den indischen Veden und über China bis zu den

Maya finden wir diese Änderung. Das Maya-Jahr war in achtzehn Monate mit je zwanzig Tagen unterteilt, gleich 360 Tage. Jeder Tag hatte einen Namen, mit Imix beginnend und mit Ahau endend. Später wurden fünf Tage ohne Namen angehängt, die man für schlecht und unheilvoll hielt. Danach hatte ihr auf 14.000 Jahre bezogener Großperiodenkalender einen Restfehler von nur einem Tag, womit er unseren gregorianischen Kalender um das Fünffache an Genauigkeit übertraf. Sie berechneten ein Erdenjahr mit 365,240 Tagen. Unsere heutigen Berechnungen gehen von 365,242 Tagen aus.

In einer Fernsehsendung vom August 2009 über einen radikalen Temperatursturz vor über 11.000 Jahren vermuteten Wissenschaftler sogar, in dieser Zeit wäre die Erde näher an der Sonne und ihre Kreisbahn fast kreisrund gewesen. Gegenwärtig entfernt sich die Erde von der Sonne und der Mond noch stärker von der Erde, jährlich aber nur um etwa drei Zentimeter. Die Wissenschaftler vermuten für diesen Vorgang einen Masseverlust der Sonne. Weil die Erde aber keinen Masseverlust aufweist, bleibt die Frage, warum sich dann der Mond von der Erde entfernt? Somit könnten die Maya trotz des geringen Unterschiedes von 0,002 Tagen eventuell sogar exakt gerechnet haben, wenn vor Jahrtausenden der Erdorbit einige Kilometer kürzer war.

William Whiston, britischer Theologe und Mathematiker, überwarf sich wegen eines früheren 360-Tage-Jahres sogar mit dem berühmten Isaac Newton, was ihn seinen Stellvertreterposten kostete. Für Newton beruhte das Sonnensystem auf einer gottgewollten Ordnung. Gott habe das Planetensystem wie ein Uhrwerk eingerichtet. Käme es zu einer Unregelmäßigkeit, würde er es mittels eines Kometen beheben. Dazu bemerkte der Philosoph Leibniz ironisch, Newton stelle sich Gott zwar als einen Uhrmacher vor, aber offenbar als einen schlechten, der eben öfter reparieren müsse.

Wenn die Erde für ein Jahr effektiv nur 360 Tage benötigte, müsste sie auch näher an der Sonne gewesen sein. Sind die 146,59 Meter Höhe der Cheopspyramide der milliardste Teil des Abstandes zur Sonne gewesen, kommt man der Gleichung wieder näher, womit auch die exorbitante Höhe der Pyramide eine Begründung findet.

	Heutiger Sonnenabstand	*Früherer Sonnenabstand*
Im Perihel:	147,06 Mill. km	146,59 Mill. km
× 2 = Durchmesser:	294,11 Mill. km	293,18 Mill. km
× Pi = Umlaufbahn:	925,24 Mill. km	921,05 Mill. km
Dividiert durch	365,25 Tage:	360 Tage:
	= 2,533 Mill. km/Tag	*= 2,558 Mill. km/Tag*

Bei dieser Gleichung fehlen etwa 25.000 km/Tag, was eine Differenz von etwa einem Prozent bedeutet. Ohne dieses eine Prozent schönreden zu wollen, könnten einige Faktoren, darunter eine um Zentimeter variierende Pyramidenhöhe, für diese geringe Differenz verantwortlich sein. Sicherlich wird das frühere Jahr nicht auf die Stunde genau 360 Tage betragen haben, so dass auch hier eine minimale Differenz möglich wäre.

Wie aber kann eine um rund 400.000 Kilometer weiter von der Sonne entfernte Umlaufbahn der Erde entstanden sein? Auch dafür gibt es eine Möglichkeit: Wenn die Venus mit ihrer exzentrischen Bahn auf dem Rückweg von der Sonne der Erde sehr nahe kam, könnte sie diese zusammen mit dem Mond auf eine erweiterte Umlaufbahn gezogen haben. Doch wie nahe kam die Venus der Erde? Hier kann uns wiederum die Chefrenpyramide eine Antwort geben, die drei Meter niedriger als die Cheopspyramide ist. Sollte wirklich Pharao Chefren die Pyramide errichtet haben, hätte er lediglich ein paar Blöcke mehr verbauen müssen, um seine Vorgänger im Monumentalbau zu übertreffen. Deshalb darf gerade für diese Höhe der Pyramide ein handfester Grund vermutet werden.

Und jetzt kommt's: Sollte die Venusentstehung mit den Pyramiden zusammenhängen, wird der Faktor Nahbegegnung mit der Erde wieder bedeutungsvoll. Die Zahl 3 erscheint vielleicht nicht unbedingt als atemberaubende Größe. Legt man aber für diese Gleichung nur den milliardsten Teil zugrunde, schlägt das mit drei Millionen Kilometern zu Buche! Können auf dieser Distanz die beschriebenen Szenarien wie Polverlagerungen, Flutwellen und Klimaveränderungen auf der Erde ausgelöst werden? Wieder einmal erkundigte ich mich beim Deutschen Zentrum für Luft- und Raumfahrt (DLR) in Berlin, ob dies möglich sei. Ein ausführliches Gespräch mit einem Experten für Planetenbahnen brachte die Bestätigung, dass bei einer Nahbegegnung auf dieser Distanz mit einem erdgleichen Körper alle erwähnten Katastrophen auf der Erde eintreten könnten.

11.300 v. Chr. – Zeitenwende der Menschheit

Dr. Jelitto hatte für mich noch etwas viel Interessanteres zu bieten, nämlich einen Zeitpunkt. Nach seinen Berechnungen zeigen die Positionen der drei Pyramiden von Gizeh die Planetenkonstellationen zyklisch mit einer Periode von 3.800 Jahren und zwei Monaten an. Bei dieser Modellrechnung ist zu berücksichtigen, dass die Konstellationen wegen der minimalen Schwankungen der Planetenlaufbahnen nicht 100-prozentig genau bestimmt werden können. Auch die Sonne befindet sich aufgrund der Gravitationskräfte der Planeten nicht immer genau im Zentrum des Systems. Aber dies sind

Schwankungen, die innerhalb von Jahrtausenden nur Stunden oder Minuten ausmachen.

Die Daten beruhen auf mehreren Berechnungsgrundlagen, die je nach Anwendung immer auf einen Zeitraum vor 11.000 v. Chr. hindeuten. Bei einer Rückrechnung, ausgehend von der präzisesten Position im Jahr 11.468 n. Chr., ergeben sich die Jahre 11.172 und 11.412 v. Chr. Bei einer Berechnung auf dreidimensionaler Basis und unter Berücksichtigung der Höhenlagen der Pyramiden wie auch der Planeten kommt man auf 11.332 v. Chr. als Datum.

Die Zeit zwischen 11.500 und 11.000 v. Chr. war neben den weltweiten geologischen und klimatischen Veränderungen wahrscheinlich eine der dramatischsten Epochen der Menschheitsgeschichte, worauf zahlreiche Überlieferungen unmissverständlich hinweisen. Erinnert sei nur an die historischen Darstellungen Herodots, dem viele inzwischen ein Leben als Stubengelehrter unterstellen, der einen großen Teil seiner lange Zeit als authetisch betrachteten *Historien* in der Art eines Karl May aus den Quellen Dritter zusammenfabuliert habe; so wurden Götterstatuen, auf die er sich bezog, mittlerweile auf 11.340 Jahre vor seiner Zeit datiert. Eine neuzeitliche astronomische Berechnung deutet wiederum auf das Jahr 11.542 v. Chr. hin, in dem der Zodiak (Tierkreis) mit dem Mondkreis zusammentraf. Diese kosmische Konstellation hatte für Ägypter und Assyrer eine große Bedeutung, wie der amerikanische Jurist und Atlantis-Forscher Ignatius Donnelly (1831-1901) feststellte. Und für den altindischen Mond-Sonnen-Zyklus war 11.652 v. Chr. ein bedeutendes Datum. Für den griechischen Naturphilosophen Heraklit waren seit der letzten großen Katastrophe 10.800 Jahre vergangen; dies verkündete er um das Jahr 500 v. Chr. Zählt man diese beiden Zahlen zusammen, sind wir schon wieder in der »Gegend« um 11.300 v. Chr. angelangt.

Jedenfalls deutet vieles darauf hin, dass ungefähr in diesem Zeitraum etwas im Sonnensystem geschah, was auf der Erde zu folgenschweren Umwälzungen führte und mit dem Bau der Pyramiden dokumentiert wurde: die Entstehung des neuen Planeten Venus! Gibt es darüber Dokumente? Während aus der Pharaonenzeit nichts über die Gizehpyramiden überliefert ist, existieren einige Berichte über den Anlass zum Pyramidenbau wie auch über andere Erbauer aus der arabischen Welt bis zum jüdischen Historiker Flavius Josephus, die genau dieses Ereignis ansprechen. Der älteste Bericht erwähnt, *dass die Große Pyramide zum Gedenken an eine gewaltige kosmische Katastrophe errichtet wurde, die unsere Erde mit Feuer und einer Sintflut heimsuchte.* Andere Überlieferungen bemerken, dass die Pyramiden vor der Sintflut erbaut wurden. Der arabische Gelehrte Ibrahim Wasif Sah al-Katib berichtet um 1400 n. Chr. von einem *vorsintflutlichen König Saurid, der in einer Art Vorsehung einen riesigen Planeten auf die Erde stürzen sah und deshalb den Bau errichtete.*

König Saurid, laut dem arabischen Historiker Al-Makrizi identisch mit dem biblischen Henoch, soll gesagt haben, er habe die Pyramiden in sechs Jahren errichtet, und auch wenn Zerstören leichter als Bauen sei, schaffe es wohl keiner, sie in 600 Jahren zu zerstören. Nun mag man zu den arabischen Überlieferungen stehen, wie man will, aber niemand mit gesundem Menschenverstand hätte nur sechs Jahre Bauzeit für die drei Pyramiden veranschlagt. Andererseits könnten sechs Jahre unter Zuhilfenahme einer uns völlig unbekannten Technik durchaus realistisch sein.

Märchenstunde im Fernsehen

»Im Fernsehen haben sie doch gezeigt, wie es gemacht wurde«, wandte sich während einer Diskussion über die Verkleidungsblöcke der Cheopspyramide eine Frau an mich. Durch diese Antwort wurde mir schlagartig bewusst, welchen bleibenden Eindruck die so zahlreich ausgestrahlten TV-Berichte vor allem über die Cheopspyramide beim unbedarften Medienkonsumenten hinterlassen. Und weil er sich nur selten ernsthaft für die wahren Schwierigkeiten beim Bau solcher Objekte interessiert, kann auch nicht erwartet werden, dass sein Verstand rebelliert und er hinterfragt, ob das Ganze denn so einfach von der Hand gegangen sein kann – ob solche Dokumentationen nicht einer riesigen Märchenstunde gleichkommen. Sensationen machen Quote, und so eignet sich nichts besser als die schon aus großer Entfernung durch ihre Monumentalität beeindruckenden drei Pyramiden von Gizeh für den »Unfassbar«-Effekt. Sie sind das einzige noch zu bestaunende Meisterwerk der antiken sieben Weltwunder und nicht nur deshalb das Ziel von Millionen Besuchern.

Aber Märchenstunde? Ist das nicht etwas übertrieben? Keineswegs, wenn man sich einmal anschaut, was in diesen Berichten präsentiert wird. Damit kein falscher Verdacht aufkommt: Es soll hier keineswegs obskuren Verschwörungstheorien gehuldigt werden. Wenn man sich aber wie ich kaum eine Sendung mit frühgeschichtlichem Hintergrund entgehen lässt, wozu noch anzumerken ist, dass viele dieser Produktionen aus dem anglo-amerikanischen Raum stammen, ist man doch überrascht, wie darin manipuliert, unterschlagen, verfälscht oder auch nach Belieben sogenannte Fakten hinzugefügt werden, die überhaupt nicht überliefert sind. Das sind harte, aber beweisbare Vorwürfe. Mitunter kann man sich einfach nicht des Eindrucks erwehren, eine gut geschmierte Propagandamaschinerie sei dabei, das festgefahrene Weltbild gewisser Interessenvertretungen zu verbreiten.

Warum, so fragt man sich, ist unter den Hunderten von Pyramidenberichten im Fernsehen nicht ein einziges Mal kritisch von den bautechnischen Schwierigkeiten berichtet worden? So hätte man zum Beispiel die Berechnungen des Baufachmannes Dipl.-Ing. Ralf Papendick erwähnen können, der ausgerechnet hat, in welcher Zeit man heutzutage unter Zuhilfenahme aller technischen Errungenschaften wie zum Beispiel einiger Hubschrauber und der größten Kräne der Welt die Cheopspyramide erbauen könnte. Das Ergebnis lautete: siebzehn Jahre – bei einigen Milliarden Euro an Kosten. Ebenso bedenkenswert sind die Einwände von Professor Dr.-Ing. Wölfel: Um uns den bautechnischen Vorgang des Pyramidenbaus in allen materiellen und organisatorischen Details vorstellen zu können, reiche unser heutiges Wissen nicht aus. Aber skeptische Stimmen sind nicht gefragt, auch deshalb der berechtigte Vorwurf der »Märchenstunde«.

Für einen neutralen Beobachter muss es höchst interessant sein, die Diskussionen zwischen Ägyptologen und Gesteinsexperten zu verfolgen, wenn es um die bis zu sechzig Tonnen schweren Granitblöcke der Königskammer geht. Auch der merkwürdige Sarkophag, der nicht durch den zur Königskammer führenden Gang gepasst haben kann, besteht aus Granit. Der Gesteinsexperte Franz Löhner berechnete, dass die Ägypter ganze sechzehn bis achtzehn Jahre benötigten, um ihn mit ihren damaligen Werkzeugen an Ort und Stelle auszuhöhlen. Das glaube ich gern, denn wie ich selber bei einem längeren Aufenthalt in der Königskammer bemerkte, sind die Innenkanten so präzise gearbeitet, dass man meinen könnte, glatte Platten wären aneinander gesetzt worden.

Löhner regt sich mächtig auf, wenn die Ägyptologen behaupten, der superharte Granit wäre mit Kupfersägen geschnitten worden. Nach seiner Meinung geht es ohne Stahl nicht, aber im alten Ägypten kannte man keine Eisenverhüttung. Heute wird Granit maschinell mit Stahl- oder Diamantseilen geschnitten; ob die Ägypter das mit Sand und Hanfseilen bei einem Objekt von fast drei Quadratmetern Fläche ohne einen Millimeter Abweichung ebenso schafften? Anscheinend kennt Kollege Löhner den Ausspruch sehr gut: »Im Fernsehen haben sie doch gezeigt …« Jedenfalls nimmt der Ägyptologe diesbezüglich kein Blatt vor den Mund: »Da könnte ich eine Wut kriegen, wenn ich im Fernsehen sehe, dass angeblich die Menschen früher mit Stein- oder Kupferwerkzeugen metertief in den Granit hineingearbeitet haben sollen!« In einem amerikanischen Fernsehbeitrag wurde das allerdings nicht als Problem angesehen. Da wurden die Granitblöcke mit kopfgroßen Dioritklumpen aus dem Felsen geschlagen. Nur lassen sich mit dieser Technik keine passgenauen Blöcke fertigen.

Gegen Ende des Films wurde sogar gezeigt, wie das umherwirbelnde Ka des Pharaos, sein Energiekörper, endlich den Luftschacht fand und hinauf zu den Sternen entschwand. Sehr eindrucksvoll! Ein weiterer Beitrag zeigte, wie Cheops und seine Gefolgschaft von einer Anhöhe aus den Fortgang der Bauarbeiten beobachteten und kontrollierten. Unter ihnen war auch Hemiunu, der geniale Architekt der Pyramide, der als ein Bruder Cheops den Nebenjob des Großwesirs von Ägypten ausübte. Einige Ägyptologen vermuten ja, er sei ein Cousin von Cheops gewesen. In einem anderen Bericht erhielten die Arbeiter, um bei Laune zu bleiben, für ihre Familien täglich zehn Fladenbrote und einen Liter Bier. Na, denn Prost! Ist zwar nicht speziell für den Pyramidenbau überliefert, aber eine soziale Komponente macht sich doch immer gut. So viel generöses Entgegenkommen trieb Cheops vielleicht in den finanziellen Ruin, denn um diesen abzuwenden, so erzählte man sich in Ägypten, hätte er seine Tochter in ein Freudenhaus gesteckt. Na, denn nochmals Prost!

Besonders anschaulich ist in einem Fernsehbeitrag zu verfolgen, wie die fugenlos verlegten Verkleidungsblöcke mit Kupfermeißeln in Form gebracht und anschließend an der Außenseite geglättet wurden. Vielleicht war es sogar diese Darstellung, die einen *Spiegel-Online*-Redakteur veranlasste, folgende handwerkliche Blüten zum Besten zu geben: »Die Verkleidungssteine aus den Brüchen von Tura und Maasara müssen dicht aneinanderstoßen, damit nicht später Flugsand oder Regenwasser ins Mauerwerk der Pyramide eindringen können. Daher bearbeiten Steinmetze die nebeneinander liegenden Quaderseiten so lange mit Kupfersägen und Meißeln, bis sie exakt zusammenpassen.« Ob dieser Redakteur jemals Hammer und Meißel in der Hand gehalten hat? Bei seiner Arbeit mit diesen Werkzeugen wäre man doch allzu gern Zuschauer gewesen. Von einem etwa einen Meter langen Verkleidungsblock wären wohl bis zum Sonnenuntergang keine dreißig Zentimeter mehr übriggeblieben, und exakt gepasst hätte er immer noch nicht.

In den Augen der Filmautoren stellte es auch kein Problem dar, die tonnenschweren Deckenplatten der Königskammer auf einer monströsen Rampe locker hochzuziehen. Zur Krönung all dessen verankerten einige Männer an der Spitze noch die fehlende Kuppe, den Pyramidion. Ob für dessen Transport die jetzt wohl erforderliche kilometerlange Rampe zum Einsatz kam, wurde leider nicht erwähnt. Dass die Arbeiter sich auf einer Fläche bewegten, die um einiges größer war als die Unterseite des Pyramidions – logisch, schließlich benötigten sie ja auch Platz für ihr Handwerk. Dass die Seitenflächen der Pyramide so jedoch niemals eine durchgehende, glatte Fläche mit denen des Pyramidion ergeben hätten, das wurde einfach übergangen. In diesem Fall wäre das Problem nur mit einem Helikopter zu lösen gewesen. Man fragt sich also, für wie dumm man den Fernsehkonsumenten eigentlich hält – oder sind die Macher dieser Beiträge einfach noch dümmer?

Lange Zeit herrschte unter den Ägyptologen auch ein erbitterter Streit darüber, ob beim Bau der Pyramiden eine über 1.500 Meter lange Rampe zum Einsatz kam oder eine solche Rampe um die Pyramiden herumgebaut wurde. Beide Versionen hatten eklatante Nachteile und konnten letzten Endes nicht überzeugen. Das Volumen der Rampe wäre drei Mal größer als das der Pyramide gewesen, und um die Kanten der Pyramiden konnte man die schweren Blöcke nicht herumziehen. Aber inzwischen sind diese jahrelang in den Fernsehbeiträgen propagierten Modelle nicht mehr *up to date*. Der Grund: Es existiert eine neue Erklärung, die dazu führte, das sich die Ägyptologen, selbstverständlich unter Ausschluss von Bauexperten, vor Begeisterung regelrecht überschlugen.

Der Pariser Architekt Jean-Pierre Houdin, dem die Vorstellungen der Ägyptologen absurd erschienen, präsentierte 2007 in seinem Buch *Cheops* eine völlig neue These. Die altägyptischen Bauherren hätten zunächst eine Außenrampe an der Pyramide bis in eine Höhe von 43 Metern errichtet, und anschließend wurde unter Verwendung des Rampenmaterials die Pyramide über eine innere Rampe wie ein Korkenzieher nahe der Außenwand bis zur Spitze vollendet.

Genial! Einhelliger Jubel unter fast allen Ägyptologen und in der gesamten Medienwelt: Das ist die Lösung, ja, so haben es die Ägypter gemacht! Zudem waren nach diesem Modell nicht mehr 20.000 Arbeiter an der Pyramide erforderlich gewesen, sondern nur noch 4.000 Arbeiter.

Auch Bob Brier, ein amerikanischer Ägyptologe von der Long Island University mit dem Spezialgebiet Mumien und Mumifizierung, war erleichtert. »Zwanzig Jahre lang habe ich meine Studenten die alte Rampenhypothese gelehrt«, gestand er, »aber tief in mir drin wusste ich, dass sie nicht stimmte.« Das muss man sich einmal vorstellen, ein weltweit angesehener Ägyptologe macht dieses Eingeständnis. Wirft das nicht ein bezeichnendes Licht auf die Glaubwürdigkeit der Expertenaussagen besonders in Bezug auf den Pyramidenbau? Auch das darf nicht vergessen werden: Seit über 100 Jahren wurden von Archäologen zahlreiche Fertigungsmodelle entwickelt, die man trotz kritischer Gegenargumente immer vehement und starrsinnig verteidigte.

Jetzt heißt es, erst einmal innehalten und über einige Zahlen nachdenken: Mit einem Team aus Ingenieuren, Programmierern und einer 3D-Software benötigte Jean-Pierre Houdin immerhin acht Jahre, um dank raffiniertester Technik den virtuellen Bau der Pyramide zu demonstrieren. Aber er musste die Pyramide nicht planen, sie stand ja schon. Folglich ergibt sich eine weitere, nicht zu unterschätzende Frage: Wie viel Zeit benötigte man zu Cheops' Zeiten allein für die Planung?

Es wäre sogar heute für eine Arbeitsgruppe aus den Bereichen Bauingenieurwesen, Architektur und Statik unter Einsatz modernster Rechner eine enorme Herausforderung. Sicher würde mindestens ein Jahr vergehen, bevor auch nur der Grundstein gelegt werden könnte. Apropos Grundstein, wenn dieser wirklich von Cheops' Leuten gelegt wurde: Chapeau! Einfach sensationell, denn immerhin wurde ein Quadrat von über 230 Meter Seitenlänge um einen Felsstumpf herum bis auf einen Zentimeter genau nivelliert. Und für diesen einen Zentimeter kann durchaus die Bodenmechanik verantwortlich sein. Ob dies in unserer Zeit noch ebenso gut gelänge, dürfte höchst fraglich sein.

Natürlich stehen viele Baufachleute dem propagierten Bauverlauf skeptisch gegenüber. Aber warum beziehen sie nicht deutlicher Stellung gegen die Version, die Pyramiden seien ein Werk der alten Ägypter gewesen? Im Prinzip wird doch ihr ganzer Berufsstand herabgewürdigt. Die Ägyptologen sind sich einig und sehen in der Pyramide den Plan eines einzelnen Genius: Hemiunus'. Wenn es aber wirklich Cheops Neffe war, wird er beim Amtsantritt seines Onkels wohl noch sehr jung gewesen sein. Dennoch gelang ihm ohne spezifische Vorkenntnisse ganz locker die Planung des außergewöhnlichsten Bauwerks der Menschheit, während heute ein Bauingenieur erst einmal eine Regelstudienzeit von acht bis zehn Semestern bewältigen muss, ehe er sich ans Konstruieren machen darf.

Die Cheopspyramide ist nun wahrlich keine evolutionäre Weiterentwicklung der Mastaba genannten Grabbauten der ersten Dynastien, sondern eine einmalige revolutionäre Neukonstruktion. Und deren Planung schafft ausgerechnet einer, der durch verwandtschaftliche Beziehungen in das zweithöchste Amt des Staates gelangt? Diese Art der Postenbeschaffung ist zwar bis heute durchaus verbreitet, aber es räumt nicht gerade den Zweifel daran aus, dass protegierte Personen aufgrund ihrer Fähigkeiten in gehobene Positionen gelangen. Und vielleicht sollte man auch die vielen tausend Arbeiter nicht vergessen, die in kürzester Zeit den Sprung vom zwangsverpflichteten Feldarbeiter zum enorm präzise arbeitenden Bauspezialisten schafften. Es bleibt also weiterhin rätselhaft, wie eine einfache Landbevölkerung zu Beginn einer Hochkultur eine Bautechnik entwickeln konnte, die heute trotz modernster Computerunterstützung noch nicht endgültig nachvollziehbar ist.

Immerhin äußerte der bereits erwähnte und allseits respektierte I. E. S. Edwards, dass Cheops in seiner 23-jährigen Regierungszeit niemals dieses grandiose Bauwerk errichtet haben konnte, wenn es nicht uns noch unbekannte technische Fortschritte gab. Sollte es diesen technischen Quantensprung gegeben haben, ist es jedoch sehr merkwürdig, dass nur 100 Jahre später diese Fähigkeiten wieder vergessen waren, denn die nur 43 Meter hohe Pyramide des Pharaos Unas, des letzten altägyptischen Königs, ist extrem stark zerfallen und gleicht heute mehr einem Trümmerhaufen.

Selbst wenn Houdins Vermutung mit der inneren Rampe stimmen sollte, ist sie letztlich kein Beweis dafür, dass Cheops der Bauherr war. Denn wenn diese ominöse Rampe wirklich zur Anwendung kam, müsste sie eigentlich auch bei der Chefrenpyramide und anderen eingesetzt worden sein. Und warum nicht sogar bei der Sonnenpyramide von Teotihuacán in Mexiko, immerhin bis zu Beginn des 20. Jahrhunderts das größte Bauwerk Amerikas?

Für Monsieur Houdin war die fast 67 Meter lange und knapp neun Meter hohe spektakuläre große Galerie, deren Seitenwände mit tonnenschweren, passgenauen rhomboiden Granitblöcken im gleichen aufsteigenden Neigungswinkel von 26,5 Grad gebaut sind, nur dafür erstellt worden, um durch ein Gegengewichtszugsystem die Granitblöcke für die Decke der Königskammer hochzuziehen. Für diese profanen Zwecke aber wäre eine derart aufwendige und präzise Arbeit sicher nicht nötig gewesen.

In etwa neunzig Meter Höhe fand man eine Nische, die sich zu einem Raum weitete. Ob dieser mit zu dem inneren Rampensystem

Abb. 32. Soll dieses einzigartige und eindrucksvolle Bauwerk tatsächlich nur für den Transport von Granitblöcken erstellt worden sein?

gehörte, ist ungewiss. Aber bis zur Pyramidenspitze blieben immer noch über fünfzig Meter zu bewältigen. Der Bau einer inneren Rampe dürfte mit zunehmender Höhe äußerst kompliziert und immer schwieriger, wenn nicht sogar riskant werden. Mit sieben Grad Neigung ist es dann nicht mehr getan, denn nach einer Umrundung wäre man wieder im gleichen Gang angekommen. Also müsste die Rampe zum Ende hin sehr viel steiler und schmaler nach oben geführt haben. Aber wie sollte dann der etwa fünf Tonnen schwere Pyramidion von den wenigen dort Platz findenden Arbeitern durch diesen engen Tunnel hinaufgezogen werden?

Alle Besucher des Altertums beschreiben die Pyramide als sehr glatt und glänzend bis zur Spitze, bevor sie von arabischen Hohlköpfen als Steinbruch genutzt wurde. Von der Spitze fehlen heute dreizehn Meter, aber ein offener Gang kommt dort auch nicht zum Vorschein. Darüber sollten Dr. Bob Brier und der deutsche Ägyptenguru Professor Rainer Stadelmann (»Jean-Pierre Houdins Theorie ist nicht nur interessant, sie ist schlüssig und revolutionär«) einmal nachdenken, wenn sie wie beabsichtigt gemeinsam Houdins Version *in situ* überprüfen wollen.

Der Supergau einer Volkswirtschaft

Das äußerst wichtige Unterfangen, den Pyramidenbau auch unter ökonomischen, infrastrukturellen, sozialen und politischen sowie demografischen Gegebenheiten zu betrachten, findet in den Medien so gut wie keine Beachtung. Das Fazit eines Ägyptologen in einem Pyramidenbericht lautete wie folgt: Wegen der alljährlichen Überschwemmung des Nils von Juli bis Oktober hatte die überwiegende Mehrheit der Bevölkerung sowieso nichts zu tun. Glückliches Ägypten! Es wäre wünschenswert, dass sich qualifizierte Wirtschaftswissenschaftler häufiger Gedanken darüber machten, wie es möglich sein konnte, dass, nach den Leitlinien der Bevölkerungsstatistik zurückgerechnet, 2.500 v. Chr. bestenfalls ein bis zwei Millionen Menschen, verteilt auf eine Fläche von über 1.300 Kilometer links und rechts des Nilufers, imstande waren, ein Bruttosozialprodukt zu erwirtschaften, wie es in der gesamten Menschheitsgeschichte in Relation zur Bevölkerung nie wieder auch nur annähernd erreicht wurde. Und dies zu einer Zeit, in der nicht einmal das Rad im Transportwesen angewendet wurde.

Für den Bau der drei Gizehpyramiden wäre demnach jeder zehnte bis zwanzigste Einwohner des Landes einschließlich Kinder und Greise rekrutiert worden, und das über eine Zeitspanne von etwa fünfzig Jahren. Dabei waren die Frauen wohl besonders tatkräftig, denn bei der damals allgemein niedrigeren Lebenserwartung musste ja der Nachschub für die nächste Pyramidenbauergeneration gesichert sein. In der Realität hätte schon nach wenigen Jahren das ganze Land einen wirtschaftlichen Kollaps erlebt, den man nur noch als ökonomischen Supergau bezeichnen kann, wenn die Besten des Landes ohne Unterbrechung für einen unproduktiven Pyramidenbau tätig waren.

Meine Vermutung, ein volkswirtschaftlicher Supergau wäre unvermeidlich gewesen, wenn die Ägypter tatsächlich in diesem Zeitraum den Pyramidenbau vollzogen hätten, fand zwar nicht bei einem Ägyptologen, aber dafür bei einem anderen kompetenten Experten Anklang. Professor (FH) Dr. h. c. Hans Ebert, Leiter eines Instituts für regionale Wirtschafts- und Clusterforschung, der sich bereits seit über zwanzig Jahren mit Ägypten und der sumerisch-babylonischen Kultur beschäftigt, schrieb mir: »Sie glauben wie ich, dass aus volks- und betriebswirtschaftlichen Gründen der Pyramidenbau nicht durch 100.000 freiwillige Arbeiter (dies mag ja noch möglich sein, allerdings die volks- und betriebswirtschaftlichen Leistungspotenziale nie und nimmer) darstellbar ist, wie es von offizieller Seite aus versucht wird.« Professor Ebert ist sich sicher, dass eine fundierte Analyse speziell der ägyptischen Wirtschaftssituation zu Cheops' Zeiten sich durch die Clusterforschung simulieren lässt und dass eine solche Behauptung auf diese Weise widerlegt werden kann.

Die Ägyptologen veranschlagen als Bauzeit je zwanzig Jahre für die Cheops- und Chefrenpyramide, dazu noch einige Jahre für die kleinere Mykerinospyramide. Diese allgemein akzeptierten Angaben stammen einzig und allein von Herodot, der 440 v. Chr., also gut 2.000 Jahre nach der angeblichen Bauphase, die Pyramiden besuchte und dem die Gastgeber etwas von zwanzig Jahren Bauzeit und 20.000 Arbeitern erzählten. Selbst wenn es nur 4.000 Arbeiter waren, sollten die hygienischen Verhältnisse nicht unberücksichtigt bleiben. Auf dem Gizeh-Plateau muss es mächtig gestunken haben, wenn fast fünfzig Jahre lang die Ägypter dort ihre Notdurft verrichteten. Zum Vergleich: Der Bau des Suez-Kanals forderte in nur zehn Jahren vorwiegend durch Seuchen 12.000 Menschenleben.

Es gibt auch andere Sichtweisen. So wurde eine Stele gefunden, nach deren Inschrift Cheops den Tempel der Isis, der Wächterin der Pyramiden, instandgesetzt und restauriert haben soll, was jedoch bedeutet, dass zu Cheops' Zeiten die Pyramide längst stand. Unausbleiblich entbrannte daraufhin ein Expertenstreit über die doch offensichtlich falsche Deutung. Cheops' Vater Snofru soll jetzt gleich drei Pyramiden gebaut haben. Ist es demnach auszuschließen, dass nach dieser Bauleistung das Volk völlig groggy und ausgelaugt war und deshalb Cheops auf die geniale Idee kam, die schon seit ewigen Zeiten unbenutzte Große Pyramide einfach zu okkupieren? Und weil das problemlos funktionierte, gab er Sohnemann Chefren den Tipp: »Junge, sei nicht dumm, nimm du die nächste!«

Pharao Unas hinterließ in seiner Pyramide im Gegensatz zu Cheops wenigstens Nachrichten in Form des schon erwähnten Kannibalenspruchs (vgl. S. 66). Mehr als dürftig hingegen die Hinweise auf Cheops als Erbauer der nach ihm benannten Pyramide, da nicht eine einzige Hieroglyphe die Räume und Gänge ziert. Erst als Richard William Howard Vyse (1784-1853), das schwarze Schaf einer englischen Aristokratenfamilie, kurz vor seiner Abreise aus Ägypten eine der Entlastungskammern aufsprengte, fand er ausgerechnet dort eine Kartusche mit dem Namen Ch-u-f-u = Cheops, die weltweiten Jubel, bei manchen Ägyptologen wie dem Deutschen Johannes Lepsius aber auch Kopfschütteln auslöste, denn die Kammer wurde nicht unter notarieller Aufsicht geöffnet.

Diesen einzigen schriftlichen Hinweis auf Cheops deutete der in den USA sehr populäre Zecharia Sitchin als Fälschung. Sitchins Präastronauten-Vermutungen sind sehr umstritten und finden auch nicht meine Zustimmung, dennoch hat er in diesem Falle wahrscheinlich Recht. Weil die Kartusche unsauber geschrieben war, wird heute angenommen, es sei ein im Schreiben minderbemittelter Bauarbeiter gewesen. Warum aber sollte ein Bauarbeiter den Namen Chufu auf einem Block verewigen, der eigentlich für immer verschlossen bleiben sollte? Und hätte dieser dann nicht eher vermerkt: Ich, Hetep Harum aus Heliopolis, habe diesen Block hier eingebaut?

Vielleicht werden in Zukunft weitere Gänge und Kammern in der Cheopspyramide geöffnet. Dann aber bitte unter den Augen der Weltöffentlichkeit als Live-Berichterstattung ohne Zeitversetzung und *natürlich* unter notarieller Aufsicht. Ob dann wieder eine Hieroglyphen-Kartusche entdeckt wird – eher unwahrscheinlich. Mit Endoskopen, Georadar und elektromagnetischen Messungen ermittelten im August 2004 Gilles Dormion und der Geophysiker Jean-Pierre Baron wie zuvor schon andere einen neuen Gang. Aber allzu viel Interesse zeigen die Ägyptologen nicht. Sie halten weitere Grab- oder Schatzkammern für unsinnig. Die neu entdeckten Gänge hätten eine rein statische Bedeutung und dienten vermutlich nur zum Ableiten der enormen Steindrücke.

Seltsamerweise erfährt man von den alten Ägyptern zum Thema Cheops und Chefren als Bauherren sehr wenig, während der 100 Jahre früher lebende Djoser sogar bis zu den Ramessiden höchste Anerkennung fand. Normalerweise hätte ein Schwall ruhmreicher Berichte über die Erbauer dieser monumentalen Objekte bis in die Ptolemäerzeit gelangen müssen. Nichts, aber auch rein gar nichts ist vom Mittleren bis zum Neuen Reich von administrativer Seite über diese einzigartige bautechnische Leistung überliefert. Bliebe also nur noch Volkes Meinung, nach der Cheops wegen finanzieller Engpässe seine Tochter in ein Freudenhaus steckte, die man aber wahrlich nicht ernsthaft in Erwägung ziehen kann.

Dennoch gibt es eine Möglichkeit zu beweisen, dass die Ägypter für dieses Wunderwerk keine Urheberschaft beanspruchen können. Wer nun vermutet, dies erfordere den Nachbau einer Rampe bis in 65 Meter Höhe, auf der die tonnenschweren Granit-Deckenbalken für die Königs- und Entlastungskammern hochgezogen wurden, der irrt. Es geht auch nicht um die praktische Erprobung, wie in zwanzig Jahren 2,3 Millionen Blöcke mit durchschnittlich 2,5 Tonnen Gewicht gebrochen, geschnitten, transportiert und verlegt wurden. Eine solche empirische Beweisführung hätte wegen des riesigen Aufwandes keine Chance auf Durchführbarkeit.

Vielmehr soll eine andere, sehr faire Methode zur Anwendung kommen, die in Relation zur Cheopspyramide eher einem Bauvorhaben mit Legosteinen ähnelt. In diesem Versuch ginge es allein darum, einen kleinen Ausschnitt gemäß der Zeichnung rechts oben aus der Pyramide nachzubauen und den dabei entstehenden Arbeitsaufwand zu ermitteln, um ihn dann auf das Gesamtvolumen der Pyramide hochzurechnen. Trotz einiger zu erwartender Schwierigkeiten bei der Durchführung böte es den Verfechtern der Cheops-Hypothese die Gelegenheit, ihre Variante zu beweisen. Ein weiterer Vorteil: Kalkstein ist bei Weitem nicht so hart wie Granit. Die Pyramide hat ein Volumen von ca. 2,6 Millionen Kubikmetern, was bei einer Bauzeit von zwanzig Jahren und unter Beteiligung von 20.000 Arbeitern etwa 6,5 Kubikmeter Arbeitsleistung pro Mann im Jahr ergibt. Für diese Aufgabe müsste ein Felsplateau von 10 × 10 Meter exakt plan geschliffen werden, und auf dieser Fläche müssten die ca. 40 cm dicken Terrassenplatten aus dem Fels gebrochen, zugeschnitten und so akkurat wie in Gizeh in L- und T-Form verlegt werden. Anschließend ginge es wieder zurück in den Steinbruch, um nach dem gleichen Verfahren die Verkleidungsblöcke im Originalformat zu fertigen, zur Baustelle zu transportieren und zu verlegen. Selbstverständlich dies alles mit einer Fugenbreite von nur 0,25 mm.

Das ist zugegebenermaßen keine einfache Aufgabe, aber was ist an den Pyramiden schon einfach? Bei der Arbeit an diesem Modell

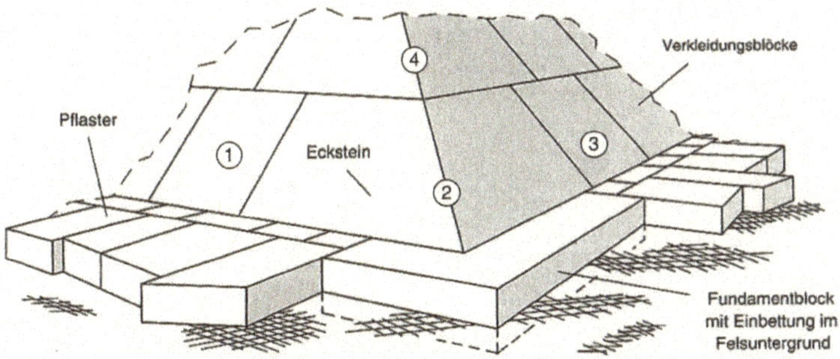

Abb. 33. Dies wäre die Aufgabe: die mit 1 bis 4 markierten Verkleidungsblöcke und einige Terrassenplatten in Originalgröße nachzubauen.

müssen keine Steine in schwindelnde Höhen gebracht werden, und das ganze Problem mit Rampen und Hebevorrichtungen entfällt. Das Bauwerk hätte ein Volumen von ca. 65 m^3. Also eine Arbeit für zehn Mann in einem Jahr oder vierzig Mann in drei Monaten. Geht man von 100.000 Mann für den Pyramidenbau aus, kämen 200 Mann für diese Arbeit in Betracht, die aber gleichzeitig für die Lebensmittelbeschaffung, die Werkzeugherstellung und andere infrastrukturelle Arbeiten zuständig sein müssten.

Waren direkt an der Pyramide 20.000 Mann beschäftigt – eigentlich die realistischste Zahl –, blieben für unseren Modellversuch eben diese vierzig Mann übrig. Houdins hypothetische Rechnung mit nur einem Fünftel der Arbeiter, gleich acht Mann, soll wegen der absoluten Chancenlosigkeit erst gar nicht in Erwägung gezogen werden. Man nehme also vierzig Ägypter oder, um die Chancen der Optimisten zu steigern, höchstens dreißig Ägypter und die zehn besten Steinmetze der Welt, die mit den damals verfügbaren Werkzeugen dieses Werk in der gleichen Präzision errichten. Nochmals: mit den *damals* benutzten Werkzeugen und der gleichen Präzision.

Die von mir gemachten Fotos auf den beiden folgenden Seiten sollen nicht zur Abschreckung dienen, sondern Interessenten lediglich die erforderliche Präzision der Arbeit verdeutlichen.

Auf den Resten der verschachtelten Terrassenstufen befinden sich die letzten noch vorhandenen Blöcke der Cheopspyramide, die

Abb. 34. Das sind die einzigen noch zu bewundernden Verkleidungsblöcke der Cheopspyramide auf dem Gizeh-Plateau.

einst die gesamte Pyramide verkleideten. Bis heute herrscht unter den Ägyptologen keine Einigkeit über die Herstellung oder über die Verlegung der Blöcke. Der Böschungswinkel ist so exakt geschliffen, dass selbst moderne Feinmechaniker bei der Herstellung optischer Geräte nicht präziser hätten arbeiten können, so die Aussagen der Pyramidenforscher Howard Vyse und Sir Flinders Petrie, für die diese Arbeit an ein Wunder grenzte. Bis zu einer Höhe von 147 Meter wurden über 30.000 derartige Blöcke (ca. 86.000 m^2 Außenfläche) passgenau versetzt. Nach übereinstimmenden Berichten aus dem Altertum war die Oberfläche der Pyramide spiegelglatt. Einen Beleg dafür lieferte 820 n. Chr. der Kalif Al-Ma'mun, als er mit seinen Männern in die Cheopspyramide eindrang. Wahrscheinlich wussten sie, dass an der Nordseite ein Eingang unter den Deckplatten liegen soll, aber ausfindig machen konnten sie ihn nicht. Sie brachen die Platten auf und schlugen einen Gang hinein, verfehlten den Einstieg jedoch um einige Meter.

Das größte Problem bei dem zuvor beschriebenen Versuch wird es allerdings sein, vierzig Mann dazu zu bringen, dieses Projekt überhaupt erst in Angriff zu nehmen. Idealismus allein dürfte nicht genügen, es müssten schon monetäre Anreize geboten werden. Aber woher einige Millionen Dollar oder Euro als Preisgeld nehmen, um

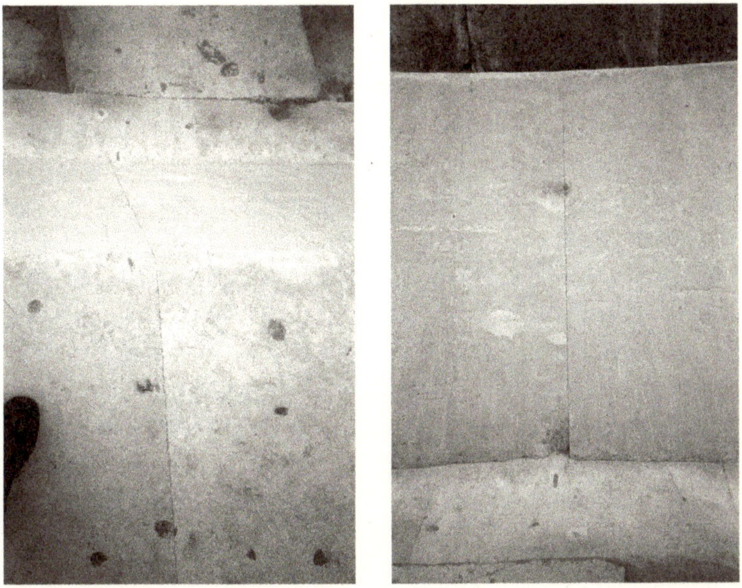

Abb. 35, 36. Die genau rechteckigen und glatten Stirnflächen fügen sich derart fugenlos aneinander, dass keine Rasierklinge dazwischen passt, so wie auf dem Bild links von oben und rechts von vorne zu sehen. Es ist bis heute ein ungelöstes Rätsel, wie man die bis zu fünfzehn Tonnen schweren Verkleidungsblöcke mit den vor 4.500 Jahren verwendeten Werkzeugen so plan schleifen konnte, dass alle Flächen dermaßen akkurat aneinander passen.

endgültig zu beweisen, dass die Ägypter ein solches Bauwerk errichten konnten oder auch nicht? Selbstverständlich bin ich der Meinung, das Geld, wenn es denn vorhanden wäre, käme nie zur Auszahlung, denn eine solche Arbeit in dieser Präzision mit den damaligen Werkzeugen zu kopieren dürfte einfach nicht möglich sein.

Mit meiner Auffassung stehe ich nicht allein. Auch Dipl.-Ing. Alfred Linge, ein angesehener Baufachmann, hat seine Bedenken hinsichtlich der Positionierung der Verkleidungsblöcke an der Pyramide durch Cheops' Arbeiter, die er mir gegenüber äußerte. Im Folgenden ein Auszug seiner Argumentation:

»Ich traue den Ägyptern zur angenommenen Bauzeit vor ca. 4.500 Jahren durchaus zu, beispielsweise mit Anstellrampen oder einem speziellen Lift angemessener Größe und mit sehr hohem manuellen Kraftaufwand die Blöcke stufenweise in die Höhe befördert zu haben. Waren die Blöcke oben, gab es allerdings schon das nächste, keinesfalls weniger komplizierte Problem, nämlich diese Blöcke an ihren Bestimmungsort zu bringen und mit der vorhandenen Präzision flächen- und kantengerecht aneinanderzusetzen. Ein passgerechtes Rollen oder Gleiten mit sicher zwangsläufig wechselnder Richtung bis zum Bestimmungsort dürfte ausgeschlossen sein. Auch hätte man nach der präzisen Anpassung das Transportmittel wieder unter den Blöcken wegnehmen müssen. Aber wie denn, ohne diese anzuheben? Ein solches Projekt zu erstellen, dürften die Ägypter der damaligen Zeit sicher nicht in der Lage gewesen sein. So bleibt auch im Ergebnis meiner Betrachtungen weiterhin die Frage: Wer waren die Projektanten, wer war der Bauherr und welche Technik stand diesen zur Verfügung?«

Solange die Bauproblematik beim Pyramidenbau in der Medienberichterstattung verniedlicht oder verschwiegen wird, ist es meiner Meinung nach weiterhin gestattet, diese Berichte als Propaganda zu klassifizieren. Uneingeschränkte Klarheit könnte auch in diesem Falle nur die Reproduktion der vier Verkleidungsblöcke bringen, also ein Feldversuch im Maßstab 1:1. Wer in der Lage ist, die Schwierigkeiten eines derartigen Rekonstruktionsversuches richtig einzuschätzen, der kann beruhigt davon ausgehen, dass dieses Experiment niemals stattfinden wird. – Wetten, dass …?

Das Erbe der Giganten

Die folgenden drei Kapitel sollen ein Versuch sein, einen weit gespannten Zeitraum unserer Historie von 13.000 bis etwa 9.000 v. Chr. unter dem Aspekt möglicher außerirdischer Interventionen auf der Erde zu betrachten. Dabei geht es nicht nur um unerklärliche bauliche Leistungen, sondern auch um das Verhältnis Außerirdischer zum Menschen. Unter logischen Gesichtspunkten betrachtet, wird jedoch das Interesse der Erdenbesucher gewiss nicht primär den Menschen gegolten haben. Trotzdem kommt man nicht umhin, einen von ihnen beeinflussten Verlauf der zivilisatorischen Entwicklung in Betracht zu ziehen. Einerseits finden sich weltweit unerklärliche prähistorische Bauleistungen, dazu passend zahlreiche und glaubwürdige Berichte von einem auserwählten Volk. Dennoch scheut man sich, diese einleuchtende Kombination auch nur in Erwägung zu ziehen.

Die Lösung für die ganze Problematik liegt auf der Hand, wird jedoch nicht anerkannt: Atlantis! Die Atlanter könnten das letzte Puzzleteil zu einem schlüssigen Gesamtbild des Menschheitsverlaufes sein, wodurch aber gleichzeitig das religiös geprägte Weltbild in Kalamitäten geriete, denn dann stünde wohl den Atlantern der Status eines auserwählten Volkes zu. Damit dürfte jedenfalls das jüdische Volk aus dem Rennen sein. Erstens waren sie im Altertum nicht auf der gesamten Welt vertreten, und zweitens endet ihr genetischer Strang in dem noch nicht so alten Genpool der Völker der Arabischen Halbinsel. Und wie Sprachforscher ermittelten, stammt eine beträchtliche Anzahl ihrer Vokabeln aus diesem Gebiet, so dass eine andere geografische Herkunft dieses Volkes wohl kaum infrage kommt.

Folglich bleibt es ein Rätsel, wie es den Bibelschreibern gelang, in den Chronologien den Spagat von den Erzvätern bis König David zu schaffen. Jedenfalls war es ein erfolgreicher Trick, denn mit diesem Dreh gelang es ihnen, die prähistorischen Erinnerungen auf das eigene Volk zu übertragen und uns damit letztlich das Juden- und Christentum sowie den Islam zu bescheren. Es ist schon kurios: Diese drei Religionen üben vielfach als staatstragende Institutionen eine weltanschauliche Dominanz aus, gleichzeitig führt die stichhaltige Auslegung der Mythologie, unterstützt durch überzeugende Indizien, ein gesellschaftliches Schattendasein.

Gleichwohl erwähnt auch die Bibel neben vielen anderen Epen die Giganten der Frühzeit. Warum sollte es deshalb nicht naheliegend sein, dass einst eine dominante Rasse auf der Erde präsent war? So gelangte laut der Abstammungslinie über Noah, Ham und Chus ein Gigant zu großer Berühmtheit: Nimrod! Vor allem ist er als gewaltiger Jäger vor dem Herrn bekannt. Zudem soll er unaufhörlich Städte und Reiche gegründet haben: Akkad, Babel, Ninive, Erech und viele andere. Nicht nur Stalingrad trug den Namen eines rücksichtslosen Machtmenschen, ebenso wurde nach Nimrod im nördlichen Irak eine Stadt benannt, nämlich Nimrud, identisch mit dem assyrischen Kalah. Und auch der Turmbau zu Babel wird auf seine Initiative zurückgeführt.

Nimrod gehörte vermutlich mit zur Riege der im 1. Buch Mose, Kapitel 6 beschriebenen Tyrannen auf Erden. Diese Kinder Gottes nahmen sich zu jener Zeit Weiber unter den Menschen und zeugten Kinder, die zu gewaltigen und berühmten Männern der Welt wurden. Dabei wird aber ganz eindeutig differenziert: die Kinder Gottes einerseits und last but not least die ganz normalen Menschen. Dennoch sollte auch in diesem Punkt die Bibelaussage wieder einmal ernsthaft begutachtet werden. Trotz dieser zwiespältigen Schilderung von Tyrannen und weltberühmten Heroen beschreibt sie doch, dass einst ein ganz besonderes Volk unter der Obhut Gottes (= Außerirdischer) stand, das nach Platons Version viele Inseln, das gegenüberliegende Festland (Amerika) sowie Europa und den gesamten Mittelmeerraum einschließlich Ägypten beherrschte.

Und siehe da: Im Neolithikum existierte eine Menschenrasse, die allein schon wegen ihrer Größe durchaus den Angaben der alten Überlieferungen entsprechen könnte: der Cro-Magnon-Mensch.

Dieser Typus lebte seit ca. 40.000 v. Chr. überwiegend in Westeuropa, und mit annähernd zwei Metern Körpergröße überragte er die damaligen Steinzeitmenschen um ein gutes Drittel. Deshalb ist es durchaus möglich, dass er der auserkorene Prototyp für eine neu zu schaffende zivilisatorische Gemeinschaft war, die sich abgeschottet auf einer Insel weiter entwickeln konnte.

Dass diesem wahren auserwählten Volk der Cro-Magnon-Menschen ein gewisses technisches Know-how zur Verfügung stand, das über das Maß der damaligen Möglichkeiten hinausging und gewisse bauliche Anlagen ermöglichte, ist deshalb keineswegs völlig auszuschließen. Dass dieses im Laufe der Zeit degenerierte Volk durch eine initiierte Flut vernichtet wurde, ist ebenso nicht auszuschließen, denn für die Zeit nach ca. 9.000 v. Chr. ist der Cro-Magnon-Mensch nicht mehr nachweisbar. Weil der Cro-Magnon-Typus gleichzeitig mit den Neandertalern Europa bevölkerte, wurde sogar vermutet, beide Populationen hätten sich vermischt, was freilich wegen markanter genetischer Unterschiede bisher ausgeschlossen wurde, aber 2010 plötzlich wieder eine Bestätigung fand.

Die Berge in Nazca abzuschneiden war sicher kein Werk der frühzeitlichen Giganten, wohingegen die Trapezflächen durchaus von ihnen stammen könnten, um einen Weltraumlift zu symbolisieren. Aber neben Nazca und den Pyramiden existieren weitere bauliche Anlagen, die wahrhaftig nicht immer mit den Fähigkeiten der von archäologischer Seite als Erbauer angepriesenen Kulturen in Einklang zu bringen sind. Besonders kurios ist, dass bei einigen der hier zur Disposition stehenden Objekte jeder Hinweis auf eine zu diesen Leistungen befähigte Kultur an den fraglichen Orten fehlt. Und auch deren Nachfolger wussten wenig Konkretes, bis die ersten Europäer den Schleier des Geheimnisvollen mit ganz eigenen Deutungen zu lüften glaubten.

In Anatolien wurden bereits kleinere Ansiedlungen wie *Çatal Hüyük* oder Cayönü freigelegt, als deren Entstehungszeit das Ende des Neolithikums (etwa 9.000–5.000 v. Chr.) bestimmt wurde. Ausgerechnet das Deutsche Archäologische Institut unter Leitung von Professor Dr. Klaus Schmidt trug dazu bei, den bisherigen Verlauf der zivilisatorischen Entwicklung noch weiter zurückzudatieren. Der türkische Ort Göbekli-Tepe nahe der syrischen Grenze brachte nämlich Erstaunliches zutage. Es wurden mächtige Ringanlagen entdeckt, deren Ursprünge man auf über 9.500 Jahre v. Chr. datierte.

Für den Bau einer solchen Anlage bedürfte es jedoch einer vielschichtigen Organisation. Archäologen berechneten, dass bis zu 500 Personen nötig waren, um die fünfzig Tonnen schweren Pfeiler erst im Steinbruch freizulegen und anschließend noch einige 100 Meter den Berg hinaufzuziehen. Das ergibt immerhin pro Person ein Gewicht von zwei Zentner für die von den Anthropologen favorisierten, etwa 1,40 Meter großen damaligen Jäger und Sammler. Eine stramme Leistung!

Bisher ist nur ein kleiner Bruchteil der seltsamerweise sorgfältig zugeschütteten Anlagen freigelegt. Was die Sache noch komplizierter macht, sind die fehlenden Siedlungen für die Erbauer. Dafür kann es zwei pragmatische Gründe geben: Wenn die damaligen Bewohner jahrelang für diese komplexe Anlage schufteten, blieb keine Zeit mehr für die Errichtung einer eigenen gemütlichen Behausung. Oder es handelte sich um andere Bauherren. Ob nun Göbekli-Tepe die Spur ist, die geradewegs zum Erbe der Giganten führt, bleibt vorläufig noch offen.

Für die Indizienkette eines prähistorischen Weltraumliftes ist es

ohnehin nicht relevant, ob am Bau der Gizehpyramiden Außerirdische, Atlanter oder »nur« Ägypter beteiligt waren. Ebenso gibt es, logisch betrachtet, keinen Grund, warum zum Beispiel Stonehenge ein Produkt Außerirdischer sein sollte. Es soll auch keineswegs jeder künstliche Steinhaufen oder jedes außergewöhnliche Tempelchen mit Aliens in Verbindung gebracht werden. Um aber die These einer indirekten außerirdischen Einflussnahme über eben das auserwählte Volk im wahrsten Sinne des Wortes zu »untermauern«, sollen hier einige Beispiele zur Diskussion gestellt werden.

Die hochgelobten und mit viel Beifall bedachten nachempfundenen »steinzeitlichen Experimente« können jedenfalls nicht darüber hinwegtäuschen, dass sowohl für die Transporte tonnenschwerer Monolithen als auch für die Bauausführung und die Herkunft der Bauherren zwar viele Theorien, aber keine definitiven empirischen Beweise vorliegen. So äußerte sich im Fernsehen ein Astrophysiker (!) dahingehend, dass dankenswerterweise Erich von Däniken die Archäologie genötigt habe, die prähistorischen Bauausführungen experimentell zu beweisen. Es gibt genügend Dinge, für die Däniken

Abb. 37, 38, 39. Entsteht beim Anblick der Anlage nicht unwillkürlich eine Affinität zu Stonehenge und zu den Moai-Statuen auf den Osterinseln? Klaus Schmidt hält die T-Pfeiler für die Verkörperung mystischer Wesen, was natürlich voraussetzt, dass die Erbauer den künstlerischen Naturalismus überwunden hatten und schon bei der Abstraktion angelangt waren. Oben rechts kein mystisches Wesen, sondern eine Himmelsschlange mit Weltenbaum – oder etwa doch ein Kabelstrang?

Anerkennung verdient hätte. Aber dieses Lob beruht schlicht und einfach auf einer falschen Behauptung, denn es hat zu den hier aufgeführten Problemfällen kein experimentelles Projekt gegeben, dem das Prädikat *summa cum laude* verliehen werden könnte.

Während Astronomen aufgrund permanenter neuer Erkenntnisse eher die Bereitschaft zeigen, ihre Aussagen zu revidieren, ist diese Neigung bei Archäologen nicht besonders ausgeprägt, außer wenn es gilt, den beliebten Kollegen mal wieder zu belehren. Keinesfalls soll deshalb die Archäologie verunglimpft werden, denn ohne ihre Arbeit wäre die menschliche Historie um einiges ärmer. Es geht nur um ein paar Problemfälle, bei denen Baufachleute eher als Archäologen prädestiniert sind, eine überzeugende Antwort zu geben.

Für einen Baufachmann wäre es kein Problem, sich dahingehend zu äußern, was Menschen vor Jahrtausenden bewerkstelligt haben könnten und was nicht. Aber es bleibt ein unvorstellbarer Vorgang, dass zum Beispiel ein Archäologe vom Deutschen Archäologischen Institut in Kairo postuliert: »Es ist im Grunde unmöglich, dass die Ägypter so exakte Verkleidungsblöcke herstellten und verlegten sowie tonnenschwere Granitblöcke mit Kupfermeißeln millimetergenau bearbeiten konnten.« Mit Schimpf und Schande hätte man ihn vom Nilufer zurück nach Alemania gejagt, und seine archäologische Karriere wäre schon beendet, bevor sie überhaupt begann. Das mag einer der Gründe sein, warum auf Seiten der Archäologen kaum Bereitschaft zu erkennen ist, an einigen Aussagen zu Bauausführungen prähistorischer Anlagen Zweifel zu hegen.

Fast jeder kennt die Statuen auf den pazifischen Osterinseln. Und wie erklären sich die Ureinwohner, die Rapa Nui, wie sie dorthin gelangten? Auf Befehl eines Häuptlings bewegten sich die Statuen mit übernatürlichen Kräften von allein. Und wie reagieren Archäologen, Anthropologen und Ethnologen? Alles Aberglaube, fauler Zauber, *hahaha!*, sind die Rapa Nui vielleicht dumm, denen müssen wir vom anderen Ende der Erde erst noch beibringen, dass sie *selbst* es waren!

Von einem ähnlichen Verfahren berichtet auch der arabische Chronist Ibrahim Wasif Sah al-Katib über den Pyramidenbau: Sie hatten beschriebene Blätter, legten diese auf den Stein, gaben ihm einen Stoß und bewegten ihn 100 Sahm (etwa 300 m) fort; dann wiederholten sie dies, bis der Stein zu den Pyramiden gelangte. Das bedeutet, in beiden Fällen wäre Levitation genutzt worden. Levitation ist einerseits ein parapsychologisches Phänomen, bei dem Menschen und Gegenstände schweben sollen, und das sogar von der katholischen Kirche anerkannt wird. Die »technische Levitation« hingegen vermutet eine Kraft, die ohne direkten Kontakt zum Objekt Gegenstände zum Schweben bringt.

Paranormale oder parapsychologische Phänomene wie die Psychokinese sind zu Recht mehr als suspekt, und die technische Levitation lässt sich gegenwärtig physikalisch nicht beweisen, was aber nicht heißt, dass sie unmöglich wäre. Einzig aus diesem Grunde kann die Levitation nicht als Beweis für unerklärliche Techniken in Betracht gezogen werden. Es könnte aber auch eine andere, umgekehrte Beweisführung wie bei den Pyramiden zur Anwendung kommen: Mit ihrer Hilfe ließe sich vielleicht nicht nachweisen, dass die Atlanter oder sonstwer bestimmte Anlagen errichteten, aber zumindest, dass die von der Archäologie bisher gepriesenen Erbauer dafür *nicht* in Frage kommen.

Sechs Orte und deren Objekte sollen hier zur Disposition stehen – die Osterinseln, Puma Punku, Costa Rica, Stonehenge, Baalbek und die ägyptischen Obelisken. Sie sind auch in der Paläo-SETI-Szene ein vorherrschendes Thema, und es herrscht über die angeblichen Bauherren ein erbitterter Streit zwischen Befürwortern und Gegnern, der von beiden Seiten nicht immer mit sauberen Mitteln geführt wird. Dabei ließe sich dieser Gordische Knoten ganz einfach zerschlagen, wenn erstmals, was bisher in der Regel stets vermieden wurde, mit experimentellen Rekonstruktionen gearbeitet würde, nämlich …

Rekonstruktionen im Maßstab 1:1

Wie wäre es beispielsweise, wenn mit den damals zur Verfügung stehenden Werkzeugen und Materialien und ohne Computerberechnungen und -modelle eine fünfzig Tonnen schwere Steinsäule aus den 32 Kilometer entfernten Marlborough Downs gebrochen, durch unwegsames Gelände nach Stonehenge transportiert und dort aufgestellt würde? Sollte dies gelingen, wird ohne Umschweife anerkannt: Weder mysteriöse Bauherren noch die in lustigen Werbespots stets als Alleskönner auftretenden Schweizer von Ricola kommen dafür in Frage, nein, es waren tatsächlich die fellbekleideten Urbriten!

Die Statuen auf den Osterinseln

Beginnen wir unsere Exkursion durch die Welt erstaunlicher Bau- und Transporttechniken am besten weit draußen im Pazifik auf den Osterinseln, einem der entlegensten Orte der Erde, fast 4.000 Kilometer vom nächsten Festland entfernt. Dort stehen die monumentalen, bis zu zwölf Meter hohen und fünfzig Tonnen schweren Statuen, die nach Aussage der Rapa Nui, der Ureinwohner der Osterinseln, von selbst an ihren Standort gelangten. Jedes Volk, besonders die wenigen Bewohner der Osterinsel, müssten doch eigentlich mächtig stolz gewesen sein, wenn ihnen das gelungen wäre. Über diesen Widerspruch sollte einmal nachgedacht werden, wie auch darüber, ob es überhaupt zur Mentalität der Südseeinsulaner passt, körperliche Höchstleistungen ohne jeglichen Sinn zu erbringen?

Der allseits geachtete norwegische Forscher Thor Heyerdahl hat mit den Insulanern zwar umgefallene Statuen transportiert und wieder aufgerichtet, aber keine mit fünfzig Tonnen Gewicht. In einem anderen Versuch demonstrierte ein Fernsehbericht vom Februar 2005 den experimentellen Transport und das Aufstellen einer aus Beton gegossenen Statue mit dem bescheidenen Gewicht von 8,5 Tonnen. Unter Zuhilfenahme eines Kranes und eines Lkw transportierte man den Betonklotz auf eine Ebene mit leichtem Gefälle. Nach einigen Versuchen gelang es immerhin, ihn neunzig Meter weit zu ziehen und aufzustellen. Wie aber wäre ein realistischer Test mit dem fünffachen Gewicht ausgegangen? Wohl keinen Meter hätte sich die Statue auf den Rollen aus Palmenstämmen bewegt.

In einem anderen Beitrag des ZDF über die Osterinseln gaben promovierte Ethnologen und Anthropologen ihre Deutungen über

Abb. 40. Die Statue Ko te Riku wurde zwanzig Kilometer vom Steinbruch entfernt aufgestellt. Der bis zu vier Tonnen schwere Haarknoten aus rotem Tuffstein, Pukao genannt, bildete den Abschluss des Moai.
Ob der Pukao später aufgesetzt wurde oder schon vorher befestigt war, weiß man nicht. Jedenfalls passt keine Messerklinge zwischen Kopf und Haarknoten.

die Rapa Nui und deren Werdegang auf der kleinen Insel zum Besten. Zwölftausend Einwohner, mutmaßte man, bevölkerten dieses Eiland einst, und so viele waren wohl insgesamt auch vonnöten, um die Statuen mit Obsidianmeißeln aus der erkalteten Lava des Kraters Rano Raraku herauszuschlagen. Jedoch wäre nach einigen Arbeitsstunden der Meißel unbrauchbar geworden, und mit erheblich längerem Zeitaufwand hätte erst wieder ein neuer angefertigt werden müssen. Anschließend galt es, den Monolithen bis zu zwanzig Kilometer über hügeliges Gelände zu transportieren und aufzustellen.

Zwölftausend Rapa Nui auf einer dreieckförmigen Insel mit den Maßen 15 × 16 × 23 Kilometer? Das wäre zur damaligen Zeit für dieses Gebiet eine sehr hohe Bevölkerungsdichte gewesen. Nur, woher haben 12.000 Menschen auf diesem kleinen Eiland ihre Nahrung bezogen? Normalerweise ist es eine der bewundernswerten Eigenschaften von Naturvölkern, mit ihrer Umwelt sehr schonend umzugehen und deren Ressourcen nicht über Gebühr zu strapazieren. Die Rapa Nui müssen jedoch außer Rand und Band gewesen sein. Als Erstes sollen sie alle Vögel der Insel wegen des aufkommenden Nahrungsmangels verspeist haben, so jedenfalls die Vermutung der Gelehrten. Obwohl diese Annahme im totalen Gegensatz zu den wenigen in Steinhöhlen gefundenen Bildertafeln der Rapa Nui steht, aus denen hervorgeht, dass bei ihnen Vögel ebenso verehrt wurden wie in Indien die Rinder. Es galt als höchste Ehre, dem Häuptling das erste Ei unversehrt zu überbringen.

Weiterhin fielen wegen ihrer manischen Sucht, überdimensionierte Statuen zu errichten, alle Palmen der Insel zum Opfer, zumal die Stämme ja als Rollen für den Transport dienen mussten. Dass wegen dieser absolut sinnlosen Steinköpfe die Rapa Nui sich noch gegenseitig die Köpfe einschlugen und beiläufig Geschmack am Kannibalismus fanden – soll man dies ernsthaft glauben?

Wird die gesamte Osterinsel-Problematik realistisch betrachtet, dürften kaum Zweifel bestehen, dass nur die Giganten der Frühzeit als »Täter« in Frage kommen, die sich möglicherweise mit den Figuren einen Jux erlaubten. Als vor etwa 1.500 Jahren die vermutlich aus Polynesien eingewanderten Rapa Nui diese Riesenstatuen vorfanden, ist nicht auszuschließen, dass sie die Arbeit fortführten, denn auf der Insel liegen einige Hundert kleinere Statuen von nur einigen Metern verstreut im Gelände.

Puma Punku – das ungelöste Rätsel

Nur wenige Kilometer von Tiahuanaco entfernt befindet sich in fast 4.000 Meter Höhe ein weiteres Rätsel prähistorischer Baukunst: Puma Punku. Und weil Punku »Tor« bedeutet, schweifen die Gedanken unwillkürlich Richtung Nazca, das nicht allzu weit entfernt liegt. Ob diese Anlage in Zusammenhang mit einem Weltraumlift stand, dafür existieren jedoch keine Hinweise.

Es ist immer noch ein Rätsel, wie man Blöcke mit einem Gewicht von bis zu 1.000 Tonnen in diese Höhenlage transportierte. Und ein nicht minder großes Rätsel ist es, wie es möglich war, in Andesitblöcke bis zu zwanzig exakt winkelige Kanten und Auskerbungen millimetergenau und mit höchster Präzision zu schneiden. Aber damit ist der Fragenkatalog noch nicht geschlossen, denn die Monolithen kamen aus fünfzehn, andere sogar aus achtzig Kilometer Entfernung nach Puma Punku, und das, obwohl weder die Inka noch sonst ein Volk in dieser Region das Rad oder Rollen kannten. Welchem Zweck die Anlage diente, darüber ist ebenfalls nichts überliefert.

Für die Archäologen, die sich durch eine andere Deutung nicht düpieren lassen wollen, war nun guter Rat teuer. Wie auf den Osterinseln die Rapa Nui als Baumeister herhalten mussten, hatte man für Puma Punku das Indiovolk der Aymara auserkoren, die um 600 n. Chr. die Anlage errichtet haben sollen. Und wie nutzten die Aymara die Chance, in die gleiche Liga wie die ägyptischen Baugenies aufzusteigen? Gar nicht, sie verzichteten freiwillig auf diese Beförderung! »Nee, nee, lasst man, als wir hierher kamen, war schon alles so«, wiesen sie diese Anerkennung zurück. Außerdem sei Puma Punku in einer einzigen Nacht erbaut worden, und dies sei nicht von Menschenhand geschehen. Trotzdem gelten die Aymara in der Archäologie gegen deren Willen immer noch als die Bauherren.

Die baulichen Anlagen von Puma Punku verschlagen jedem Besucher förmlich die Sprache. Bereits den Spaniern erging es so, als sie 1651 erstmals vor den Ruinen standen. So war der Bischof Antonio de Castro der naiven Ansicht, das Bauwerk sei schon vor der Sintflut erbaut worden, und eben nur diese Flut habe es in diese alpinen Höhen spülen können. Dass die Spanier, damalige Weltmacht Nr. 1, fast schon resignierend zu der Erkenntnis kamen, dass nicht einmal sie zu einer derartigen Bauleistung fähig wären, besagt eigentlich alles. Wie erschwert die Lebens- und Arbeitsbedingungen in dieser Höhenlage zusätzlich sind, widerfuhr den ersten spanischen Siedlern auf tragische Weise: Ihre Neugeborenen verstarben fast regelmäßig schon im ersten Lebensjahr.

Sensationelle Erkenntnisse über Puma Punku erbrachten allerdings deutsche Wissenschaftler zu Beginn des 20. Jahrhunderts, wie etwa der Ingenieur Arthur Posnansky und der Architekt Edmund Kiss. Posnanskys Interesse galt dem 130 × 135 Meter großen Hauptgebäude Kalasasaya, bei dem es sich um ein Observatorium zur Beobachtung des Sonnenlaufes und anderer astronomischer Phänomene handeln soll. Aufgrund einer Rückrechnung der Schiefe der Ekliptik – der Schnittlinie der Bahnebene der Erde mit der Himmelssphäre, die in 40.000 Jahren zwischen einem Winkel von 21 und 28 Grad schwankt – gelangte Posnansky zu dem Resultat, die Anlage habe ein Alter von 17.000 Jahren. Edmund Kiss wiederum konnte belegen, dass im Zentrum der Anlage einst eine Stufenpyramide ähnlich den Zikkuraten in Mesopotamien stand.

Sollten sich diese Angaben bewahrheiten, würde der gesamte Verlauf der so schön gepflegten Menschheitsgeschichte kopfstehen. Um das Weltbild wieder gerade zu rücken, schickte die Deutsche Astronomische Gesellschaft 1926 eine Expedition nach Puma Punku, um die Angaben zu prüfen. Unter der Leitung des Maya-Experten Professor Dr. Hans von Ludendorff, Direktor des Astronomischen und Astrophysikalischen Observatoriums in Potsdam, sowie des Astronomen Dr. Rolf Müller kam die Gruppe nach zwei Jahren zu dem Ergebnis, die astronomische These stimme im Prinzip, sie schätzten das Alter jedoch lediglich auf 11.000 bis 12.000 Jahre. Natürlich wurden all diese Zahlen von der Fachwelt nicht akzeptiert und rundherum abgelehnt, weil dies sonst den etablierten Verlauf der Menschheitsgeschichte zu sehr verändert hätte. Die Teilnehmer der Expedition wurden trotz ihrer anerkannten Reputation geradezu angefeindet, was es in der Folge gewiss nicht leichter machte, Wissenschaftler dazu zu ermuntern, ein zementiertes Weltbild in Frage zu stellen.

Abb. 41, 42. Oben der zertrümmerte 1.000 Tonnen schwere Block. Rechts ein Block in H-Form, der auf eine Bearbeitung wie von lasergesteuerten Sägen, Fräsen und Bohrern hinweist. Die exakten Nuten und Federn erwecken den Eindruck, dass es sich um überdimensionierte Legosteine handelt. Das »H« findet man, wenn auch sehr klein, ebenso in Göbekli-Tepe.

Ist Puma Punku ebenfalls ein Erbe der Giganten der Frühzeit? Für die etablierten Altamerikanisten bleibt dieser Ort trotz oder eben wegen aller Fakten ein unverdaulicher Brocken, der ihnen immer noch Magenbeschwerden bereitet. Hans Ertl, der an dem Bericht der Deutschen Anden-Amazonas-Expedition in den Jahren 1954/55 beteiligt war, erwähnt jedoch die Überlieferungen der Indios zu den Erbauern: Es waren übergroße, hellhäutige und bärtige Männer, die lange vor den ersten Inka gelebt haben sollen. Für die katastrophalen Umwälzungen in Südamerika vermutete er einen kosmischen Ursprung. Dabei wäre es für die Fachwelt doch ganz einfach, Zustimmung zu erhalten: Bitte einen beispielsweise nur halb so schweren 500-Tonnen-Monolithen mit den damaligen Möglichkeiten in die dünne Luft von Puma Punku transportieren und diesen dort exakt bearbeiten!

Billardkugeln für die Giganten?

Wenn die Giganten der Frühzeit mit Kugeln spielten, dann müssen diese wohl auch ein außergewöhnliches Format besessen haben. Und das demonstrieren sie in einer imposanten Größe! Im mittelamerikanischen Costa Rica befinden sich Hunderte dieser Kugeln, von denen die über zwei Meter großen eine effektiv symmetrische Form haben, wohingegen die kleinen eher unförmig sind. Somit drängt sich förmlich der Verdacht auf, dass wie auf den Osterinseln spätere Bewohner die Originale im verkleinerten Maßstab kopieren wollten. Nun finden sich weltweit vorwiegend an Stränden kugelförmige Gebilde, die durchaus natürlichen Ursprungs sind. Anders verhält es sich mit den Steinkugeln in Costa Rica, wie das rechte Foto auf der gegenüberliegenden Seite eindrucksvoll belegt.

Diese Kugeln sind eindeutig keine Laune der Natur, sondern das Produkt technisch außergewöhnlich begabter Könner. Eine sphärisch fast perfekte Kugelform zu modellieren, ist um ein Vielfaches schwieriger, als beispielsweise einen rechteckigen Block herzustellen. Um aber im wahrsten Sinne des Wortes allem noch die Krone aufzusetzen, liegen diese Granitbälle manchmal auf dem höchsten Punkt von Hügeln, ein anderes Mal sogar im dichten Dschungel von Costa Rica.

Das wirft natürlich die Frage auf, wie die Hersteller diese bis zu sechzehn Tonnen schweren Kugeln auf den Berg gerollt oder in den Urwald transportiert haben! Zudem existiert noch ein weiteres Rätsel, denn in Costa Rica findet man zwar einen Steinbruch, aus dem die Kugeln stammen könnten, dieser ist jedoch, wie fast üblich bei ungeklärten prähistorischen Konstruktionen, weit entfernt, in diesem Fall über achtzig Kilometer.

Eben wegen dieser Problematik ist darüber nicht allzu viel von archäologischer oder sonstiger wissenschaftlicher Seite zu erfahren. Außer von John Hoopes, Anthropologe der University of Kansas, der die wilden Spekulationen über fiktive alte Zivilisationen oder Besuche von Außerirdischen als Unfug anprangert. Er meint, zur Herstellung der Steinkugeln benötige man weder Atlantis noch außerirdische Raumschiffe, da sie hauptsächlich durch Schlagen und Schleifen hergestellt wurden. Archäologische Ausgrabungen in den 1940er Jahren

Abb. 43, 44
Das linke Foto mit den zwei Kugeln im Franz-Josef-Land stammt von der Reiseagentur »terra polaris«, die Touristen in die Polarregion befördert und ihnen Gelegenheit bietet, diese Wunderkugeln vor Ort zu besichtigen. Das rechte Foto zeigt eine Steinkugel in Costa Rica.

hätten gezeigt, dass sie schlüssig den präkolumbianischen Kulturen des südlichen Costa Rica zugeordnet werden können. So habe man nahe den Kugeln typische Keramikscherben dieser Epoche gefunden. Ja, wenn das kein Beweis dafür ist, dass vermutlich irgendwann ein Indio beim Anblick der Kugel vor Schreck einen Krug fallen ließ, der beim Aufprall zerbrach.

Hoopes vermutet, die Kugeln seien durch Schlagen und Schleifen hergestellt worden, an einigen könne man noch Spuren von Abschlägen durch Steinhämmer finden. Weil weder Legenden noch Schriftliches über die Herstellung und den Sinn der Kugeln vorliegen, befürwortet er auch archäologische Rekonstruktionsversuche. Eine ausgezeichnete Idee, aber bitte nicht mit einer gerade mal einen Meter großen Kugel, wie sie vielfach auf Fotos mit ihm zu sehen sind! Hoopes sollte stets das größte Format wählen und dabei nicht vergessen, dass die Rekonstruktionen ja auch noch irgendwie in die Polarregion befördert werden müssen. Oder ist der Transport gar nicht nötig? Denn nun erscheint die Glanznummer im wissenschaftlichen Kuriosenkabinett.

Einen Steinbruch, aus dem ein über drei Meter großer und über zwanzig Tonnen schwerer quadratischer Block herausgebrochen werden musste, findet man auf der zur Inselgruppe des Franz-Josef-

Landes gehörenden Champ-Insel nicht. Dabei sind die dort aufgefundenen Kugeln erheblich größer als die in Costa Rica, wenngleich auch zahlreiche kleinere Steinkugeln in der polaren Landschaft herumliegen. Im kleinen mittelamerikanischen Costa Rica lebten wenigstens einmal Maya oder Azteken, und auf der Ellesmere-Insel werden Inuits gesiedelt haben. Aber ausgerechnet auf der Inselgruppe Franz-Josef-Land, die erst vor 150 Jahren entdeckt wurde und von keiner indigenen Bevölkerung bewohnt war, liegen die größten Kugeln mit bis zu drei Meter Durchmesser.

Für John Hoopes sind die Kugeln zweifelsfrei das Werk von Menschen. Weil die aber nahe des Nordpols fehlten, muss notgedrungen eine andere Erklärung herhalten, über deren Qualität sich jeder seine eigene Meinung bilden kann. Denn die dortigen großen Steinkugeln sollen auf natürliche Weise entstanden sein, sozusagen durch einen geologischen Urknall. Als Auslöser wird ein Fossil vermutet. Das könnte zum Beispiel eine an Fettsucht verstorbene kugelrunde tote Maus gewesen sein, um die herum sich dann in Sedimentgesteinsschichten schalenförmige Ablagerungen bildeten. So entstanden in Millionen von Jahren die überaus harten Kugeln, die wegen des sie umgebenden, schnell verwitternden Steingerölls langsam wie eine Pflanze aus dem Boden emporwachsen konnten. Es wäre indes recht seltsam, wenn die großen Kugeln in Costa Rica ein Produkt der Indios und ihre Ebenbilder in der Polarregion auf natürliche Weise entstanden wären. Sind sie also kein Werk der Giganten der Frühzeit, dann wäre zumindest eine der Expertenmeinungen falsch.

Wenn im Franz-Josef-Land Steinkugeln entdeckt wurden, warum nicht auch auf der nicht allzu weit entfernten und auf gleicher Höhe liegenden Ellesmere-Insel? Im Internet findet man Berichte über Steinkugeln auf Ellesmere, leider ohne Fotos, weshalb es sich wohl eher um Falschmeldungen handelt.

Stonehenge – ein prähistorisches Lourdes?

Normalerweise wäre die Reihenfolge zur Beurteilung der Ringanlage von Stonehenge wie auch anderer Bauwerke folgende: Zunächst müsste makellos dokumentiert werden, wie der Transport und die Baudurchführung vonstatten gingen. Danach wären Gedankengänge angebracht, zu welchem Zweck die Anlage einst diente. Weil diese Vorgehensweise in der Regel in einem Dilemma endet, wird der erste Schritt geflissentlich übergangen und man wendet sich umgehend den immateriellen Aspekten zu. Heilende Steine erweitern gegenwärtig das praktikable Angebot im Wellnessbereich. Warum sollte die Ringanlage bei Salisbury im Süden Englands nicht einen solchen Stellenwert haben? Die Archäologieprofessoren Timothy Darvill und Geoff Wainwright präsentierten jedenfalls die geniale Lösung: Stonehenge war eine Heilstätte, ein prähistorisches Lourdes!

Aus ganz Europa sollen die Menschen dorthin gepilgert sein, weil sie sich von den Blausteinen eine heilende Wirkung versprachen. Allzu viel hat es wohl nicht genutzt, denn die beiden Archäologen fanden in der Umgebung Gräber mit Skeletten, nach deren Untersuchung sie zu der sensationellen Erkenntnis kamen, dass die Steinzeitmenschen aus zwei Gründen verstorben sind: entweder an Krankheiten oder an Verletzungen! Eigentlich schade, dass es Ötzi nicht mehr bis Stonehenge geschafft hatte. Aufgrund von Zahnschmelzanalysen soll es aber einem anderen Austriamenschen trotz schlimmster Kieferschmerzen gelungen sein, bis nach Stonehenge zu pilgern.

Die Briten sind als höfliche Menschen bekannt. Aber dass sie so entgegenkommend waren, in der Nähe des heutigen Salisbury heilende Blausteine aufzustellen, kann nicht hoch genug anerkannt werden. So ersparten sie den kranken oder verletzten Festlandeuropäern immerhin eine 380 Kilometer weite Wegstrecke bis zum Prescellygebirge in Südwales, wo sie eigentlich – wie auch die Einheimischen – die Wirkung der Heilkräfte *in situ* hätten genießen können. Ja, so weit ist der Transportweg, es sei denn, man nutzte den Bristol Channel als Abkürzung, wofür einerseits wieder Boote nötig, andererseits aber nur noch läppische 250 Kilometer zu bewältigen gewesen wären.

Wie solche Boote hergestellt worden sein könnten, zeigte das ZDF in einer seiner beliebten *Terra X*-Produktionen. Es war ein faszinierendes Schauspiel, das sich dem Zuschauer darbot. Mit modernen Geräten aus dem Baumarkt wie Kettensägen, Eisenbohrern und dergleichen wurden Einbäume angefertigt. Nachdem zwei Einbäume unter Verwendung von Metallklammern miteinander verbunden waren, sollte ein vier Tonnen schwerer Menhir auf dem nachempfundenen prähistorischen Katamaran transportiert werden. Jedoch, o Schreck, ein kleines Missgeschick, und schon war die Bordwand zertrümmert und das Boot sank. So konnte man wenigstens sehen, dass nicht immer alles nach einem ausgeklügelten Plan abläuft.

Für die Ägypter mit ihrem durchorganisierten Staatswesen wäre Stonehenge durchaus realisierbar gewesen. Aber wer kann ernsthaft vertreten, dass umherstreifende Sippen fähig gewesen sein sollen, bis zu fünfzig Tonnen schwere Steinblöcke aus den 32 Kilometer nördlich gelegenen Marlborough Downs herauszubrechen, zu transportieren, aufzustellen und anschließend auch noch die komplizierten, tonnenschweren Deckensteine exakt zu positionieren? Ein nachträgliches Verschieben war nicht möglich, weil diese unnötigerweise sogar mit Auskehlungen und Zapfen versehen wurden. Mit Steinwerkzeugen wären diese Arbeiten wohl kaum auszuführen gewesen. Zwar hat man in einem Experiment auf einem hölzernen Schlitten und viel Fett einen Sarsenstein etwa 100 Meter weit gezogen, aber dreißig Kilometer durch unwegsames Gelände?

Aufgrund dieser Erklärungsnot hat man eine neue Bewertung vorgenommen, die besagt: »Es ist zweitrangig, wie die Anlage von Stonehenge erstellt wurde. Nicht auf das Wie kommt es an, sondern auf das Warum! Zudem ödet es doch an, ständig das Transportproblem aufzuwärmen, experimentell ist ohnehin alles erwiesen.« Stimmt zwar nicht, aber nach Berechnungen hätten 1.500 Mann dieses Bauwerk in drei Jahren schaffen können. Und wie schon üblich, setzte der nächste Experte die Anzahl niedriger an: 300 Mann hätten völlig genügt. Immerhin ließ man bei Stonehenge Kinder einen kleinen Steinblock auf einem Schlitten über eine Wiese ziehen. Was zeigt uns dieses wunderbar funktionierende Beispiel? Es war schon immer kinderleicht, Monumentalbauten zu errichten!

Noch streiten die Experten darum, ob 2.300 oder 3.030 v. Chr. im Spätneolithikum die Zeit der Erbauung war. Natürlich war Stonehenge vor über 4.000 Jahren aufgrund seiner Monumentalität ein bevorzugter Aufenthaltsort für die Lebenden wie auch für die Verstorbenen. So fand man in diesem Gebiet Spuren einer Ansiedlung mit zahlreichen Häusern, Prozessionsstraßen sowie einen Holznachbau der Ringanlage. Und schon hatten die Experten eine einleuchtende Erklärung: Die Anlage aus der Biomasse Holz war für die Lebenden gedacht, die aus leblosem Stein sinnigerweise für die Toten.

Es gelang zwar, mit Hilfe der Radiokarbonmethode ein bei einem Blaustein gefundenes Getreidekorn auf 2.300 v. Chr. zu datieren. Aber genügt das? Die Blausteine befinden sich heutzutage ringförmig im Inneren der Anlage, sollen aber früher außerhalb gestanden haben. Deshalb wäre es durchaus möglich, dass die nur vier Tonnen wiegenden Blausteine eben zu dieser Zeit dort neu positioniert wurden. Außerdem fand man unter einem umgestürzten Menhir ein Hirschgeweih, das ebenfalls auf diese Epoche datiert wurde. Aber genügen diese Indizien, die ersten Bewohner Britanniens als die Erbauer zu postulieren? Miss Marple mit ihrem kriminalistischen Spürsinn hätte dies vermutlich eher so gedeutet: Wahrscheinlich haben die trinkfesten Glockenbecherleute (so genannt, weil zu deren Garnitur immer ein großer konischer Becher gehörte) dort einen Grillabend veranstaltet und einen erlegten Hirsch verspeist. Nach dem übermäßigen Genuss von Ale (kein Fisch, sondern britisches Bier) haben sie im Übermut einen Menhir zum Umsturz gebracht, der das Geweih damals unter sich begrub.

Dass Jahrtausende später britische Ureinwohner die Anlage als sakrale Begegnungsstätte nutzten – durchaus vorstellbar. Kaum vorstellbar, dass durch ein Erdbeben die verzapften Deckensteine herunterfielen. Waren es wirklich die Glockenbecherleute oder die später eingewanderten Kelten, die Stonehenge teilweise zerstörten? Denn diese verachteten aufgrund ihrer pantheistischen Gottesvorstellung eben alle megalithischen Bauten. Somit bleibt die Ungewissheit, welcher Volksgruppe diese Anlage denn nun wirklich zugesprochen werden kann, denn von den genialen Konstrukteuren ist wieder einmal rein gar nichts überliefert.

Eigentlich ist es völlig egal, ob Stonehenge als Tempel, astronomisches Observatorium oder Kalender diente. Fest steht: Um eine solche Anlage zu errichten, müsste ein sehr gut funktionierendes Gemeinwesen mit bestens geschulten Konstrukteuren und Handwerkern sowie einer perfekten Logistik und Infrastruktur existiert haben. All dies gab es zu dieser Zeit aber nicht. Deshalb vermutet man einen mächtigen Stammesfürsten, der seine Leute jahrelang (ohne Opposition?) schuften ließ, um zu sehen oder nicht zu sehen, wann im wolkenverhangenen Britannien der Mond aufgeht oder, um Hungersnöte zu vermeiden, zum richtigen Zeitpunkt die Saat in der Erde verbuddelt werden musste.

Wenn es um die Erbauer von Stonehenge geht, bleibt sogar die Mythologie stumm. Die Erzählung des Zauberers Merlin, Riesen hätten in alten Zeiten aus dem fernen Afrika die Steine herbeigebracht und aufgestellt, muss man eher der Kategorie Fantasy zuordnen. Nicht eine einzige Schilderung des Wirkens dieser Genies ist der Nachwelt überliefert. Deshalb bleibt auch hier kaum eine andere Lösung, als dass Stonehenge ein Erbe der Giganten der Frühzeit sein muss.

Bleibt noch nachzutragen, dass der deutsch-französische Kultursender ARTE den Beitrag *Stonehenge – das ultimative Experiment* sendete, der später mehrmals in den dritten Programmen der öffentlich-rechtlichen Fernsehsender wiederholt wurde. Die gesamte Anlage sollte in einem Experiment als maßstabgerechte Rekonstruktion noch einmal errichtet werden. Das konnte man sich als Interessierter natürlich nicht entgehen lassen! Und tatsächlich schaffte es das Team, den inneren Halbkreis mit den verzapften Deckensteinen zu erstellen. Der Beifall blieb nicht aus, das Experiment war gelungen, hatte jedoch einen klitzekleinen Schönheitsfehler: Das Material für die Nachahmung bestand aus Polystyrol, bekannter unter dem Namen Styropor.

Ja, wer hätte das gedacht, trotz des schalldämmenden Styropors ermittelte ein Akustiker, der alle möglichen elektronischen Geräte dort installierte, dass die Anlage einen wunderbaren Klang erzeugte und dies beim Bau berücksichtigt wurde. Wozu und für wen eigentlich? Oder muss damit auch das Gründungsdatum der Londoner Philharmoniker zurückdatiert werden?

Der größte Baustein der Welt liegt in Baalbek

Im Osten Libanons liegt auf über 1.000 Meter Höhe die Stadt Baalbek, in deren äußeren Peripherie eine monumentale Tempelanlage aus der Römerzeit steht. Es gibt keine Zweifel, dass die Römer diese Tempel auf dem Fundament einer älteren Anlage erbauten. In diesem Fundament befinden sich drei Steinquader von 800 Tonnen, die genau eingepasst sind, was ja auch nicht gerade einfach ist. Aber wie rein zufällig liegt in diesem Gelände ein weiterer, exakt bearbeiteter Koloss im Format 21 × 4,8 × 4,2 Meter. Anders als in Stonehenge beträgt der Transportweg keine Hunderte, sondern lediglich eineinhalb Kilometer. Die haben es aber in sich, denn der »Stein des Südens«, wie er genannt wird, hat ein Gewicht von geschätzten 1.500 Tonnen. Auf der Erde findet sich kein größerer, aus einem Steinbruch herausgebrochener und bearbeiteter Stein.

Bauingenieure stehen immer noch vor einem großen Rätsel, denn die technischen Möglichkeiten der Antike waren für den Transport dieses Objektes keineswegs vorhanden. Holzrollen wären im Sand versunken, Schlitten unter dem immensen Gewicht wie Streichhölzer zusammengeknickt. Zwar existieren gegenwärtig stationäre Kräne, die dieses Gewicht heben können, aber das Transportproblem wäre vor allem in diesem Gelände sogar heute kaum zu bewältigen.

Dass Baalbek nicht, wie von einigen vermutet, ein Weltraumbahnhof für Außerirdische war, darüber erübrigt sich jede Diskussion. Auf die Frage, wer in der Lage war, derart gewaltige Felsblöcke zu bewegen, lautet die Antwort der Experten: die Römer, weil sie in der Antike wahre Meisterleistungen der Ingenieurskunst vollbrachten. In meiner Bibliothek befindet sich eine fast 500 Seiten dicke Schwarte über die Römer, die zweifellos völlig neue Baumethoden und -techniken entwickelten, in Sachen Bauausführung aber gewiss als Pragmatiker einzuordnen sind. Wie wurde zum Beispiel ihr größtes Bauwerk, das Colosseum, errichtet? Jedenfalls nicht auf einem Fundament aus Steinquadern, sondern auf einem gegossenen Betonfundament von dreizehn Meter Dicke. Damit erübrigt sich eigentlich jegliche Diskussion, der größte Baustein der Erde sei von den Römern als Fundament gefertigt worden.

Abb. 45. Wenn das Größenverhältnis eines Menschen zum »Stein des Südens« betrachtet wird, stellt sich die Frage, wie ein derartiger Koloss in diese unwegsame Landschaft gelangte.

Über das Römische Reich ist so gut wie alles bekannt und schriftlich überliefert, und wären die Römer für den Koloss von Baalbek verantwortlich gewesen, hätte die Nachwelt sicher etwas darüber erfahren. Aber ausgerechnet in einem von Unruhen heimgesuchten Besatzungsgebiet soll in der Zeit um Christi Geburt eine Kohorte (600 Mann) oder auch mehrere die Zeit besessen haben, so ganz nebenbei die vier größten Bausteine der Erde zu fertigen und zu transportieren. Als Erklärung halten die Befürworter der römischen Urheberschaft eine mehr als suspekte Antwort parat: »Dass die Menschen in der Antike dazu in der Lage waren, gewaltige Steinmassen mit den ihnen vorhandenen Mitteln zu bewegen, gilt als erwiesen. Die Pyramiden von Gizeh sind ein eindrucksvolles Beispiel für diese Leistung. Auch in römischer Zeit war man in der Lage, Felsblöcke mit erheblichem Gewicht und großen Ausmaßen zu bewegen.«

Was für eine Erklärung! Die Entstehung eines unerklärlichen Bauobjekts durch den Verweis auf ein anderes, ebenfalls unerklärliches beweisen zu wollen, erhöht gewiss nicht die Qualität der Beweisführung. Im Prinzip ist nämlich gar nichts bewiesen, weder dass die Römer diesen Monolithen bewegen konnten, noch dass die Ägypter die Pyramiden auf dem Gizeh-Plateau errichteten. Aber wäre dies nicht ein willkommenes Experimentfeld für das Terra-X-Team, um zu zeigen, wie vor über 2.000 Jahren dieser Koloss bewegt wurde? Dazu wäre es nicht einmal nötig, in den Libanon zu reisen. Dieses Experiment ließe sich mit genügend Beton und drei oder vier Kohorten durch Befürworter der römischen Version sogar auf dem Lerchenberg, der Heimstatt des ZDF in Mainz, durchführen. Aber »wetten, dass …« auch dieses Experiment nie durchgeführt werden wird? Schlau daherreden ist nämlich eine Sache, etwas in der Praxis umzusetzen eine andere.

Immerhin sind, anders als bei Stonehenge, die Bauherren von Baalbek benannt. Für die Assyrer ist Baalbek die älteste Stadt der Welt, die schon zu Nimrods Zeiten existiert haben soll und von Riesen erbaut wurde. Nach einer anderen Version soll es Henochs Großonkel, der allseits bekannte Brudermörder Kain gewesen sein.

Obelisken-Rafting auf dem Nil

Die Obelisken sollen eine Verbindung von der irdischen zur Götterwelt darstellen. Diese Deutung finde ich durchaus akzeptabel, aber es spricht eigentlich nichts dagegen, dass sie darüber hinaus auch den Startturm für einen Weltraumlift symbolisierten. Dass die Ägypter Obelisken anfertigten, dürfte ebenfalls außer Frage stehen. Für deren Herstellung und Transport muss man nicht gleich die Giganten der Frühzeit bemühen. Ob allerdings ein Transport auf dem Nil von Assuan nach Heliopolis und Luxor immer so reibungslos verlaufen ist, wie es in den verschiedenen Modellen erläutert wird, erscheint mir mehr als fraglich. Der Transport wie auch die Methode des Aufrichtens der Obelisken wird bisher lediglich durch theoretische Modelle der Wissenschaftler erklärt, denn bis heute fand sich keine überlieferte, altägyptische Beschreibung dieser Vorgänge.

Professor Mark Lehner, Ägyptologe aus Chicago, der sich gern medienwirksam als Experimentalarchäologe präsentiert, demonstrierte einmal an einer 5 × 5 Meter großen Pyramide, wie leicht den Ägyptern diese Arbeit angeblich von der Hand ging. Das Hauptau-

Abb. 46. Der 32 Meter hohe und über 300 Tonnen schwere Obelisk der Hatschepsut im Karnak-Tempel.

genmerk richtete sich dabei auf den Transport eines Obelisken. Vor laufenden Kameras wurde ein etwa drei Meter langer Miniobelisk auf zwei Boote gelegt, und schon ging es nilabwärts. Genügt das bereits als Beweis? Immerhin haben auch die in der Schifffahrt gegenüber den Ägyptern doch etwas routinierteren Römer mit Spezialschiffen Obelisken nach Italien gebracht. Und 1588 richteten über 900 Männer mit 75 Pferden, 40 Göpeln (eine von Menschen oder Pferden betriebene, im frühgeschichtlichen Ägypten unbekannte Hebevorrichtung) und fünf großen Hebeln den Obelisken Tutmosis III. in Rom auf, wofür sie beinahe ein Jahr benötigten.

Im Hatschepsut-Tempel in Deir el-Bahari existiert zwar ein Relief, das den Transport eines Obelisken auf einem Schiff darstellt. Stutzig macht aber, dass diese Version von den Sachkennern der Schifffahrt als nicht durchführbar angesehen wird. Bedeutet das Urteil der Spezialisten etwa, dass die Ägypter mit einer Technik protzen wollten, die sie gar nicht beherrschten? Die Experten bieten für den Transport folgende Versionen an: Zwei Schiffe müssten es schon sein, und in der Mitte ein Floß, das wäre eine Möglichkeit. Sogar der Transport unter Wasser wird in Erwägung gezogen, weil der Obelisk dann leichter wäre. Ein anderes Modell erläutert den Vorgang so: Der dreißig Meter lange und 300 Tonnen schwere Obelisk wurde ans Nilufer gelegt, anschließend wurde ein Kanal gegraben (eigentlich müsste dieser heute wenigstens teilweise noch vorhanden sein), in den zwei mit Steinen beladene Boote links und rechts unter den Obelisken in Stellung gebracht wurden. Anschließend wurden die Boote wieder entladen, so dass die Boote den Obelisken anhoben – und schon war freie Fahrt angesagt.

Aber es gibt ein Problem: Bei Esna sind einige Meter Höhenunterschied zu bewältigen. Daher befindet sich dort heute ein Schiffshebewerk, das es zur Pharaonenzeit noch nicht gab. Das altertümliche Obelisken-Rafting über die Stromschnellen muss daher recht lustig gewesen sein. Im Transportwesen gibt es heutzutage täglich Unfälle, und im Pharaonenreich war dies bestimmt nicht anders. Wenn man den Gesetzen der Wahrscheinlichkeit folgt, müssten wohl einige Obelisken heute noch im Nilschlamm liegen und durch Echolot oder Sonarmessungen sogar zu orten sein.

Nun sollte man sich nicht darauf versteifen, dass die Ägypter dazu nicht fähig waren, aber können einige der Obelisken nicht schon seit Jahrtausenden im heutigen Luxor gestanden haben? Erinnert sei an Herodot, dem die ägyptischen Priester versicherten, dass Theben bereits 11.000 Jahre vor ihrer Zeit existierte: »Kein Ort auf Erden ist älter als Theben ...« Und wenn in Theben die Götter oder sonstwer sich die Zeit vertrieben, werden dort nicht nur Lehmhütten gestanden haben.

Im Alten Reich in Heliopolis hatten die Obelisken keine Beschriftung, wohl aber in Theben zu Zeiten des Neuen Reiches. Deshalb soll nicht vermutet, sondern nur die Möglichkeit in Betracht gezogen werden, dass die Pharaonen des Neuen Reiches damals den Auftrag erteilten, die bereits vorhandenen Obelisken mit Hieroglyphen zu verzieren, und auch, dass einige Tempel erst später in der Peripherie der Obelisken erstellt wurden. Übrigens: Im alten Ägypten nahm man es mit der Wahrheit nicht immer so genau. Ramses II. ließ sich an einem Pylon im Luxor-Tempel als der große Sieger in der Seeschlacht gegen die Hethiter verewigen, in Wahrheit musste er eine deftige Niederlage einstecken.

Die Obelisken werden hier vor allem deshalb angesprochen, weil ein seltsamer Zusammenhang zwischen Ägypten, den Osterinseln und Baalbek besteht, der im ersten Augenblick wahrlich frappierend ist: die deutlich erkennbare Gleichartigkeit des Größenwahns an allen drei Orten. In einem Steinbruch in Assuan liegt heute noch ein unvollendeter Obelisk, der eine Länge von 42 Meter aufweist und auf stattliche 1.168 Tonnen kommt. Sein Gewicht übertrifft damit alle anderen Obelisken um ein Mehrfaches. Am Kraterrand des Rano Raraku auf den Osterinseln liegt eine freigelegte, überdimensioniale Statue mit einer Höhe von zwanzig Meter und einem Gewicht von 240 Tonnen, fast dem Fünffachen der größten bekannten Statuen. Passend dazu finden wir in Baalbek den größten Baustein der Welt wie zufällig im Gelände liegengelassen. Für eine hypothetische Antwort bieten sich drei Versionen an: Die Bauherren hatten sich übernommen, es wurde schlagartig weltweit ein Baustopp verhängt oder dramatische Ereignisse auf der Erde verhinderten eine Weiterführung.

Für die hier angeführten Beispiele liefern die Menschheitserinnerungen mitunter plausible Erklärungen, wenngleich sie nicht immer aufschlussreich sind. Vielfach wurden diese bautechnischen Rätsel auch mit Außerirdischen in Verbindung gebracht, was sie nicht unbedingt seriös erschienen ließ und mit einem Stigma versah. Aber es steht nun einmal fest, dass sich ohne die hypothetische Annahme einer uns noch unbekannten Technik weder Puma Punku noch Baalbek erklären lässt.

Die Archäologie müsste solche Hypothesen zumindest in Erwägung ziehen, statt mit fadenscheinigen bis lächerlichen Erklärungsversuchen eine vorgefasste Meinung zu vertreten. Aber um ja nicht am vorherrschenden Paradigma zu kratzen, wird lieber ein Eiertanz vollführt, der seinesgleichen sucht, und an dem die veränderungsresistenten Wissenschafts- und Medienmonopole gleichermaßen beteiligt sind. Kritischer Journalismus ist in diesen Fällen nicht zu erwarten. Wie sollte auch ein Redakteur mit dem Studiengang Germanistik oder Philosophie über spezifische Kenntnisse der Bautechnik verfügen? So werden theoretische Interpretationen von archäologischer Seite als gesicherte Erkenntnisse vorbehaltlos übernommen, akzeptiert und propagiert, wie schon das Beispiel Nazca belegt.

Abb. 47. Der Turmbau zu Babel war bei Künstlern ein ebenso beliebtes Motiv wie die Himmelsleiter. Diese Darstellung stammt von dem französischen Maler Paul Gustave Doré (1865).

Weltweiter Turmbau – Synonym für die Himmelfahrt

Der Turmbau zu Babel

Der Weltraumlift war einschließlich des Startturms demontiert, und Außerirdische waren vermutlich auch nicht mehr anwesend. Prägnanter, als es die afrikanische Kosmogonie schildert, kann man es eigentlich nicht fassen: »Das Seil zwischen Erde und Himmel wurde durchtrennt, und die Götter verließen die Erde.« Der Turm für den Weltraumlift war ja der Ausgangspunkt, von dem Passagiere über die Erde hinaus bis in höchste Regionen gelangten – und das bei einem spektakulären Ausblick auf unseren Planeten. Das hatte man natürlich nicht vergessen, was war also zu tun? Natürlich, ein Turm musste wieder her!

Es dürfte zwischen 11.000 und 9.000 v. Chr. gewesen sein, als die verrückte Idee, erneut in himmlische Sphären aufzusteigen, in die Tat umgesetzt wurde. Wenn sogar die Indianer im südamerikanischen Urwald von einem solchen Projekt berichten, bevor die Europäer zu ihnen kamen, kann eigentlich nur dieser Zeitraum in Frage kommen. Aber nicht nur dort, sondern weltweit existieren Schilderungen über einen im Fiasko endenden Turmbau. Und sollte, wie überliefert, Nimrod beteiligt gewesen sein, dann war es eben die Zeit der weltweit aktiven Giganten der Frühzeit.

Laut dem römischen Geschichtsschreiber Sibylla muss der Turm gewaltig gewesen sein, weil damit nicht nur der Himmel erreicht werden sollte, sondern: »zu den Sternen strebten sie hinauf«. Zwar berichtet der babylonische Priester Berossus von den ersten Menschen, die vor Größe und Stärke nur so strotzten, die Götter verachteten und einen hohen Turm bauten, um den Göttern nahe zu sein, aber von den Sumerern stammt der Hinweis: »Gegenüber dem Ozean erbauten sie den Tempelturm des oberen Ozeans.« Ohne Wenn und Aber dürfte damit der bisher vermutete geografische Standort im Zweistromland nicht mehr für den alles überragenden Turmbau in Frage kommen.

Dennoch gilt für die Archäologie der Tempelturm von Etemenanki weiter als der berühmte Turm zu Babel, der von König Nabopolassar und seinem Sohn Nebukadnezar II. im 7. Jahrhundert v. Chr. wieder aufgebaut wurde. Der deutsche Archäologe Robert Koldewey war sogar überzeugt, den biblischen Turm nahe des Euphrats gefunden zu haben, als er einen Graben entdeckte, in dem er Reste eines rechteckigen Lehmziegelturms mit einer Seitenlänge von 96 Meter vorfand. Aber wir sollten uns von der Vorstellung verabschieden, dass in der Bibel beschriebene Begebenheiten sich ausschließlich im Gebiet zwischen den Flüssen Nil, Jordan, Euphrat und Tigris ereigneten. Es wurden bereits einige Beispiele erwähnt, die Parallelen in der Mythologie westlich wie östlich des Atlantiks aufweisen. Das lässt den Schluss zu, dass sich zahlreiche dieser Begebenheiten auf weltweit wahrgenommene Geschehnisse beziehen.

Das Wort Babel ist die griechische Auslegung des hebräischen »Bavel« für Babylon, das wiederum auf dem akkadischen Wort Babilum, Gottes Tor, beruht. In der hebräischen Fassung bedeutet Babel so viel wie Geplapper oder Gebrabbel. Und es muss wohl einiges los gewesen sein in der Metropole Babel. Natürlich herrscht in jeder großen Stadt ein reges Treiben, aber in der Apokalypse des Johannes wird Babel zweifelsfrei als Weltmetropole beschrieben, die »am großen Wasser« lag, was doch eher auf ein Meer als auf einen Fluss hindeutet. Dadurch erhärtet sich für mich der Verdacht, dass mit dem biblischen Babylon in Wahrheit die Kapitale von Atlantis gemeint war.

Schon der griechische Philosoph Platon schrieb in seinem Bericht über Atlantis, der bis heute als der ausführlichste und glaubwürdigste alte Text über dieses Mysterium der Weltgeschichte gilt, über drei ausgedehnte Hafenanlagen vor der Stadt: *Dies alles nahmen zahlreiche und dichtgedrängte Wohnungen ein; die Seezufahrt und der größte Hafen aber waren mit Schiffen und Handelsleuten überfüllt, welche aus aller Welt kamen und Geschrei, Gewirr und Krach aufgrund ihrer Menge bei Tag und Nacht verursachten.* Was für ein wunderbarer Beleg für das »babylonische Gewirr«.

Wie Fred Hartmann in seinem Büchlein *Der Turmbau zu Babel* deutlich macht, gibt es noch eine Fülle weiterer Aussagen über den Turmbau oder einen Aufstieg in den Himmel. Sage und schreibe sechzig Schilderungen aus aller Welt hat er zusammengetragen. Dabei ist er zwar ebenso wie ich davon überzeugt, dass die Überlieferungen vom Turmbau zu Babel auf einem realen Ereignis beruhen, zieht aber aufgrund seiner kreationistischen Gesinnung den biblisch-heilsgeschichtlichen Ansatz dem religionsgeschichtlichen vor. Für Hartmann sind die biblischen Texte das Original und alle Parallelgeschichten anderer Völker entstellte und verzerrte Abwandlungen.

Dabei ist beispielsweise der Sintflutbericht im Gilgamesch-Epos unbestritten der ältere und ausführlichere. Hartmanns seltsame Begründung für seine gegenteilige Auffassung: Noah ließ einen Raben und eine Taube ausfliegen, der sumerische Utnapischtim zusätzlich eine Schwalbe. Weil am babylonischen Fixsternhimmel Rabe und Schwalbe existieren, aber keine Taube, ist der biblische Bericht authentischer und somit auch älter. Hartmann gesteht selber ein, dass die Turmbausagen aus Amerika nicht durch die Europäer verbreitet worden sein können. Aber mit kreationistischem Gedankengut lässt sich diese Hürde sehr leicht nehmen: Die Erkenntnisse der indianischen Urbevölkerung wurden ihnen einfach von Gott persönlich übermittelt.

Meine kreationistische Gesinnung beschränkt sich darauf, dass ich viele Erzählungen der Bibel als auf einem realen Geschehen beruhend ansehe, nur mit dem kleinen Unterschied, dass ich den daran beteiligten Gott anders definiere. Wo auch immer der Turmbau zu Babel stattfand, es waren weder die Götter oder nach dem sybillinischen Orakel ein Sturmwind, der den ersten Wolkenkratzer auf Erden zum Einsturz brachten. Eher ist davon auszugehen, dass mangelhafte Statik und Bauausführung für den Zusammenbruch verantwortlich war.

Dennoch findet eine Aussage Fred Hartmanns meine volle Zustimmung: »Es wird deutlich, dass die ganze Bibel eine Einheit bildet, aus der einzelne Teile nicht ohne Schaden für das Ganze herausgenommen oder uminterpretiert werden können … Löse ich ein Teil aus dem Mosaik heraus, wird das gesamte Werk in Frage gestellt.« Sollte meine Uminterpretierung von Jakobs Himmelsleiter und des Turmbaus Anerkennung finden, bestehen berechtigte Hoffnungen, dass sich Fred Hartmanns schreckliche Befürchtungen eines Tages erfüllen.

Die Legende, über einen Turm in den Himmel aufzusteigen und den Göttern oder Gott nahe zu sein, war auf allen Kontinenten stets aktuell geblieben. Und so begann man in der »Neuzeit« etwa 3.000 v. Chr. auch in fast allen Kulturen Pyramiden oder Zikkurate zu errichten. In Amerika hatte die Himmelfahrt für fast alle indianischen Kulturen eine große Bedeutung. Als Pendant zu Babylon drängt sich förmlich die Mayastadt Palenque in Mexiko auf. Neben den imposanten Stufenpyramiden existierte an beinahe jedem bebauten Ort zudem ein Turm, der den Aufstieg in den Himmel symbolisieren sollte. Diese Türme waren jedoch nicht wie die Stufenpyramiden von außen zu erklimmen, der Weg nach oben führte nur über innere Treppen. In einem Innenraum befanden sich Steinfundamente für hölzerne Leitern, mit denen durch eine Öffnung der Weg zu einer Plattform führte.

Die Mayaforscher sehen darin eine Vorrichtung zur Imitation einer Himmelsreise. Erstaunlich auch die Ähnlichkeiten der baulichen sowie die immateriellen Motive der Türme in Amerika und der mesopotamischen Zikkurate, deren abgestufte Plattformen den Terrassenturm bilden und einen heiligen Berg darstellen sollen. Auf der obersten Plattform befand sich das nur den Priestern zugängliche Heiligtum. Neben der Zentraltreppe führten kleinere Treppen auf die oberen Plattformen. Im ehemaligen Reich Elam, das im heutigen Iran lag und gleichzeitig mit dem sumerischen Uruk entstand, hatten die Zikkurate ebenfalls, wie die Türme in Mesoamerika, innen liegende Treppen.

»Und die ganze Erde hatte ein und dieselbe Sprache ...«

In den Turmbauerzählungen dominiert neben dem Größenwahn vor allem ein weiterer Aspekt, den es zu beleuchten gilt: die Sprachverwirrung! Aber es dürfte kaum gelingen, für diese seltsame Art der Bestrafung eine logische Begründung zu finden. Eigentlich hätte Gott doch Gefallen daran haben müssen, dass die Menschen alles unternahmen, um ihm nahe zu sein. Und lässt sich an der biblischen Aussage »sie werden nicht ablassen von allem, das sie vorgenommen haben zu tun« nicht doch so etwas wie Lob erkennen? Deshalb soll der gesamte Komplex der Sprachverwirrung aus einem völlig anderen Blickwinkel betrachtet werden, denn wenn dieser Supergau der Kommunikation weltumspannend Erwähnung findet, ist ein wahrer Hintergrund nicht völlig auszuschließen.

Sicher, die philosophische Spielwiese lädt förmlich dazu ein, für dieses Dickicht widersprüchlicher Ausführungen ergötzliche Deutungen zu formulieren, wie an einigen Beispielen zu sehen ist: »Der Turmbau will die Erklärung liefern, weshalb nicht nur die Menschheit, sondern der Mensch an und für sich gespalten ist.« (Applaus!) »Der Mensch als *homo faber* im theologischen Sinn ist schon gescheitert, bevor er sich zivilisatorisch zu eigener Größe erheben kann.« (Nochmals Beifall!) »Der Turmbau zu Babel ist die Allegorie für das menschliche Trauma, mit einem anderen Menschen nicht reden zu können, weil er eine andere Sprache spricht.« (Das verschlägt einem doch glatt die Sprache!)

Diese feinsinnigen rhetorischen Floskeln mit dem Hauptgewicht auf philosophischer Anthropologie und Ethnologie tragen jedoch nicht im Geringsten zur Aufhellung der wahren Zusammenhänge bei. Ebenso wenig allerdings das Wirrwarr in der Chronologie der Genesis, deren Abfolge zuvor einer Sortierung bedarf. Der Grund mag sein, dass diese Schilderungen schon zu Moses Zeiten einige Jahrtausende zurücklagen und viele teils verschwommene und teils verworrene Überlieferungen ein Konglomerat entstehen ließen, das gewiss nicht die exakte chronologische Reihenfolge wiedergab. So findet Jakobs funktionierender Himmelsfahrstuhl erst im 28. Kapitel der Genesis Erwähnung. Die Sintflut hingegen mit Henochs Enkel Noah als Überlebendem wird bereits im 6. Kapitel beschrieben, obwohl sie aller Wahrscheinlichkeit nach erst sehr viel später stattfand. Der erfolglose Nachbau des Startturms dagegen erscheint schon im 11. Kapitel mit folgendem Text:

Es hatte aber alle Welt einerlei Zunge und Sprache. Da sie nun zogen von Osten, fanden sie ein eben Land im Lande Sinear ... Und sprachen: Wohlauf, lasst uns eine Stadt und einen Turm bauen, dessen Spitze bis an den Himmel reiche ... Da fuhr der Herr hernieder, dass er sähe die Stadt und den Turm, die die Menschenkinder bauten. Und der Herr sprach: Siehe, es ist einerlei Volk und einerlei Sprache unter ihnen allen, sie werden nicht ablassen, von allem, das sie vorgenommen haben, zu tun. Wohlauf, lasst uns *herniederfahren und ihre Sprache daselbst verwirren, dass keiner des anderen Sprache vernehme! Also zerstreute sie der Herr von dannen in alle Länder, dass sie mussten aufhören die Stadt zu bauen. Daher heißt ihr Name Babel ...*

Bemerkenswert noch, dass der monotheistische Gott in der Genesis beim Herniederfahren im Plural erscheint. Eine interessante Notiz zur Sprachverwirrung stammt von Professor Hermann Samuel Reimarus (1694-1768), ein Gymnasialprofessor in Hamburg für orientalische Sprachen, dessen erste religionskritische Schriften im 18. Jahrhundert der bekannte Literat Gotthold Ephraim Lessing veröffentlichte: »Übrigens, hat nicht Gott selbst die Sprachen verwirrt anlässlich des Turmbaus zu Babel und so der Verbreitung seiner Offenbarung große Steine in den Weg gelegt?«

Keine Gehilfen hingegen benötigte der westafrikanische Ahnengott Kalunga bei der Zerstörung des ersten von Menschen erbauten Turms. Wenn sogar die Maya, Azteken und Tolteken erwähnen, dass ihre Vorfahren einst übers Meer kamen und vor der Sintflut alle nur eine Sprache hatten, kann man gesichert davon ausgehen, dass sie nicht aus dem Nahen Osten stammten, auch dann nicht, wenn im biblischen Turmbaubericht steht: *Als sie von Osten aufbrachen, da fanden sie eine Ebene im Land Sinear und ließen sich dort nieder.* Das Land Sinear ist eine Gegend im Norden Iraks, so dass die Turmbauer aus dem Bereich des heutigen Pakistan eingewandert sein müssten.

Anschließend wurde jedoch dieses Volk mit seinem Drang, Steine aufzutürmen, über die ganze Welt zerstreut. Ist es eine realistische Annahme, dass sich einst alle Menschen in derselben Sprache verständigten? Im Prinzip schon, andererseits auch nicht! Natürlich hatte ein Eskimo niemals die gleiche Sprache wie ein Inder, zudem waren die Menschen wenn auch nicht zahlreich, so doch fast schon überall auf der Erde präsent. Um den Grund zu erkunden, dass die ganze Welt nur eine Sprache hatte, ist es doch nötig, einen weiten Bogen zu spannen, der bis zum sagenumwobenen Atlantis reicht. Nur über Atlantis lässt sich die Behauptung einer ersten Sprachverwirrung verstehen.

Heutzutage ist Englisch unbestritten die Weltsprache Nr. 1, dennoch spricht die Welt nicht nur Englisch. Hunderte ursprüngliche Sprachen und Dialekte dienen immer noch vorrangig der Kommunikation. So wird es auch vor über 12.000 Jahren gewesen sein, als sich unter der Ägide eines dominierendes Volkes – mutmaßlich der Atlanter – eine Weltsprache verbreitete. Wie in unserer Zeit aus dem angelsächsischen Vokabular immer mehr Wörter in andere Sprachen einfließen, wird es damals ebenso geschehen sein, noch dazu über einen erheblich längeren Zeitraum.

Dabei blieben Namen und Definitionen auch nach dem Untergang von Atlantis diesseits und jenseits des Atlantiks in sprachlich ähnlicher Form erhalten, wie folgende Beispiele erkennen lassen: Bei den Tolteken war der hohe Turm unter dem Namen Zakuali geläufig, was im Wortklang dem sumerischen Zikkurat gleicht. Das ist nur eine von vielen verblüffenden linguistischen Gleichartigkeiten zwischen den Völkern Südamerikas und des Nahen Ostens. Die Azteken sagen, ihre Vorfahren seien vor Jahrtausenden aus dem Osten von der Insel Aztlán nach Mexiko eingewandert, was wiederum die lautliche Ähnlichkeit mit Atlantis offenbart; die Maya sagen, sie kamen von Atzantiha.

Unverkennbar findet sich eine weitere Identität in folgender Überlieferung: Den Juden und Christen ist der Durchzug durch das Rote Meer bekannt, bei dem Gott den Israeliten den Weg öffnete, während kurz darauf die sie verfolgenden Ägypter regelrecht absoffen. Und in den Schriften von Herrera, Brasseur und Landa wird erwähnt, dass die Vorfahren der südamerikanischen Indianer vor der Verfolgung durch ein anderes Volk errettet wurden, dem Gott einen Weg mitten durch das Meer auftat, so dass diese aus dem Osten kommende Rasse ihr Land bevölkern konnte.

Einen weiteren Fingerzeig in diese Richtung gibt der historische Name der heutigen Stadt Palenque, der B'aakal heißt, was eine gewisse lautliche Ähnlichkeit zu Bavel aufweist. Und wenn im finnischen Kalevala-Epos ein gewisser Ilmarinen erwähnt wird, finden wir die passende Entsprechung im prähistorischen König der Kordilleren namens Illimani. Kein Wunder, dass der deutsche Naturforscher Alexander von Humboldt, der die Mayasprache erforschte, der Ansicht war, aufgrund der vielen Gemeinsamkeiten hätten die Maya Altgriechisch gesprochen. Auch dies sind weitere Indizien für die Annahme, der Ursprung des gesamten Gilgamesch-Epos läge in Amerika.

Der französischer Abbé Charles Étienne Brasseur, der zeitgleich mit Alexander von Humboldt im 19. Jahrhundert lebte, gilt heutzutage als einer der führenden Codizes-Experten. Brasseur verglich einige Maya-Vokabeln mit griechischen und stellte eine gewisse Übereinstimmung fest. Das brachte ihm den Vorwurf ein, unwissenschaftlich gehandelt zu haben. Aber aufgrund großer Fortschritte in der Sprachwissenschaft ist er heute wieder rehabilitiert, denn es wurden eindeutig Nahtstellen sogar bis hin zu türkischen und semitischen Sprachelementen nachgewiesen.

Es würde zu weit führen, alle linguistischen Parallelen zwischen Amerika und Eurasien aufzuführen. So ist zum Beispiel Ischtar nicht nur ein Stadttor in Babylon, sondern auch eine Venusgöttin, und als Göttin Ischtschel begegnet sie uns bei den Maya. Die Semiten sagen zu Sohn Ben, zu Tochter Bath, die Chiapenecas-Indianer Been und Batz. Immer noch Zufall? Wohl kaum, wenn die mexikanische Chronik Cakchiquel berichtet, die Vorfahren der Maya seien von Osten aus Richtung der aufgehenden Sonne gekommen und hätten fünf Städte gegründet. Deren Namen sind nachfolgend in der ersten Zeile aufgeführt. Darunter stehen die Namen von fünf armenischen Städten, die Ptolemäus 140 n. Chr. in seiner Geografie von Kleinasien nannte:

Cholula	Coluacan	Zuivan	Colima	Xalisco
Choi	Colua	Zuvana	Cholima	Zalissa

Dazu sollte man wissen, dass Ptolemäus Bibliothekar an der berühmten antiken Bibliothek in Alexandria war, die zu jener Zeit noch über das größte schriftliche Archiv der Welt verfügte. Er hatte für seine Behauptung also eine ausnehmend gute Quellenlage. Und bei der Lektüre der hethitischen Kosmologie fielen mir noch die Namen Zipani und Pumun.ki auf, die beide zweifellos eine Affinität zu dem indianischen Zipacná und Puma Punku aufweisen. Diese Beispiele müssten eigentlich geeignet sein, das philosophische Trauma der Sprachverwirrung ein für alle Mal zu beenden.

Weshalb eine weltweit verbreitete Sprache so jäh verstummte, kann eben nur durch den Untergang von Atlantis und mit den Überlebenden der Sintflut eine Erklärung finden. Denn der biblische Noah weist wahrlich keine linguistischen Ähnlichkeiten mehr zum sumerischen Utnapischtim und griechischen Deukalion auf, zu Tapi bei den Azteken, Manù bei den Indern oder Ima im persischen Kodex. Dass aber nach der verheerenden Sintflut die Erde ihres zivilisatorischen und technischen Zentrums beraubt war, weil das Bindeglied zwischen Ost und West nicht mehr existierte, dazu findet sich ein interessanter Hinweis in der Völkertafel im 1. Buch Mose, Kapitel 10. Der zum Zeitpunkt der Sintflut schon uralte Noah zeugte Sem, und Sem zeugte Eber. Konkretes erfährt man in Vers 25: Eber zeugte zwei Söhne. *Einer hieß Peleg, darum, dass zu seiner Zeit die Welt zerteilt ward …*

Der Garten Eden und das Goldene Zeitalter

Anthropologen und Paläontologen schätzen die Bevölkerungszahl vor etwa 15.000 Jahren weltweit auf nur eine Million Menschen. Kleinere Sippen, die umherstreiften oder im Begriff waren, sesshaft zu werden, bevölkerten damals bereits seit Jahrzehntausenden ohne eine Spur von Fortschritt die Erde. Und die Zukunft des *Homo sapiens* sah keineswegs immer rosig aus. Die Anthropologen sind überzeugt, dass im Paläolitikum (600.000 bis ca. 20.000 Jahre v. Chr.) um die Zeit 70.000 v. Chr. beinahe ein Exitus der Menschheit eingetreten wäre, bedingt durch Epidemien oder einen Nahrungsmangel aufgrund klimatischer Veränderungen.

Bei Außerirdischen hätten diese ihrem Verständnis nach zwar primitiven und doch intelligenten Lebensformen zwar nicht vorrangig, aber aus verschiedenen untergeordneten Gründen ihr Interesse wecken können. Um die Steinzeitmenschen auf eine höhere Kulturstufe zu führen, hätte sich unter Berücksichtigung der irdischen Bedingungen wie auch unter logischen Aspekten für dieses Vorhaben kein Gebiet besser angeboten als eine isolierte Insel. Die Existenz von Atlantis mit Babel als Metropole ergäbe von daher tatsächlich Sinn.

Es ist kaum davon auszugehen, dass Außerirdische dieses Experiment aus lauter Wohlwollen den Menschen gegenüber durchgeführt hätten. Höchstwahrscheinlich wurde dieses Unternehmen aus purem Eigennutz gestartet. Für die zu bewältigenden Aufgaben auf der Erde war ihre Besatzungsstärke vielleicht zu gering, und so ist es durchaus möglich, dass Menschen für niedere Hilfsdienste herangezogen wurden. Um sie dazu zu befähigen, hätte es genügt, sie durch gewisse Schulungs- und Bildungsmaßnahmen sowie bessere Lebensbedingungen auf eine höhere Zivilisationsstufe zu führen. Weil nun zwischen dem heutigen Menschen und dem Steinzeitmenschen genetisch so gut wie keine Unterschiede bestehen, dürfte auch die Vermutung *ad acta* gelegt werden, Außerirdische hätten den »modernen« Menschen erst geschaffen. Sollten aber die Erzväter der Genesis definitiv fast 1.000 Lebensjahre erreicht haben, was eher zu bezweifeln ist, dann müsste wohl doch an den Altersgenen getrickst worden sein.

Bestand bei den Erdenbesuchern die Absicht, eventuell in ferner Zukunft auf den Planeten Erde überzusiedeln? Dies unterstellt, waren sie, wie wohl alle Lebewesen im Kosmos, auf eine bestimmte Nahrung angewiesen. Es ist kaum anzunehmen, dass für ihre Ernährung kosmischer Staub aus der Tube genügte. Und so versuchten sie vielleicht, zwei Fliegen mit einer Klappe zu schlagen. Erstens betrauten sie den auserwählten Menschentypus mit einer Aufgabe, um seine Entwicklung zu verfolgen, und gleichzeitig konnten sie erste Erkenntnisse über ihre zukünftige Ernährung in Erfahrung bringen, mit dem angenehmen Nebeneffekt, nicht selber die Kartoffeln vom Acker holen zu müssen. War das vielgepriesene Paradies, der Garten Eden, in Wahrheit ein groß angelegtes Versuchslabor? Dass dort Früchte angebaut wurden, die ausdrücklich *nicht* für die Menschen bestimmt waren, ist ja in aller Eindeutigkeit überliefert!

Haben die Aliens für diesen Zweck ein »auserwähltes Volk« etwas kultiviert und ihm eventuell später eine Technik zur Gesteinsbearbeitung überlassen? Eine derartige Technik ist für Außerirdische wie auch für den Menschen bei einem sehr langen Aufenthalt auf einem anderen Planeten unverzichtbar. Es kann aber dieser Bibeldeutung noch ein weiterer Aspekt hinzugefügt werden: Für die Katholiken ist ihr Pontifex Maximus der leibliche Stellvertreter Gottes auf Erden. Benötigten auch die Außerirdischen Stellvertreter auf Erden, die den Planeten bis zu ihrer Rückkehr in ihrem Sinne verwalten sollten? Wenn diese Überlegungen weiterverfolgt werden, taucht spontan die Vermutung auf, dieses vielgepriesene und bevorzugte Volk habe in Wirklichkeit für die Außerirdischen nicht mehr als einen simplen Hausmeisterstatus innegehabt.

Wann übrigens die Götter oder Außerirdischen mit der Entwicklung einer prosperierenden Menschheitszivilisation begannen, benennt das indianische Volk der Tolteken sogar mit einer exakten Zahl. Bis die Fluten kamen (bei einer schlagartigen Polverlagerung unausbleiblich) vergingen 1.716 Jahre. Gemäß den jüdischen Überlieferungen bestand die erste Welt nicht ganz so lange, aber immerhin fast 1.500 Jahre. Aufgrund zahlreicher Anhaltspunkte lässt sich eine Verlagerung der Erdachse mit dem gleichzeitigen Ende des Weltraumliftes für den Zeitraum um 11.300 v. Chr. konkretisieren. Ergo müsste das Goldene Zeitalter um 13.000 v. Chr. begonnen haben.

War also das mythische Goldene Zeitalter, das als Idealzustand der Menschheitsgeschichte gerühmt wird, in Wahrheit der Beginn einer außerirdischen Einflussnahme auf die zivilisatorische Entwicklung der Menschheit? Über das Goldene Zeitalter sind unzählige philosophische Abhandlungen verfasst worden. Fern all dieser Deutungen sprechen zwei auffällige, recht pragmatische Erwähnungen eindeutig für eine außerirdische Einflussnahme: Erstens wurden die Menschen in dieser Epoche viel älter, zweitens wurde kein Fleisch mehr verzehrt. Letzteres steht im völligen Gegensatz zu dem, was heutzutage als Realität im Steinzeitalter angesehen wird, denn auch zu jenen Zeiten war für die meisten Menschen eine Schweinshaxe gewiss die Krönung der Ernährung. Für Außerirdische hingegen mag der Verzehr von Lebewesen ein äußerst widerlicher Akt gewesen sein, weshalb eine Umerziehung zum Vegetarier durchaus einleuchtend erscheint.

Aber was bot man den Menschen als Nahrungsersatz an? Botaniker vertreten die Hypothese, dass vor über 13.000 Jahren der wilde Bananenbusch *Musa paradisiaca* (= Paradiesfeige) in eine samenlose Plantagenform umgezüchtet wurde. Also war die Banane wohl doch für die Menschen vorgesehen, und das Essverbot galt nur für die ersten Testreihen. Außerdem sagt man der Frucht nach, sie sei ein hervorragender Energiespender und verleihe sogar Weisheit. Archäologische und archäozoologische Funde bestätigen, dass es bei der menschlichen Ernährung im Zeitraum von 13.000 bis 11.000 v. Chr. keine Mangelsituation gab. Ein Rückschlag erfolgte erst im Jüngeren Dryas ab 10.900 v. Chr. Genau zurzeit des Weltraumliftes ging es den Menschen also ausgesprochen gut, während danach durch den schlagartig einsetzenden Klimawandel das Speisenangebot doch wieder etwas karger ausfiel.

Für viele Völker wie zum Beispiel die Inder, Malaien oder Thailänder war die Banane und nicht etwa der Apfel die verbotene Frucht im Paradies, die beim Sündenfall die entscheidende Rolle spielte. In der Vergangenheit wurde sie aufgrund ihrer phallischen Form auch Adamsfeige genannt. Auf jeden Fall »verging« sich Eva an dieser »lieblich und lustig« anzusehenden Frucht. Im indianischen Popol Vuh wird der Sündenfall noch eingehender beschrieben. Dort befahlen die Herren von Xibalbá: »Dass niemand hinzutrete, eine Frucht dieses Baumes zu pflücken ...« Die Jungfrau Ixquic hörte von diesem wundersamen Baum und machte sich auf den Weg. Der Baum sprach zu ihr: »Gelüstet es dich danach?« »Ja, mich gelüstet es«, erwiderte sie. Danach empfing sie aus dem Baum den Strahl irgendeines Speichels, ward schwanger und gebar wie Eva zwei Söhne. Auch diese Parallelität der Schilderung westlich wie östlich des Atlantiks lässt vermuten, dass sich der Sündenfall auf dem Kontinent Atlantis gleich dem Garten Eden zugetragen hat.

Platons Atlantis polarisiert noch immer

Platons Bericht kann wohl als die differenzierteste und ausführlichste Überlieferung zum Thema Atlantis gelten, und doch polarisierte kaum eine andere Schilderung dermaßen Gegner und Befürworter. Dass Platons Atlantis auf vehemente Ablehnung seitens der Theologie und auch von Teilen der Wissenschaft stieß, ist nur zu verständlich. Aber selbst die Philosophie steuerte Aberhunderte von unterschiedlichen Deutungen zum Thema Atlantis bei, in denen es vorrangig darum ging, Platon nachzuweisen, er habe nur ein ideales Staatengebilde skizzieren wollen. Dieser gesamte Disput ist eigentlich überflüssig, wenn man die in allen Winkeln der Erde völlig unabhängig voneinander entstandenenen Berichte, vor allem jene aus Amerika, mit berücksichtigen würde.

Platon wegen seiner Atlantisschilderung als träumenden Phantasten abzustempeln, fügt sich keineswegs in das Bild des zum Konservatismus neigenden Philosophen, dem liberales Gedankengut eher fremd war. So forderte er für jeden, der die göttliche Erschaffung der Himmelskörper ablehnte und eine natürliche Entstehung favorisierte, fünf

Jahre Zwangsarbeit. Und sollte der Delinquent danach immer noch nicht geläutert sein, sei er umzubringen. Ein solcher Philosoph – noch dazu hoch angesehen – hätte bestimmt keine geistigen Verrenkungen veranstaltet, um ein ideales Staatswesen zu formulieren, sondern seine Vorstellungen klar artikuliert. Schon aufgrund seiner reaktionären Gesinnung sollte deshalb sein Bericht keineswegs als Fiktion abgetan werden. Wenn man sich fragt, warum er Atlantis beschrieb, lautet die Antwort ganz simpel: Weil er es für glaubwürdig befand!

Was er für glaubwürdig befand, beruht auf den beiden Dialogen mit Timaios und Kritias, die im griechischen Peiraieus während eines Festes zu Ehren der Göttin Bendis von Solons Reise nach Ägypten berichteten. In der ägyptischen Stadt Sais im Nildelta erfuhr der weise Staatsmann Solon durch einen Priester die Geschichte von Atlantis. Und weil ihm diese Erzählung doch sehr phantastisch erschien, machte Kritias mehrmals darauf aufmerksam, *dass es zwar eine sehr seltsame, aber durchaus wahre Geschichte sei,* die der alte Solon aus Ägypten mitgebracht habe.

Was hatte der Priester in Sais dem weisen Solon denn aus sei-

nen Büchern vorgetragen? Zu Anfang berichtete er Solon, *dass die Bahnabweichung der am Himmel sich bewegenden Gestirne für die Vernichtung von Atlantis verantwortlich war. Späterhin aber entstanden gewaltige Erdbeben und Überschwemmungen, und da versank während eines schlimmen Tages und einer schlimmen Nacht das ganze streitbare Geschlecht bei euch scharenweise unter die Erde, und ebenso verschwand die Insel Atlantis, indem sie im Meere unterging.*

Als Nächstes beschrieb er die geografische Lage: *Atlantis lag vor der Mündung, die bei euch Säulen des Herakles heißt, eine Insel, größer als Asia und Libya zusammen, und von ihr aus konnte man damals noch nach den anderen Inseln hinüberfahren und von diesen Inseln auf das ganze gegenüberliegende Festland, das jenes in Wahrheit so heißende Meer umschließt …*

In einem Fernsehbeitrag wurde einmal versucht, Platons Beschreibung unglaubwürdig erscheinen zu lassen, weil Platon leider nicht erwähnt habe, wo Atlantis denn nun einst gelegen hatte. Trotz der zutreffend geschilderten geografischen Lage wurde am Ende des

Abb. 48. Nicht nur die sprachliche Affinität lässt einen »atlantischen Einfluss« vermuten, sondern auch einige außergewöhnliche bauliche Merkmale, wie diese Aufnahme aus Sacsayhuamán in Peru eindrucksvoll belegt. Kann man diese auch im türkischen Hattuscha auftauchende höchst eigenwillige »Maurerhandschrift« wirklich dem Zufall zuschreiben? Zur Stabilität trug diese Art der Verzahnung keineswegs bei, allein das immense Gewicht der Blöcke genügte, diese Bauwerke standfest zu machen.

Berichtes die griechische Insel Santorin zum wahren Atlantis gekürt, obwohl nicht ein einziger Abschnitt in Platons Ausführungen für das ihm sicher nicht unbekannte Santorin sprach.

Tatsache ist: Nach Platon waren die Atlanter das dominierende Volk auf der Erde, aber über allem herrschte der Meeresgott Poseidon, der vielfältige Möglichkeiten besaß, die Insel vortrefflich auszustatten. So soll er fast zehn Kilometer vom Meer entfernt eine aufwendige Hafenanlage mit mehreren Ringen erschaffen haben, durch die eine Schifffahrt erst ermöglicht wurde. Dass es den Atlantern prächtig ging, war fast schon unvermeidlich, *denn vieles floss ihnen auf Grund ihrer Herrschaft von außen her zu … Als aber der Anteil des Gottes in ihnen dadurch schwand, dass er viel und häufig mit Sterblichem versetzt wurde, und der menschliche Charakter die Oberhand gewann, da vermochten sie bereits nicht mehr ihre Lebensumstände zu ertragen und benahmen sich schändlich und waren von ungerechter Habgier und Macht erfüllt.*

Dass die Atlanter wie fast alle großen Kulturen eine Degenerierungstendenz in sich trugen, war eigentlich unvermeidlich. Bis in die Gegenwart liefert die Geschichte genügend Beispiele, wie mit steigendem Luxus in der Regel auch zunehmende Dekadenz einhergeht. Jedenfalls deutete sich zum Ende der Atlantis-Erzählung die drohende Götterdämmerung bereits an: *Aber der Gott der Götter, Zeus, der nach Gesetzen Waltende, erkannte, da er Derartiges zu durchschauen vermochte, dass ein wackeres Geschlecht beklagenswerten Sinnes sei, und beschloss, ihnen eine Strafe aufzuerlegen, damit sie, zur Besonnenheit gebracht, verständiger würden, und er versammelte die Götter alle in ihrem ehrwürdigsten Wohnsitze, welcher im Mittelpunkt der gesamten Welt steht und alles überschaut, was des Werdens teilhaftig wurde; nachdem er sie versammelt hatte, sprach er …*

Damit endet Platons Bericht, der Rest des Dialoges ist verlorengegangen. Bleibt noch die Frage offen, wieso ein völlig degeneriertes Staatswesen nach philosophischem Gusto zum Ideal erklärt werden sollte. Aristoteles war der erste, der Platons Bericht als Phantasiegebilde deklarierte. Jedoch reiste bereits 260 v. Chr. Kantor von Soloi nach Ägypten, um Platons Bericht zu überprüfen. Sein Resümee: Platons Schilderung der untergegangenen Insel sei Wort für Wort historische Wahrheit, er habe den Bericht an den Säulen in Sais gelesen und die Angaben selbst überprüft.

Die von Zeus angedrohte, aber nicht überlieferte Strafe für die Degeneration der Atlanter wird in schlüssiger Weise in der Bibel geschildert. Die Beschreibung des missratenden Volkes im 6. Moses-Kapitel in den Versen 6 und 7 ist ihrer Aussage nach beinahe identisch mit Platons Text. Gott gesteht ein, dass ihm doch ein Fehler mit dem neuen Menschentypus unterlaufen sei, weshalb er dieses auserwählte Volk kurzerhand mit der Sintflut vernichtet: *Da aber der Herr sah, dass der Menschen Bosheit groß war auf Erden, und alles Dichten und Trachten ihres Herzens nur böse war immerdar, da reute es ihn, dass er die Menschen gemacht hatte auf Erden, und es bekümmerte ihn in seinem Herzen, und Er sprach: Ich will die Menschen, die ich geschaffen habe, vertilgen von der Erde …*

Johannes Riem sammelte bis 1925 bereits 268 weltweite Sintflutsagen, nachzulesen in seinem Buch *Die Sintflut in Sage und Wis-*

senschaft. Allein in Amerika existieren über fünfzig Sagen von der alles vernichtenden Flut und dem Untergang von Land. Auch enthalten diese Berichte Hinweise auf eine degenerierte Gesellschaft. Die nordamerikanischen Delawaren beklagen beispielsweise, *dass Schlechtigkeit, Verbrechen und Unglück in die Welt kamen … alles aber ereignete sich vor sehr langer Zeit auf dem ersten Lande Netamaki, das draußen im großen Ozean lag.*

Weder die Sumerer noch die Griechen zeigten Hemmungen, von einem Land zu berichten, das im großen westlichen Ozean lag. Bei den Griechen waren es die Gärten der Hesperiden (gleich dem Garten Eden), die westlich des Ozeans lagen, und der Götterberg Olymp, der unter anderem als Himmel oder der Hohe Leuchtende interpretiert wurde. Bemerkenswert vor allem der Umstand, dass die Griechen den Olymp auf eine Insel versetzen, *die im Ozean außerhalb Afrikas an der Grenze der bekannten Welt lag.* Im folgenden Satz wird zudem überraschend eindeutig von einer Kugelgestalt der Erde ausgegangen: *Wo die Sonne noch scheint, wenn sie in Griechenland schon untergegangen ist.*

Die Sintflut – göttliches Strafgericht oder nur ein Racheakt?

Wie sieht es aber nun mit der Sintflut selbst aus? Auch darüber machte sich Professor Hermann Samuel Reimarus, der als Religionskritiker schon Lessing begeistert hatte, so seine Gedanken. Warum hatte Gott nur Noah nebst Angehörigen gerettet? Wäre es nicht besser gewesen, alle zu vernichten und direkt einen neuen Menschentypus zu formen, denn so edel war Noah durchaus nicht? Er verfluchte Kanaan, Sohn seines jüngsten Sohnes Ham, weil Ham ihn betrunken und splitternackt in seiner Hütte vorgefunden hatte und dies, anstatt seine Blöße zu bedecken, den Brüdern berichtete.

Eine brutale Massenvernichtung durch die Sintflut mit einem gütigen Gott in Einklang zu bringen, stellte die Religionen aller Zeiten vor schier unüberwindbare Hindernisse. Um diesem Dilemma aus dem Weg zu gehen, bot sich als eleganteste Lösung an, das Ereignis einfach zu ignorieren. Doch genau das blieb nicht ohne Wirkung. Unbemerkt vollzog sich ein Wandel, der daran zu erkennen ist, dass in den Gottesdiensten von den fürchterlichsten Katastrophen in der Menschheitsgeschichte, die »Gott« zu verantworten hatte, so gut wie nichts mehr zu erfahren ist. Dabei müsste das am Anfang der Genesis Geschilderte eigentlich die Quelle fast aller Kanzelpredigten sein, weil an keiner anderen Stelle in der Bibel die Begegnung mit Gott eine derartige Dramatik erreicht.

Während meiner Kindheit war die Sintflut durchaus ein Thema in manchen Predigten. Und gespannt verfolgten wir die mit einem drohenden Unterton vorgetragenen Bibelverse der Genesis über die Errettung Noahs und seiner Sippe. Es war wie im Krimi: Am Ende wurden ein paar Gute gerettet, und das Böse – auch wenn es durch die gesamte Menschheit verkörpert wurde – gnadenlos vernichtet. Dass Gott damit zum größten Massenmörder aller Zeiten wurde ... egal, die Menschheit hatte es eben nicht anders verdient! Nicht im Geringsten stellten sich Gewissenskonflikte ein, dass mit der Flut unschuldige Kinder, Omas und Schwangere so einfach mir nichts dir nichts hinweggespült wurden, denn – wir waren ja alle, obwohl uns das Wort völlig unbekannt war, Kreationisten!

Für diese reaktionär-religiöse Gruppierung war in ihrer kaum noch zu ertragenden Verbohrtheit in Sachen Schöpfungsgeschichte die Sintflut tatsächlich gewollt und sollte die Menschheit strafen. Dem Gegenpart der Kreationisten, den »aufgeklärten« Christen hingegen, ist es eher unangenehm, über die Sintflut in dieser Weise zu dozieren. Sie erklären, ein göttliches Strafgericht passe nicht mehr in die heutige Zeit, die Genesistexte seien nicht historisch, sondern mythologisch zu sehen, und die Sintflut habe keine Bedeutung für den christlichen Glauben. Das Strafgericht Gottes ist demnach bestenfalls noch geeignet, es durch die Deutung als frühgeschichtliche Naturkatastrophe zu bagatellisieren, womit andererseits definitiv der biblische Wahrheitsgehalt angezweifelt wird.

Was aber, wenn die Kreationisten-Fraktion doch näher an der Wahrheit wäre? Ganz klar: Dann müsste der gesamte Sintflutkomplex unter dem Aspekt einer möglichen außerirdischen Einflussnahme betrachtet werden. Dies lässt natürlich viel Raum für Spekulationen. Um jedoch eine Sintflut herbeizuführen, müsste schon ein schwerwiegenderer Grund als nur eine verderbte Menschheit vorgelegen haben. Immerhin: Dass es während des Goldenen Zeitalters oder nach den Veränderungen im Sonnensystem Angriffe auf Außerirdische/Götter gab, überliefert eindrucksvoll die Mythologie. Daraus könnte man sehr wohl schließen, dass Außerirdische sich vom Wesen her kaum vom Menschen unterscheiden und die Sintflut nichts anderes als ein brutaler Racheakt war.

So berichtet das Popol Vuh von Anschlägen der Menschen auf die Götter, die nur ein Ziel hatten: diese ins Jenseits zu befördern. Zipacná, der bekannte Bergeabschneider, sollte in eine Falle gelockt und beseitigt werden. Den bereits im Kapitel über die Mythologie zum Weltraumlift erwähnten 400 Jünglingen misslang ein Attentat auf ihn, was sie mit dem Leben bezahlen mussten. Dem zweiten Anschlag konnte Zipacná jedoch nicht entrinnen. Ein Berg von Steinen begrub ihn. Mit ihm wurden zwei weitere Götter liquidiert, sein Papa Siebenpapagei und sein Bruder Cabracán.

Äußerst interessant ist daran, welche geistigen Höchstleistungen die Nahuatologen erbringen, die Erforscher indianischer Sprachen, um diese Erzählung zu deuten: *Der Naturmythos ist offenbar: Vernichtung eines ganzen Stammes durch ein Erdbeben!* Und andere verkünden: *Soziologisch gesprochen ist es der Übergang vom allein schweifenden Jäger und Sammler zur Gemeinschaft der Siedler … Zipacná ist die feindliche, die überwundene Ordnung. Er muss sterben!* Dieser »intelligente« Quatsch verdeutlicht wieder einmal nachdrücklich, wie sehr eine analytische Neubetrachtung der Mythologie vonnöten ist.

Und wieder einmal findet sich auch in der ägyptischen Mythologie eine Entsprechung zum Popol Vuh. Die Grabtexte von Seti I. sowie Ramses III. berichten von Re, dem Gott der Götter. Er habe erfahren, heißt es darin, *dass die Menschen Reden gegen ihn führten. Sehet, die Menschen, sie haben Pläne wider mich ersonnen … Ich möchte es vermeiden, sie zu töten, bis ich gehört habe, welcher Ansicht ihr seid.* Daraufhin gab Res Gefolgschaft ihm den Tipp, sich auf seine Macht zu besinnen und die Menschen stracks zu vernichten.

Weil kaum davon auszugehen ist, dass Außerirdischen die Kontrolle über ihr auserwähltes Volk entglitt und sie der einsetzenden Degeneration tatenlos zugesehen hätten, könnte auch von ihrer Wiederkehr ausgegangen werden. Eine realistische Möglichkeit wäre, dass ein Teil der Expedition weitere Sonnensysteme mit vorab lokalisierten attraktiven Planeten inspizierte, um dann nach Jahrhunderten zur Erde zurückzukehren. Wenn aber die Vernichtung der Menschheit durch eine Sintflut geplant wurde, stellt sich unter anderem die Frage, welchen Verfahrens man sich bedienen wollte. Emotionslos betrachtet, bietet sich als einfachste Möglichkeit ein auf die Erde gelenkter Asteroid an, der beim Einschlag im Ozean alle überlieferten Katastrophen verursacht haben könnte. Ihn aus dem Asteroidengürtel zwischen Mars und Jupiter herbeizuschaffen, hätte zwar einige Zeit in Anspruch genommen, aber die in der Bibel erwähnten 120 Jahren hätte es wohl nicht gedauert.

Und noch eine weitere Möglichkeit bietet sich an. Sollten tatsächlich die abgeschnittenen Bergkuppen von Nazca zum Spannen des Kabelstrangs eines Weltraumlifts und zur Steigerung der Fliehkräfte genutzt worden sein, hätten wahrscheinlich auch diese Brocken ausgereicht, einen katastrophalen Tsunami auszulösen. Er hätte zwar nicht die gesamte Menschheit vernichtet, aber um nach Verlautbarung der Bibel nur Gottes Zöglinge von der Erde zu tilgen, genügte wohl deren Masse. Sollten aber wirklich Außerirdische das auserwählte Volk durch eine Sintflut vernichtet haben, wäre das ein weiteres Indiz für die Existenz von Atlantis. Hätte dieses Volk irgendeinen großen Kontinent bewohnt, wäre eine bewusst ausgelöste Flutwelle wohl kaum ein probates Mittel gewesen, denn um die ganze Erde mit Wasser zu bedecken, wie es die Bibel beschreibt, wäre die mehrfache Wassermenge aller Ozeane nötig gewesen. Und wohin hätte dieses Wasser anschließend versickern sollen?

Sollten einmal kriminaltechnisch ausgebildete Profiler den gesamten mythologischen Fundus analytisch auswerten, offenbarte sich mit dem Utnapischtim-Kapitel des Gilgamesch-Epos und dem iranischen Kodex Zend-Avesta ein durchaus realistischer Ablauf der Flutkatastrophe mit einem sehr differenzierten weiteren Verlauf. Ea, der Gott des Wassers, der an dem Rat der Götter mit der Urteilsverkündung zur Vernichtung der Menschen teilnahm, schien doch sein Gewissen zu plagen, und so beschloss er, Utnapischtim zu warnen. Er forderte ihn auf, sich mit einem Schiff, vollgepackt mit allen Arten von Sämereien, in Sicherheit zu bringen, was wieder eindeutig für die Insel Atlantis spricht. Denn so beschränkt wird wohl kein Mensch sein, dass er sich zu Beginn einer weltweiten Flutkatastrophe auf ein Schiff begibt und mitten in dieses Inferno hineinsegelt. Wahrscheinlicher ist, dass sie bei schönstem Wetter die Segel setzten und sich in Sicherheit brachten.

Und würde ein kriminalistisch ausgebildeter Profiler weiter investigieren, stieße er sowohl auf eine völlig andere Arche als auch auf ein gänzlich anderes Reiseziel. Im heiligen iranischen Kodex Zend-Avesta ist von einer Varna die Rede, gleichbedeutend mit einer unterirdischen Unterkunft, die doch mehr auf einen Sicherheitstrakt hindeutet, was bei einem bevorstehenden Asteroideneinschlag auch sinnvoller wäre. Dort erhielt eine Anzahl von etwa 2.000 Menschen eine Überlebenschance und nicht nur Noah mit seinen nächsten Angehörigen, was gewiss einleuchtender erscheint, wenn es darum ging, den menschlichen Fortbestand zu sichern. Obendrein wird im Zend-Avesta noch eine Aufforderung zur Selektion erwähnt. Einzig wer körperlich topfit war, fand in der Varna Zuflucht, wie auch bei Utnapischtim nur die »Meistersöhne« an Bord gelangten, denn Fachkräfte aller Sparten werden nach einer Flutkatastrophe zweifellos am dringendsten benötigt.

Von einem guten Profiler könnte man weiterhin erwarten, dass er das Reiseziel ausfindig macht. In Ecuador und Peru an der Westküste Südamerikas, sozusagen direkt gegenüber von Atlantis, könnte sich diese Varna noch heute befinden. Dort erstrecken sich, wie im Zend-Avesta beschrieben, unterirdische Hallen über mehrere Etagen, mit Wänden und Decken wie aus Beton gegossen, in denen die Flut abgewartet werden konnte. Aber irgendwann wird man diesen Unterschlupf wieder verlassen haben und gelangte in einen immer noch aufgewühlten Atlantik, womit die biblische Beschreibung von den fürchterlichen marinen Zuständen neuerlich eine Bestätigung fände.

Utnapischtim hatte mit Pusur-Amurri einen erfahrenen Seemann an Bord, dennoch fanden sie ihre Insel nicht mehr wieder, da sie wider Erwarten schlicht und einfach im Ozean versunken war. Zu allem Unglück entdeckte der Flutverursacher Enlil das Schiff und war wütend, dass einige überlebt hatten. Daraufhin entwickelte sich ein leidenschaftlicher Disput im Götterclan. Die Menschenretter um Ea hielten ihm eine umfangreiche Liste unter die Nase, wie er die Menschen ohne diese Katastrophe hätte strafen können. Enlil wird einsichtig, besteigt das Schiff, reicht einem tränenüberströmten Utnapischtim die Hand und gestattet ihm und seinem Weib, »fern an der Ströme Mündung zu wohnen«. Also nicht nach Anatolien ging die Reise, sondern zurück nach Südamerika, zur Amazonasmündung!

Atlantis – Mythos oder doch Realität?

Es ist schon ein Krux mit Atlantis. Wer den vorsintflutlichen Kontinent widerlegen will, der kann durchaus überzeugende geologische und ozeanografische Argumente vorlegen. Vor allem, wenn es um das Dolphinrücken genannte unterseeische Hochplateau auf dem Mittelatlantischen Rücken geht. Im 19. Jahrhundert hatte der Amerikaner Ignatius Donnelly (1831-1901) mit seinem Werk *Atlantis – die vorsintflutliche Welt* das Interesse an Atlantis neu entfacht. Donnelly, Kongressabgeordneter und Kandidat für die Vizepräsidentschaft der USA, war nach dem Studium aller zur Verfügung stehender Überlieferungen überzeugt, dass Atlantis im Bereich der Azoren lag und dass in diesem Gebiet eine Erhebung des Meeresbodens vorhanden sein müsste.

Eine Bestätigung seiner Vermutung lieferten die amerikanischen Forschungsschiffe *Challenger* und *Dolphin,* und es waren auch deutsche Schiffe wie die *Gazelle* und *Meteor* an der Expedition beteiligt. Das unterseeische Hochplateau auf dem Mittelatlantischen Rücken wurde so zum ersten Mal wissenschaftlich erforscht. Durch diese Erhebung in der Atlantikwanne war zumindest vom geologischen Standpunkt her die Voraussetzung für einen früheren Kontinent im Atlantik gegeben, nach Meinung der Geologen mehr aber auch nicht.

Abb. 49.
Ein Modell des untermeerischen Hudson-River-Canyons aus dem schwedischen Seefahrtmuseum in Göteborg.

Die Ozeanografie geht gegenwärtig davon aus, dass sich der Mittelatlantische Rücken seit Millionen von Jahren unterhalb der Wasseroberfläche befindet. Sicher können aus dem Atlantik Bodenproben entnommen werden, die eine Millionen Jahre alte Unversehrtheit der Sedimente belegen. Es existieren jedoch ebenso Indizien, die auf eine versunkene Festlandmasse hindeuten. So holte 1898 eine russische Expedition bei der Reparatur des Transatlantik-Kabels durch Zufall einen Felsbrocken aus den Tiefen des Atlantiks herauf, der später als Tachylit (glasierte Lava) identifiziert wurde. Doch wie gelangt Lava, die nur mit Hilfe von Sauerstoff entstehen kann, in eine Tiefe von über 1.000 Kilometern? Und weil sich Tachylit nach spätestens 15.000 Jahren von selbst auflöst, passt es in den Zeitplan.

In der Karibik fand eine Forschergruppe der amerikanischen Duke University unter Wasser hellen Granit, ein Eruptivgestein, das nach allgemeiner Meinung nur auf den Kontinenten existiert. Entnommene pfropfenartige Bodenproben enthielten einen extrem hohen Anteil an vulkanischer Asche. Durchgeführte Echomessungen wiesen überraschend eine Sedimentdicke von nur dreißig Meter auf, obwohl einige 100 Meter erwartet worden waren. Daraus folgerten die Wissenschaftler, dass sich der Atlantikboden erst vor kurzer Zeit derart geformt hat.

Bei Untersuchungen der Kontinentalsockel von Amerika und Afrika entdeckte man besonders häufig Flussbette, die weit in den Atlantik hinausführen. Dies erhärtete die Annahme eines Meteoriteneinschlags, der ein Aufreißen der Atlantikwanne zur Folge hatte, wodurch der amerikanische und afrikanische Kontinent auf beiden Seiten unter den Meeresspiegel gedrückt wurden.

Der Hudson-River-Canyon wie auch der Sankt-Lorenz-Strom ziehen sich weit ins Meer hinaus, auf der afrikanischen Seite ist es die Kongorinne mit einer Länge von 150 Kilometer. Logischerweise benötigen Flüsse keine weiterführenden Flussbette mehr, wenn sie das Meer erreicht haben. Bemerkenswert, dass am Ende der Rinnen im Atlantik der Kontinentalsockel jäh abfällt. Das führte natürlich zu Spekulationen, die einstige Insel Atlantis sei dadurch ebenfalls versunken.

Um die Existenz von Atlantis zu belegen oder auch zu widerlegen, erschienen vor allem in den Sechziger- bis Achtzigerjahren des 20. Jahrhunderts eine Vielzahl von Publikationen. An einem Werk, sozusagen der Pflichtlektüre über Atlantis, kommt man nicht vorbei, wenn man dieses Thema vorwiegend unter naturwissenschaftlichen

Aspekten betrachten will. Es handelt sich um das Buch *Alles über Atlantis* von Otto Heinrich Muck (1882-1956), möglichst in seiner überarbeiteten Neufassung und mit den Kommentaren des einst durch seine wissenschaftlichen Fernsehbeiträge populären Ernst von Khuon. Was für Zeiten waren das im Vergleich zu heute, da Wissenschaftler ersten Ranges wie der Wiener Muck oder der Amerikaner Charles Berlitz sich der Thematik Atlantis widmeten!

Die letzte größere Arbeit über Atlantis stammt von dem österreichischen Geologenpaar Professor Dr. Alexander Tollmann und seiner Frau Dr. Edith Kristan-Tollmann, die in ihrem 1993 erschienenen Buch *Und die Sintflut gab es doch* ebenfalls die Impact-Theorie befürworten, nach der ein Meteoriteneinschlag das Ende der ersten irdischen Hochkultur bedeutete. Die gegenwärtig am häufigsten und überaus gern vertretenen Meinungen über die weltumspannenden Fluten tendieren dagegen nicht zu einem Katastrophen-Impact, sondern favorisieren die phlegmatische Geologie, nach der ein langsames Abschmelzen des Polareises die klimatischen und geologischen Veränderungen auf der Erde vor über 10.000 Jahren bewirkt haben soll.

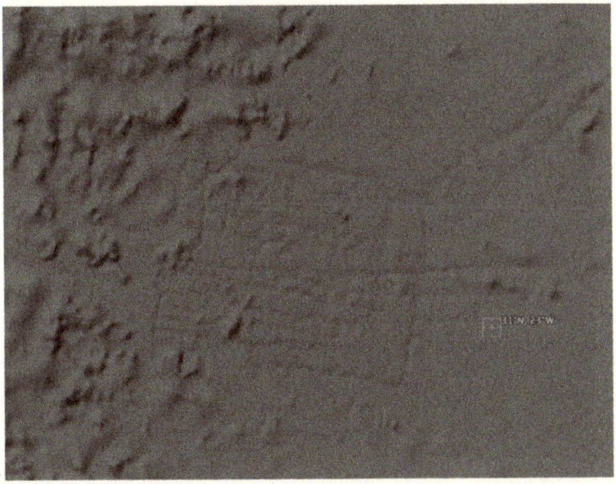

Abb. 50.
Diese Meeresbodenstruktur erinnert im ersten Augenblick tatsächlich an eine von der Archäologie vielfach angewendete Methode, mit Luftbildaufnahmen Fundamente archäologischer Stätten zu orten.

Das bereits erwähnte Mammut-Massengrab in Jakutien läst jedoch diese »Softeistheorie« langsam dahinschmelzen.

So besteht weiterhin eine Pattsituation, denn gegenwärtig kann die Existenz von Atlantis weder bewiesen noch 100-prozentig widerlegt werden. Dabei gelangt man über die menschliche Nachahmung des Weltraumliftes im Turmbau zu Babel und die Sprachverwirrung unwillkürlich zu Atlantis. Was die Situation noch vertrackter macht, sind die bizarren Vermutungen der esoterisch angehauchten Atlantisbefürworter, wenn sie magische Kristalle, Flugzeuge auf Laserbahnen und sogar die Anwendung der Atomenergie mit Atlantis in Verbindung bringen. Diese Spinnereien erschweren es zusätzlich, das sagenumwobene Inselreich einer realistischen Betrachtung zugänglich zu machen. Sie tragen wesentlich zum negativen Image bei, das dem Thema Atlantis oft anhaftet.

Dennoch wurde im Februar 2009 Atlantis plötzlich wieder aktuell. Der britische Luftfahrtingenieur Bernie Bamford hatte mit Google Earth zufällig in 3.000 Meter Tiefe und fast 1.000 Kilometer westlich von Afrika eine etwa 40 × 50 Kilometer große rechteckige Struktur auf dem Meeresboden entdeckt. War Atlantis endlich gefunden? Sogar der Kurator für historische Archäologie am New York State Museum, Dr. Charles Orser, fand die Entdeckung faszinierend. Aber nur wenige Stunden später dämpfte Google die Euphorie: »Was wir hier sehen, ist ein Artefakt, das durch das Datensammeln entsteht. Die Daten gewinnt man per Schiffssonar, die Linien spiegeln den Weg des Schiffes wider.«

Selbstverständlich folgte prompt die Argumentation der Atlantisbefürworter: »Dann müssten solche schachbrettartigen Muster überall oder zumindest öfter auf dem Google-Earth-Meeresboden zu finden sein. Aber wo finden sich denn ähnliche Muster, und warum ist dieser sogenannte Softwarefehler nur an dieser Stelle aufgetreten? Wird hier etwas vertuscht?

Gehen wir einmal davon aus, dass nichts vertuscht wird und diese Struktur nicht Atlantis ist. Auf der Erde gibt es gut und gern 100 Orte, an denen Atlantis bereits lokalisiert wurde. Vom mexikanischen Hochland über Helgoland bis zum Atlasgebirge in Marokko reicht die Skala, obwohl es doch im Meer unterging. Deshalb ein Tipp an die Atlantisforscher, der jedoch nur als Gedankenspiel gedacht ist und keineswegs als Postulat für einen neuen Atlantis-Standort. Auf der Karte von Piri Reis (vgl. S. 114) sind eine kleinere und eine etwas größere Insel nördlich von Französisch-Guayana eingezeichnet, die heute nicht mehr existieren. Könnten das die im Maya-Codex Troano erwähnten Inseln Mur und Mound gewesen sein, die durch die Sintflut im Ozean versanken?

Sollten diese Inseln wirklich einmal existiert haben, käme dafür vor allem das Demerara-Plateau in Frage, das sich in eben diesem Seegebiet befindet. Es ist eine untermeerische Erhebung, die nur rund 700 Meter unterhalb des Meeresspiegels liegt, während der Boden zu beiden Seiten der Anhöhe steil auf bis zu 4.000 Meter abfällt. Sehr ungewöhnlich auch die sehr dünne ozeanische Kruste mit nur drei bis fünf Kilometer Dicke, die gewöhnlich bis zu dreißig Kilometer mächtig ist. Als Ort für Atlantis hätten diese zwei Inseln logistisch betrachtet einen nicht zu unterschätzenden Vorteil aufzuweisen: den kürzesten Anreiseweg zum Weltraumlift in Nazca.

Otto H. Muck ging von der Annahme aus, ein etwa acht Kilometer großer Asteroid sei beim Eintritt in die Erdatmosphäre über dem nordamerikanischen Kontinent zerrissen worden und zwischen Florida und Puerto Rico seien zwei große Bruchstücke in den Atlantik eingeschlagen. Der Aufprall im Atlantik soll so heftig gewesen sein, dass der Meeresboden von Norden nach Süden aufriss und Billionen Tonnen von Magma durch entstehende Vulkaneruptionen hinausgeschleudert wurden, die den versinkenden Kontinent bedeckten. Mit dem sinkenden Lavaspiegel senkte sich gleichzeitig der Meeresboden ab und zog Atlantis mit in die Tiefe. Unter dieser Prämisse kann der Untergang wahrhaftig an einem einzigen Tag stattgefunden haben. Ob der Asteroid wirklich acht Kilometer groß war, ist aber eher zu bezweifeln. Der Maya-Kalender lieferte mit dem 6. Juni 8492 v. Chr. für Muck sogar das Datum dieser Katastrophe, denn mit diesem Tag begann eine neue Zeitrechnung.

Die Todeskammern der Maya und der Kennewick-Mann

Für eine veränderte Lage der Kontinentalsockel existiert ein beachtenswertes Indiz. Vor 65 Millionen Jahren soll ein Meteoriteneinschlag auf der Halbinsel Yucatan in Mexiko nicht nur die Dinosaurier beseitigt, sondern als Nebenprodukt ein teilweise mit dem Atlantik verbundenes Höhlensystem hinterlassen haben. So fand man ein weit verzweigtes Höhlensystem in vierzig Meter Tiefe und 250 Meter vom Eingang entfernt eine »Unterwasserkathedrale« mit künstlichen Nischen. Weiter wurden Gefäße, Statuen und, welch ein Gräuel, abgeschlagene Köpfe entdeckt. Weil bekannt ist, dass in der Kultur der Maya Menschenopfer an der Tagesordnung waren, galten sie nun als Täter dieser blutigen Gemetzel in der Unterwasserwelt.

Wie es den Maya gelingen konnte, an diesen Ort zu gelangen, wo man doch mit modernsten Tauchgeräten über eine halbe Stunde für die Strecke benötigte, bleibt ein Rätsel – und ebenso, welche Lichtquellen sie hatten und woher sie die Luft zum Atmen nahmen.

Einer Hypothese nach sollen sie durch aneinandergeklebte hohle Bambusrohren über Hunderte von Metern Luft zum Atmen bezogen haben, wie es Jules Verne in seinem Roman mit Kapitän Nemo beschrieb. Wie viele Stunden hätte ein solcher Tauchgang wohl gedauert, wenn die Bambusrohre ständig, noch dazu um Ecken herum, nachgeschoben werden mussten? Ein wohl mehr als kurioser Akt, wenn die Priester, mit dem Delinquenten abtauchend und gemeinsam am Bambusrohr nuckelnd, die große Distanz durch die Gänge bis zu der angelegten Nische zurücklegten, um ihm anschließend in der marinen Unterwelt den Kopf vom Leib zu trennen.

Deshalb dürften wohl keinerlei Zweifel bestehen, dass in der Zeit der Maya vor 2.000 Jahren die Höhlen schon längst überflutet waren. Welche Volksgruppe in diesen Katakomben ihr Unwesen trieb, wird wohl vorerst ein Rätsel bleiben. Weil vor 65 Millionen Jahren der *Homo sapiens* noch nicht die Erde bevölkerte und wahrlich nicht davon auszugehen ist, dass die Maya moderne Tauchgeräte benutzten, bleibt eigentlich nur die Variante, dass vor über 10.000 Jahren Menschen zwar in den Höhlen waren, diese aber damals garantiert noch oberhalb des Meeresspiegels lagen und bis in unsere Zeit sich gewiss kein Mensch mehr dort aufgehalten haben wird.

Noch in diesem Jahrhundert erwarten die Klimaforscher aufgrund der Erderwärmung und des Abschmelzens der Polkappen ein Ansteigen des Meeresspiegels um bis zu einem Meter. Ein Anstieg des Meeresspiegels vor über 10.000 Jahren, aufgrund der asymmetrischen Oberflächenform der Erde schwankend zwischen vierzig und über 100 Meer, lässt sich durch einen Klimawandel allerdings kaum erklären. Einige Wissenschaftler tendieren zur Annahme zweier Flutkatastrophen im Zeitraum zwischen 11.000 und 9.000 v. Chr. Dass die erste Flut globale Auswirkungen hatte, zeigen beeindruckend die Unterwasseranlagen von Yonaguni im Pazifik.

Im Gegensatz zur philosophischen Anthropologie könnte die naturwissenschaftliche Variante einen wertvollen Beitrag zur Atlantishypothese leisten. Die Spuren der vorsintflutlichen Welt beschränken sich nicht allein auf geologische Fakten oder unerklärliche Monumentalbauten. Der Homo sapiens selbst liefert überzeugende Indizien für ein prähistorisches Inselreich im Atlantik. Die Rede ist von

Abb. 51. In diesem Buch werden einige Fotos präsentiert, die etwas anderes vermuten lassen als die offiziellen Verlautbarungen der Wissenschaftler. Dies hier ist beispielsweise ein Foto von den Unterwasseranlagen Yonagunis, die ebenfalls schon über 10.000 Jahre unter Wasser liegen. Der Kommentar eines Gesteinsexperten unterscheidet sich inhaltlich, wie nicht anders zu erwarten, keineswegs von den Aussagen seiner Kollegen zu den abgeschnittenen Bergen bei Nazca: »Ich kann nichts Künstliches entdecken!«

dem berühmt gewordenen »Kennewick-Mann«, dessen Skelett man nahe des gleichnamigen Ortes am Columbia River in Nordamerika fand. Damit war nach Funden in Südamerika ein weiterer Beweis erbracht, dass einst eine hellhäutige Rasse den amerikanischen Kontinent bewohnte.

Der Kennewick-Mann wurde auf ein Alter von 9.500 Jahren datiert, und nach eingehenden DNS-Analysen stand fest, dass er nicht der mongoliden-indianischen Rasse, sondern eindeutig der indoeuropäischen Rasse zugeordnet werden muss. Besonders die der Clovis-Kultur entstammenden Werkzeuge und Waffen, die vorwiegend an der Ostküste Nordamerikas aufgefunden wurden, lassen eine Einwanderung über den Atlantik vermuten. Damit standen die Anthropologen vor der Frage, wie dieser der Solutréen-Steinzeitkultur zugehörige Typus in der Eiszeit von Frankreich nach Nordamerika gelangte? Sie vermuteten, dass einige dieser Menschen mit aus Holz und Fellen gefertigten kleinen Booten am Rand des Eismeers nach Amerika übersetzten und sich dort ansiedelten.

Es sind doch beträchtliche Zweifel angebracht, ob ein solches Unterfangen mit alles andere als hochseetüchtigen, nur wenigen Personen Platz bietenden Ruderbooten überhaupt zu bewältigen war. Es ist auch nicht davon auszugehen, dass diese Jungsteinzeitmenschen vor den damaligen klimatischen Bedingungen in Frankreich flüchteten und gezielt, mit Anhang und Proviant für mehrere Monate, nach Nordamerika aufbrachen. Ebenso wenig ist davon auszugehen, dass sie sich im Atlantik verirrten und mehr durch Zufall nach Amerika gelangten. Gleichwohl taucht die Frage auf, ob sie alle diese wilde Überfahrt überleben konnten und dann noch in der Lage waren, in der neuen Umgebung ihren Fortbestand zu sichern. Die gesamte Problematik der Atlantiküberquerung wäre allerdings keine Streitfrage, wenn man die naheliegende Zwischenstation Atlantis für den Transfer einer indoeuropäischen Rasse nach Amerika in Betracht zöge.

Darauf können Sie jede Wette eingehen: Wäre in der Bibel der Garten Eden nur einmal als Paradies im Ozean erwähnt, könnten wir uns heute kaum noch der zahllosen Beweisführungen zugunsten eines Atlantis erwehren. Sicherlich existierten über die Vernichtung des Inselreiches umfangreichere schriftliche Aufzeichnungen. Den Religionsfürsten hätte ein anderes auserwähltes Volk Gottes sicher nicht in den Kram gepasst. Wohl aus diesem Grunde wird Atlantis im Gegensatz zu fast allen früheren Kulturen in der Bibel mit keiner Silbe erwähnt. Oder etwa doch? Ist den Bibelredakteuren etwa ein kleiner Fauxpas unterlaufen? In Hesekiel 28, Vers 2, steht kurz und bündig: *Ich bin Gott, ich sitze auf dem Thron Gottes, mitten im Meer ...!*

Die Schlingerfahrt der Religionen

Die Himmelsleiter, veränderte Planetenbahnen, der Turmbau, die Sintflut und ein auserwähltes Volk sind allesamt Themen, die in der Genesis Erwähnung finden. Wie besonders die Himmelsleiter zeigt, berichten auch Natur- oder Primitivvölker von diesen Ereignissen. Sie werden so diskriminierend bezeichnet, weil sie ihr Wissen nur mündlich und nicht schriftlich festhielten. Aber warum sollte man dem schriftlich Niedergelegten ein höheres Maß an Glaubwürdigkeit zuschreiben? Im Prinzip beruhen alle Berichte aus grauer Vorzeit auf mündlichen Erinnerungen, nach denen es sehr wahrscheinlich zu Kontakten mit »höheren Wesen« kam. Nur gelang es den monotheistischen Religionen, daraus eine bis auf den heutigen Tag machtorientierte und dogmatische Ideologie zu schmieden.

Ist es nicht wahrhaft primitiv, wenn etwa der Schöpfer des Universums mit billigen Zaubertricks einen Pharao beeindrucken wollte? Nach dem 2. Buch Mose, Kapitel 7, befiehlt er Aaron mit seinem Hirtenstab zum Pharao, damit er ihm den vor die Füße wirft, und schwupps wird der Stab zur Schlange. Der Pharao fordert seine Weisen auf, ebenfalls ihre Stäbe hinzuwerfen, und auch deren Stäbe werden zu Schlangen. Aber Aarons Schlangenstab war natürlich den ägyptischen Schlangen überlegen und fraß sie kurzerhand auf. Bei soviel Simsalabim verblasst sogar jeglicher Voodoo-Zauber.

Dabei ist es andererseits ausgerechnet wieder die Bibel, die einen leibhaftigen Gott als sehr fragil schildert. Auf die prähistorischen Ereignisse in der Genesis folgt nämlich ein Sammelsurium höchst eigenartiger Berichte, die den Zeitgeist einer inhumanen Gesellschaft vor über 2.000 Jahren in allen Facetten widerspiegeln. Warum wir das hier kritisch betrachten wollen? Weil es verhängnisvoll ist, dass Christen- und Judentum wie auch der Islam ein Gotteswesen gerade auf diese Weise stilisiert. Denn das täuscht über die wahrhaftigen Absichten der Wesen hinweg, die »von den Sternen kamen«.

Begleiten Sie mich also auf die Schlingerfahrt der Religionen, und beginnen soll es mit …

Moses – Generalsekretär der IG Lehm und Stroh

Dass Moses noch Kontakt zu einem Gott hatte, dürfte gewiss eine Fabel sein. Obwohl weder über ihn noch den Auszug aus Ägypten ein authentischer Beleg existiert, gilt er als der Begründer der jüdischen Religion und als der Wegbereiter zur Einheit und Identität des jüdischen Volkes. Wann aber Moses gelebt haben soll, darüber differieren die Meinungen doch sehr. Die hier geäußerte Vermutung zeigt in einem Punkt Konformität mit Sigmund Freuds Ansicht, dass er ein direkter Zeitgenosse Echnatons alias Amenophis IV. war und nicht um 1.200 v. Chr. zur Zeit der Ramessiden lebte.

Der als Ketzerpharao verschriene Echnaton, der fast 3.300 Jahre vor Mao Tse-tung die erste von »oben« initiierte Kulturrevolution anzettelte, um den monotheistischen Aton-Glauben zu inthronisieren, legte um 1.350 v. Chr. den Grundstein zu einer radikalen Modifizierung des Gotteswesens. Und hätte Echnaton nicht dem Monotheismus den Weg bereitet, wer weiß, ob der Glaube an ein göttliches Wesen heute überhaupt noch aktuell wäre?

So werden in der Bibel viele Dialoge zwischen dem Pharao und Moses wiedergegeben. Eigentlich verwunderlich, dass der Führer der liberalen Weltmacht Ägypten sich immer wieder mit dem Wortführer einer Gastarbeiterkolonie traf und mit ihm heftige Diskussionen führte. Weil der Tenor dieser regen Diskussionen doch erstaunliche Ähnlichkeiten mit den heutigen Tarifverhandlungen erkennen lässt, bleibt eigentlich nur ein möglicher Grund: Moses war der erste Gewerkschaftsführer der Geschichte, sozusagen der Generalsekretär der »IG Lehm und Stroh«. Hartnäckig forderte er permanent bessere Arbeitsbedingungen und mehr Feiertage für seine Israeliten. Arbeitgeber Pharao antwortete stets: »Labert nicht so viel, arbeitet schneller und vor allem mehr!«

Denn es war Eile geboten. Echnaton lag mit den Priestern in Theben im Clinch, weshalb er zwischen Theben und Memphis die neue Hauptstadt Armana gründete, um dort ungestört und ohne intrigante Priester dem Aton-Kult zu huldigen. Die neue Kapitale Armana war ein ehrgeiziges Bauprojekt und wurde in kürzester Zeit aus dem Boden gestampft. Und was war das erwiesenermaßen am häufigsten verwendete Baumaterial? Lehmziegel! Woraus bestehen die? Aus Lehm und Stroh! Und wer produzierte die Massenware? Moses und seine Israeliten! Es scheint, Moses war richtig schlau und dazu ein ausgebufftes Schlitzohr, das genau zum richtigen Zeitpunkt Sympathie für die Masche des Pharaos von nur einem Gott bekundete, um dadurch leichteren Zutritt zum Herrscher zu erlangen und bessere Arbeitsbedingungen für seine Leute fordern zu können.

Dass Moses in der Zeit der Ramessiden gelebt haben soll, entbehrt auch deshalb jeglicher Logik, weil es kaum vorstellbar ist, dass in der Multi-Götterwelt von Amun-Re über Horus bis Hathor der Wortführer einer ethnischen Minderheit ständig den gottgleichen Pharao mit den Forderungen des jüdischen Jahwe-Gottes nerven konnte. Man hätte Moses zwar nicht zum Teufel, aber sicher zu Thoth oder Anubis gejagt. In der Bibel war Moses denn auch oft nur der Überbringer von Botschaften zwischen dem Pharao und Jahwe. Der Pharao pfiff jedoch auf den Gott Israels nach dem Motto: Euer Herr interessiert mich nicht, hier bin ich der Herr!

Auch diese Herrschaft ging allerdings nach einigen Jahren zu Ende, und es kann durchaus sein, dass nach dem Comeback der Multigötterschar Moses trotz des heißen Wüstensandes kalte Füße bekam und es für sinnvoll hielt, mit seinen Leuten dem Pharaonenreich schnell Adieu zu sagen. Viele der biblischen Zahlenangaben sollte man nicht für bare Münze nehmen, so auch die zum Exodus. Sicherlich waren es keine 500.000 Israeliten, sondern wahrscheinlich nur einige 100, die mit Moses und Aaron Ägypten verließen. Zur Zeit des Neuen Reiches wurde selbst jede Ernte penibel notiert, nur das Verschwinden der Israeliten wurde mit keiner Hieroglyphe vermerkt. Wahrscheinlich war es für die Ägypter wohl nicht von Bedeutung, dass ein paar Gastarbeiter überstürzt die Heimreise antraten. Nach Diodorus Siculus hingegen seien die Juden keineswegs aus

Ägypten geflohen, sondern, weil man sie nicht besonders mochte, verjagt worden.

Zudem war die ägyptische Knechtschaft wohl doch nicht so unangenehm wie geschildert. *Moses, was hast du uns nur angetan!?* So murrte in 2. Mose 16 das Volk Israel und trauerte dem ägyptischen Wohlstand hinterher, weil man die »Fleischtöpfe und Fülle an Broten« aufgegeben hatte. Es rumorte im Volke, ein Aufstand drohte. Und wie begegnet man dieser Gefahr? Wie bei Despoten üblich, mit brutaler Härte. So fordert Moses von den Leviten: *Geht im Lager hin und her, von einem Tor zum andern und tötet alles, Brüder, Freunde und Verwandte.* In 2. Mose 32, 28 wurden demnach 3.000 Mann getötet, und das kurz nach der Übergabe der Tafeln mit den zehn Geboten, von denen das fünfte besagte: Du sollst nicht töten!

Fast wäre es ja gar nicht zu der glorifizierten Befreiung des israelischen Volkes unter Gottes Führung gekommen, denn als sich Moses auf dem Weg zum Herrn befand, wollte dieser ihn nach 2. Mose 4, 24f. in einer Herberge töten! Im letzten Augenblick konnte Moses' Frau Zippora die Ermordung ihres Mannes verhindern. Sie fand einen Stein und beschnitt damit blitzschnell ihren Sohn, um mit der blutigen Vorhaut Gottes Füße zu berühren, wodurch das einseitige Duell zum Glück für Moses vorzeitig beendet war. Ach du glorreicher Graus! Hätte ein Ethnologe das bei einem Eingeborenenstamm beobachtet, wäre dieser als primitiv eingestuft worden. Wie soll man es da bewerten, wenn der Akt der Beschneidung und die Berührung mit einer blutigen Vorhaut »unseren« Gott milder stimmte und er deshalb von einer geplanten Tötung Abstand nahm?

Die beiden Bücher der Bibel von Moses und Josua bieten aufgrund grausamer Massaker an Männern, Frauen und Kindern wahrlich kein Beispiel für ein friedvolles und tolerantes Miteinander. In 4. Mose 31 stachelt der blutrünstige Jahwe Moses förmlich zum Angriffskrieg an: *Und der Herr redete mit Mose und sprach: Räche die Kinder Israels an den Midianitern.* Mit 12.000 Mann fielen die Israeliten über das arabische Volk her, das auf Midian, einen Sohn Abrahams, zurückgeht. Alles, was männlich war, wurde erwürgt oder mit dem Schwert erschlagen, die Wohnungen und

Zeltdörfer verbrannt, Frauen und Kinder sowie alles Vieh geraubt und zu Moses gebracht, der sehr ungehalten über die Gefangenen war. *So erwürgt nun alles, was männlich ist unter den Kindern, und alle Weiber, die Männer erkannt und beigelegen haben.* Nur die weiblichen Kinder, die noch keinen Sex hatten, waren für die Israeli von Nutzen. Anschließend wurde die umfangreiche Kriegsbeute zwischen Gott und Moses gerecht verteilt, erst das Vieh, dann die Menschenseelen.

Sehr wahrscheinlich waren es auch keine 450 Baalpriester, die zu einem Wettbewerb mit Elia antraten. Elia gilt als einer der größten Propheten in Israel und wird im Koran als Ilias erwähnt. Nach 1. Könige 18 ging es auf dem Berg Karmel darum, welcher Gottheit es gelingen würde, einen Altar anzuzünden. Und mit »Hokuspokus fidibus, drei Mal links, drei Mal rechts, drei Mal in den Wind gespuckt« gelang es nur Jahwe, mit Feuer den Altar zu vernichten. Wie erfreut darüber Wettkönig Elia war und wie die 450 Priester die Niederlage hinnehmen mussten, ist in Vers 40 nachzulesen: *Greift die Propheten Baals, dass ihrer keiner entrinne! Und sie griffen sie. Und Elia führte sie hinab an den Bach Kison, und schlachtete sie daselbst.*

Hallelujah und drei Mal Hosianna!!! Ist das nicht ein gerechter, gütiger und gnädiger Gott, den die Bibel im Alten Testament offeriert? Es geht nicht darum, ob diese Berichte authentisch sind, sondern ausschließlich um die Missachtung jeglicher Moral. Kopfschüttelnd kann man nur die Aussagen des ultrakonservativen Kardinals Joachim Meisner, des Erzbischofs von Köln, zur Kenntnis nehmen, der angesichts einer solchen Quellenlage über das Verhältnis von Christentum und Humanität sinngemäß sagt: »Der Mensch allein ist nicht in der Lage, eine humane Gesellschaftsordnung aufzubauen. Ohne unumstößliche Werte, die von einer höheren, unangreifbaren Instanz vorgegeben sind, droht früher oder später das Abgleiten in die Barbarei.« Ist dieser Ausspruch nur Unwissenheit, Ignoranz, Einfältigkeit oder schlichtweg ein riesiger frommer Selbstbetrug?

Deus lo vult – Gott will es!

Nie zuvor gab es so viele Kirchenaustritte wie nach den Missbrauchsfällen durch christliche Würdenträger, die um das Jahr 2010 herum bekannt wurden. Dass dadurch vor allem die katholische Kirche ins Schlingern geriet, liegt wohl an einer mittlerweile weitgehend aufgeklärten und kritischen Öffentlichkeit, die klerikale Vertuschungsversuche nicht mehr so einfach hinnimmt. Dabei war das gemessen an dem, was das Christentum historisch zu verantworten hat, nur die Spitze vom Eisberg.

Schon mehr als einmal drohte die religiöse Schlingerfahrt im Crash zu enden. Und fast ist man versucht, die wahrhaft bemerkenswerten Zufälle, die das völlige Verschwinden dieser Religion von der Bildfläche bisher verhinderten, als göttlichen Zynismus zu werten. Schließlich zählen die Inquisition mit brutaler Folter und Hexenverbrennungen, mafiöse Strukturen des Vatikans im Mittelalter, die Conquistadora sowie die Beteiligung am Genozid indianischer Völker mit vierzig Millionen Opfern und auch der Sklavenhandel zu den schwärzesten Stunden nicht nur der christlichen Kirche, sondern der gesamten menschlichen Zivilisation. Und doch: Unter dem Schlachtruf »*Ad maiorem Dei gloriam* – zur größeren Ehre Gottes!« wurde das alles sogar noch übertroffen, als Papst Urban II. im Jahre 1095 zum ersten Kreuzzug aufrief und der damals kultiviertere Orient überfallen wurde. Nach dem Historiker H. Wollschläger fielen insgesamt 22 Millionen Menschen diesen Feldzügen zum Opfer.

Die christlichen »Frontreporter«, welche die marodierenden Papstschergen begleiteten, hinterließen der Nachwelt erschreckende Augenzeugenberichte und Kommentare zur Eroberung Jerusalems: »Die Verteidiger flohen von den Mauern der Stadt, und die Unsrigen folgten ihnen und trieben sie vor sich her, sie tötend und niedermetzelnd bis zum Tempel Salomos, wo es ein solches Blutbad gab, dass die Unsrigen bis zu den Knöcheln im Blut wateten … Nachdem die Unsrigen die Heiden endlich zu Boden geschlagen hatten, durcheilten sie die ganze Stadt und rafften Gold und Silber an sich und plünderten die Häuser. Die Ritter trieften nur so von Blut, nachdem sie fast 70.000 Menschen gemordet hatten. Leichenhaufen hoch wie Häuser.«

Noch entsetzlichere Szenen ereigneten sich während der Anreise nach Jerusalem bei der Belagerung der türkischen Stadt Antiochia. Nach deren Einnahme wurden alle Juden und Muslime durch Massenenthauptungen hingerichtet. Weil die marodierenden Ritter vermuteten, die Einwohner hätten aus Angst vor Plünderungen ihr Gold verschluckt, schnitt man Frauen und Kindern den Bauch auf, um die Innereien nach Schmuck zu durchsuchen. Weil die Nahrungsversorgung sich immer dramatischer entwickelte, plünderten die Kreuzfahrer auch die weitere Umgebung. Der Berichterstatter Raoul von Caen notierte: »Unsere Leute kochten die erwachsenen Heiden in Kesseln, zogen die Kinder auf Spieße und aßen sie geröstet.«

Wer diese Überlieferungen in ihrem ganzen Ausmaß zu begreifen versucht, kann letztlich nur noch zu dem Urteil gelangen, dass Religionen umgehend auf den Müllhaufen der Weltgeschichte gehören. Aber kann man diese Barbareien, die unter dem Motto »*Deo lo vult* = Gott will es!« geschahen, mit dem heutigen Christentum in Verbindung bringen? Danach gefragt, führt die Spur unweigerlich zum Alten Testament, denn dort geht es unter Gottes Beteiligung nicht minder grausam zu. Vor einiger Zeit hatte Papst Benedikt in einer Kontroverse mit dem Islam noch postuliert: Gott hat keinen Gefallen am Blut! Weiter hatte er aufgefordert, vermehrt die Bibel zu lesen, vor allem das Alte Testament. Dem ist voll und ganz zuzustimmen, denn darin wird unmissverständlich aufgezeigt, welch außerordentlichen Gefallen am Blut Gott hatte, weshalb die Bibel und das Christentum keineswegs prädestiniert sind, als Richtschnur für Ethik, Moral und Humanität herzuhalten.

Nun sagt man heute, diese unbeschreiblichen Verbrechen gegen die Menschlichkeit seien das Produkt einer unaufgeklärten Zeit. Stimmt, wenigstens teilweise, heute werden keine Kinder mehr gegessen, aber immer noch sind sie Opfer religiös motivierter kriegerischer Auseinandersetzungen. Belegen diese Geschehnisse nicht unmissverständlich, dass die von theologischer und ebenso von philosophischer Seite immer wieder aufgestellte Behauptung, Religiosität sei ein Segen für die Menschheit und bilde die Basis für humanistische Werte, endgültig *ad absurdum* geführt ist? Es stünde den christlichen Religionen gut zu Gesicht, den Anspruch, die moralisch höherstehende Instanz zu sein und damit ein Urheberrecht auf humanistische Normen zu besitzen, etwas zurückzuschrauben.

Nicht auf Religiosität, sondern auf Säkularisierung beruhende Staatsverfassungen waren Garanten für größere soziale Gerechtigkeit, Religionsfreiheit, für eine Abschaffung der Sklaverei, eine Gleichbehandlung von Frauen und, besonders gravierend, den Laizismus, die Trennung von Staat und Kirche. Natürlich präsentieren sich die christlichen Religionen heute anders als im Verlauf ihrer 2000-jährigen Historie, wobei die unbestrittenen karitativen Leistungen und das soziale Engagement wie auch die durchaus praktizierte Nächstenliebe Einzelner keineswegs verschwiegen werden sollen.

Jesus ist der neue Star

Das religiöse Establishment hat erkannt, dass mit den alttestamentarischen Horrorgeschichten und der pervertierten Vorstellung eines ständig zum Killen bereiten Gottes in der heutigen Zeit kein Staat mehr zu machen ist. Wenn in einem Industriekonzern die Nachfrage sinkt, wird vielfach die Führungsspitze ausgewechselt. Warum greifen diese Mechanismen nicht auch beim Globalplayerkonzern Christentum? Es hat den Anschein, dass der Aufsichtsrat den Vorstandsvorsitzenden Gott zum Ehrenvorsitzenden weggelobt hat und voll auf die Karte Jesus setzt. Der kommt vor allem bei der jugendlichen Kundschaft unbestritten besser an als sein etwas angestaubter und in die Jahre gekommener Papa.

Ein revolutionäres Ambiente umgibt diesen Jesus, der ebenso gut ein Kind der 68er-Bewegung sein könnte, ein Che Guevara des Altertums, nur ohne MP. Besitzen die Berichte über ihn auch nur einen Hauch von Wahrheit, könnte er sogar ganz ohne religiösen Schnickschnack als Richtschnur für Humanität gelten. Und hätte es damals schon einen Friedensnobelpreis gegeben, Jesus wäre Jahr für Jahr auf der Nominierungsliste aufgetaucht. Jesus als Revoluzzer, der die Hungernden beschenkt und die Reichen ebenso verachtet wie die römische Besatzung und die korrupte jüdische Elite? Die apokryphen Texte kratzen an diesem ethischen Idealbild. So wird Jesus durchaus als gewalttätig beschrieben, und dem weiblichen Geschlecht soll er auch nicht abgeneigt gewesen sein.

Der gesamte Jesus-Komplex ist so kurios, dass er – wenn der Essener nicht heilsgeschichtlich, sondern bibelkritisch betrachtet wird – geradezu einem Panoptikum der Absurditäten gleicht. Nicht nur, dass über Jesu Geburt und Tod unterschiedliche Jahreszahlen kursieren, auch die als Frohe Botschaft titulierten vier Evangelien weisen markante Unterschiede auf, nicht nur bezüglich der Vita Jesu, sondern ebenso hinsichtlich der Geschehnisse nach seiner Wiederauferstehung. Bei Markus und Lukas entschwand Jesus gen Himmel und ließ sich dort zur Rechten Gottes nieder. Bei Johannes und Matthäus fand die Himmelfahrt erst gar nicht statt.

Eigentlich ergibt die Gestalt des Gottessohnes, und jetzt fallen Sie bitte nicht in Ohnmacht, nur durch die einstige Anwesenheit Außerirdischer einen Sinn, dann nämlich, wenn sie durch ihn die Rückkehr ihrer Nachkommen in ferner Zukunft auf der Erde ankündigten. Wurde der Messias nicht über Jahrhunderte hinweg stets sehnsüchtig erwartet? Nach dem Gusto der heutigen Christen hat der Schöpfer des Universums seinen Sohn allerdings bereits zur Erde gesandt, um die Menschen zu erlösen. Nur spürt keiner etwas von dieser Errettung.

Durch die römischen Geschichtsschreiber Tacitus, Sueton und Plinius den Jüngeren gelang Jesus im wahrsten Sinne des Wortes die »Wiederauferstehung«. Paulus gilt zwar als eigentlicher Begründer des Christentums, der Durchbruch zur Weltreligion gelang aber erst durch die Konstantin-Dynastien im 3. und 4. Jahrhundert n. Chr., wenn auch mehr aus machtpolitischen Gründen als aus religiöser Überzeugung. Konstantin der Große, keineswegs überzeugter Christ, wollte das Christentum zur wichtigsten Religion des Imperiums machen, falls ihn Gott bei der Schlacht an der Milvischen Brücke im Jahr 312 unterstützte, so jedenfalls die Legende. Vielleicht war Konstantin durch die biblischen Josua-Bücher inspiriert worden, denn Josua, der Sohn des Nave, eilte ja mit strategischer Unterstützung Gottes unbehelligt von Sieg zu Sieg.

Deshalb nochmals eine kurze Retrospektive zum Alten Testament. Josua, 6. Kapitel: Jericho wird erobert und zerstört; 8. Kapitel: Eroberung der Stadt Ai mit 12.000 getöteten Einwohnern; im 9. Kapitel werden die Gibeoniter zur beständigen Knechtschaft bestimmt; 10. Kapitel: wunderbarer Sieg Josuas über fünf Amoriterkönige und weitere Erfolge; im 11. Kapitel: Ausrottung vieler kanaanitischer Stämme; im 12. Kapitel: einunddreißig besiegte Könige auf beiden Seiten des Jordans. Als die Heviter ein Heer zur Abwehr der israelischen Kriegsmaschinerie aufstellten, breitete sich bei Josua doch eine gewisse Skepsis aus. Aber der Herr sprach zu Josua: *Fürchte dich nicht vor ihnen, denn morgen um diese Zeit will ich sie alle erschlagen geben vor den Kindern Israels … Und der Herr gab sie in die Hände Israels … und schlugen sie, bis dass niemand unter ihnen überblieb.*

Ja, diese militärischen Siegesorgien könnten durchaus Konstantins Unterbewusstsein bewegt haben, das Christentum zu favorisieren, um militärisch auf der sicheren Seite zu sein. Jahrelang ging das offenbar auch gut, aber schließlich entbrannten heftige Kontroversen um Jesus. Für die einen war Jesus Gottes Sohn, für Arianer und später auch für Muslime nur ein schlichter Prophet. Die orthodoxen Juden hegen heute noch eine Antipathie gegen den Essener. Treffen sie zum Urlaub in den Alpenländern ein, müssen in einigen Hotels umgehend alle Kruzifixe entfernt werden. Um des Friedens und des lieben Geldes willen wird diesem Wunsch gerne entsprochen. Auch Kaiser Konstantin wollte Ruhe und Frieden in seinem Volk, weshalb er im Jahr 325 das berühmte Konzil von Nicäa anberaumte und kurzerhand entschied: Jesus *war* Gottes Sohn! Dass er einige Arianer und Bischöfe erst durch Folter zur Zustimmung bewegen konnte, ist dabei fast nebensächlich.

Im Nachhinein kann Konstantins Entscheidung für Jesus nur als genial betrachtet werden, garantierte sie doch den Fortbestand des Christentums. Und mindestens ebenso gelungen war der Coup, die Wesenseinheit von Gott Vater, Sohn Jesus und dem Heiligen Geist auszurufen – ebenfalls politisch motiviert. Behält man dies im Hinterkopf, kann es nicht mehr verwundern, dass Papst Benedikt XVI. in seinem Jesus-Buch paradox festhält: »So wie es erwiesen ist, dass Jesus von Nazareth lebte und starb, so sicher ist auch, dass dieser

Jesus Sohn Gottes war und wirklich von den Toten auferstand.« Ob er von dieser oder jener Welt war, wird nicht mehr unterschieden, Körper und Geist gehen in eins. Vor diesem Hintergrund können wir Papst Benedikts folgender Aussage in seinem Buch nur voll und ganz zustimmen: »Ein historischer Jesus hätte niemals die Erlösung bringen können.« Wie wahr!

Wellnessreligion – der letzte Versuch

Nach der Darwinschen Evolutionstheorie überleben nur die anpassungsfähigen Kreaturen. Dieses Prinzip trifft auch auf das Christentum zu, das sich einer zunehmend intellektuellen Umwelt anpassen muss. So ist der Wandel von einem archaischen Gottesglauben zur theosophischen Weltanschauung im Laufe der Jahrhunderte unverkennbar. Ein solcher Prozess ist in islamischen Ländern, in denen Menschen noch die Todesstrafe droht, wenn sie nicht dem Koran gemäß leben oder zu einer anderen Religion konvertieren, nicht einmal ansatzweise zu erkennen. Das eingeschränkte geistige Milieu bietet den religiösen Dinosauriern des Islam gegenwärtig noch beste Lebensbedingungen, auch wenn sie nur eine Zielrichtung kennen: zurück ins dunkelste Mittelalter, womit nicht das islamische gemeint ist. Denn in dessen Mittelalter erlebten Naturwissenschaft, Astronomie und Medizin durch weltoffene Staatsmänner wie den Bagdader Kalifen al-Ma'mun eine enorme Blütezeit.

Die Aufforderung »suchet Wissen« hatte damals absolute Priorität, heute muss in Teheran ein Studierender zunächst prüfen lassen, ob seine wissenschaftlichen Erkenntnisse im Einklang mit dem Koran stehen. Aber wie lange noch kann ein konservativer Islamismus den Koran als primäre Bildungsgrundlage einer überwiegend jungen, informationsbedürftigen Jugend feilbieten? Um einen tiefgreifenden Wandel einzuläuten, genügen Proteste nicht, es müsste schon ein Asteroideneinschlag in Form eines empirischen Beweises »Allah war ein Außerirdischer« erfolgen, falls die strenggläubigen

Imame überhaupt befähigt wären, die Konsequenzen daraus richtig einzuschätzen.

Für die Kollegen aus dem Christentum ist die Situation schon wesentlich komplizierter. Viele Menschen – selbst bei praktizierenden Christen soll es jeder vierte sein – glauben nicht mehr an ein personifiziertes Gotteswesen. Zusätzlich droht eine Konkurrenz in Form des der Theosophie verwandten Buddhismus. Weil diese mehr der Philosophie als dem reinen Glauben nahestehende Religionslehre ohne jeglichen Dogmatismus und Skeptizismus oder hierarchische Strukturen die Erlösung ausschließlich durch Selbsterkenntnis zum Ziel hat, ist es kein Wunder, dass besonders in der westlichen Welt der Buddhismus ständig mehr Anhänger findet und seine Faszination steigt.

Also Evolution auch für Religionen? Es scheint so, denn von den alttestamentarisch dokumentierten Gräueltaten ist in keiner Predigt mehr etwas zu hören. Auch die naturwissenschaftlichen Erkenntnisse über ein mehrmaliges Massensterben der Arten in der erdgeschichtlichen Frühzeit sind nicht gerade geeignet, den Ablauf der Schöpfungsgeschichte noch glaubhaft zu vermitteln. Und hätte Reimarus bereits Kenntnis über die Zigmillionen Jahre dauernde Dinosaurierherrschaft gehabt, hätte er sich bestimmt gefragt, warum es Gott erst in letzter Sekunde einfiel, den Menschen zu schaffen.

Folglich hat eine schleichende Reformation die Religionen erfasst, gekennzeichnet durch ein ausdrucksloses klerikales Blaba, das allen konkreten Fragen nach Gottes Taten oder Untaten ausweicht. »Das ist die Auslegung der Bibel, wie sie vor über 100 Jahren noch praktiziert wurde«, lautet die Antwort der Blabla-Fraktion, »wir sind doch aufgeklärte Menschen, und dementsprechend ist das jetzige Gottesverständnis durch eine moderne Theologie ersetzt worden. Das muss heute anders gesehen werden.« Ja, warum eigentlich?, fragt man sich. Steht es so geschrieben oder nicht? Auf diese Weise entfernt sich das Christentum immer mehr von seinen Ursprüngen und degeneriert endgültig zu einer belanglosen Wellnessreligion. Es bedarf keiner prophetischen Begabung, um zu erkennen, dass in Zukunft wohl kaum noch Unterschiede zur buddhistischen Lehre bestehen werden.

Darin liegt das Dilemma der neumodischen Wellnessreligion, die sich heute Christentum nennt: Es tut sich nur noch durch eine nichtssagende Rhetorik ohne jegliche Aussagekraft kund. In den Medien lässt sich das ausgezeichnet verfolgen, wenn sich an jedem Wochenende die fünf »P's« (Prälatreferenten, Pfarrer, Priester, Presbyter und Pastoren – der Papst natürlich nicht) die Finger wund schreiben, um dem Interessierten oder Nichtinteressierten den sonntäglichen Festbraten entweder durch Gedanken, das Wort Gottes oder durch Besinnliches besser verdaulich zu machen. Dabei wird zu Beginn ein an Spannung nicht zu unterbietendes Garn gestrickt, auf das ein liturgischer Singsang an Lobpreisungen in beliebig austauschbarer Form folgt: Gott oder Jesus sieht dich, ist gütig, schenkt dir unendliche Liebe, er, der sich dir offenbart, der erfahrbar ist, der bei dir ist, der lebendig und vielseitig ist, der deine Nähe sucht, der dir Zuwendung schenkt, der Großartiges mit dir vorhat, der deinem Leben erst einen Sinn gibt und so weiter und so fort, von Januar bis Dezember, jahrein, jahraus.

Zu diesem belanglosen Singsang gesellt sich noch ein Leitwort, das sich bestens in die Konzeption der Wellnessreligion einfügt: *Vernunft!* Die Metaphysik, jene von dem griechischen Philosophen Aristoteles neu begründete Disziplin der Philosophie, gestattete es den klerikalen Autoritäten, Gottes Existenz nicht mehr beweisen zu müssen. Dieses Credo animiert immer noch zahlreiche Philosophen, dem Christentum als Steigbügelhalter zu dienen, indem unbeirrt fabuliert wird: nur über die Vernunft, gleichgesetzt mit christlichen Werten, führt der Weg zu einer humanen Gesellschaft.

Es ist bemerkenswert, wie hochgescheite Leute mit ihrem metaphysischen Ballast im Gepäck den Spagat zwischen einem jedem sich erschließenden enormen Wissensstand und einem archaischen Gedankengut schaffen, um so den Weg zu Gott zu skizzieren und damit gleichzeitig dem Christentum den Heiligenschein moralischer Kompetenz aufzusetzen. Es ist auch mehr als paradox, allein mit einer durch nichts bewiesenen Gottesexistenz, die in der Bibel vorwiegend durch die Beschreibung sinnlicher Wahrnehmungen bezeugt wird, höchstwahrscheinlicher aber auf falsch interpretierten prähistorischen Überlieferungen beruht, die gesellschaftliche Position der Religionen festigen zu wollen.

War Gott ein Außerirdischer?

Damit kommen wir zur Kardinalfrage: War Gott ein Außerirdischer? Das ist eine Frage, über die schon öfter diskutiert worden ist und noch oft diskutiert werden wird. Neuerdings schließt sogar der Vatikan außerirdische Lebensformen im Kosmos nicht mehr aus, die, man höre und staune, im Laufe eines Evolutionsprozesses – natürlich nur durch Gottes Wille – entstanden. »Es gibt Außerirdische. Sie sind zwar so unerreichbar und unsichtbar wie die Engel, doch auch sie sind Brüder der Schöpfung«, so jedenfalls der Jesuit und Astrophysiker José Funes, immerhin Leiter der päpstlichen Sternwarte und wissenschaftlicher Berater von Papst Benedikt. Dieser überraschenden Aussage Funes' kann in einigen Punkten durchaus zugestimmt werden. Die Engel aber, das Personal des Space Elevators, waren gewiss nicht unsichtbar, wenn Henoch mit eigenen Augen sah, wie sie sich Flügel nahmen.

Diese revolutionäre Neudefinition unsichtbarer Engel lässt eigentlich nur den Schluss zu, dass man sich zwar nicht des »intelligenten« Schöpfers entledigt, jedoch die Erde ihren Status als geistiges Zentrum des Universums verloren hat. Wie man sieht, kann wohl selbst die Kirche die schier unvorstellbare Masse an Galaxien und Sonnensystemen nicht mehr ignorieren. Funes' Überlegungen wurden denn auch umgehend von reaktionären Religionsrepräsentanten als erster Schritt in einen diabolischen Atheismus verurteilt. Weil der Dominikanermönch Giordano Bruno bereits vor über 400 Jahren andere Welten mit intelligenten Lebewesen nicht ausschloss, musste er diese Annahme auf einem Scheiterhaufen in Rom mit seinem Leben bezahlen. Wenn der Vatikan in unserer Zeit nun die Existenz von Aliens akzeptiert, wirft das ganz neue Probleme auf – wie etwa folgende: War Gott bei der Schaffung intelligenter Lebensformen auf anderen Planeten erfolgreicher, oder musste er dort weitere Söhne zur Erlösung der mit Sünden behafteten Bewohner opfern?

Mit der Anerkennung Außerirdischer ziehen die religiösen Institutionen keineswegs gleichzeitig die Möglichkeit in Betracht, Gott sei ein außerirdisches Wesen. Unabhängige Denker müssen sich weiter darum bemühen, die Wahrscheinlichkeit prähistorischer Erdenbesucher zu verifizieren. Nicht akzeptiert werden sollte dabei ein fragwürdiger Dualismus in folgendem Sinne: Die Erde kann zwar vor langer Zeit in den Fokus einer außerirdischer Intelligenz gelangt sein, dennoch gibt es eine allmächtige höhere Instanz, die der christliche Gott verkörpert und die man nicht in Frage stellen darf.

Von atheistischer Seite wird eine solche Sichtweise keine Unterstützung erfahren. Deren Religionskritik findet vorwiegend in erkenntnistheoretischen Modellen ihren Ausdruck, die keinen Platz haben für ein transzendentes Gotteswesen. Viele berühmte Denker wie Friedrich Nietzsche, Sigmund Freud oder Friedrich Hegel bekannten sich aus ihrer philosophischen Perspektive zum Atheismus, und dennoch ist es fraglich, ob sie, mit dem heutigem Wissensstand versehen, Gott mit einem außerirdischen Wesen in Verbindung gebracht hätten. Zudem schickt es sich augenblicklich noch nicht für Intellektuelle, prähistorische Erdenbesucher ernsthaft in Erwägung zu ziehen.

Um Agnostiker wie auch Theisten aus diesem komplikationsbehafteten Zwiespalt zu befreien, ist es wohl an der Zeit, mit neuen Thesen die althergebrachte, aus einem Mix logischer Denkweisen und überlieferter Menschheitserinnerungen bestehende Gotteshypothese erneut zur Diskussion zu stellen und womöglich wieder einmal zu reformieren. War Gott ein Außerirdischer? Das wirft noch eine weitere interessante Frage auf: Wenn man so etwas in Betracht zieht, ist man dann Atheist, Theist oder ein sich wandelnder Agnostiker, für den sowieso alles möglich ist?

Und stellen wir doch gleich die Zusatzfrage: Wenn der Vatikan nun zahlreiche außerirdische Zivilisationen für möglich hält, warum sollte dann nicht auch eine Vielzahl an Göttern existieren?

Gott war jung, dynamisch, egoistisch und link

Das Universum mit seinen 100 Milliarden Galaxien, deren jede einzelne wiederum Billionen von Sonnen und Planeten mit Trabanten umfasst, lässt bei allem Wohlwollen nicht zu, dass diese unvorstellbare Masse von einem einzigen »Gott« verwaltet wird. Im zeitlosen Raum könnte auch er nicht die Zeit aufbringen, sich um alle bewohnten Planeten zu kümmern. Also muss von dieser Spezies ebenfalls ein Riesenheer den Kosmos bevölkern. Unsere Galaxis hatte nur das Pech, dass sie von einem jungen, noch in der Ausbildung befindlichen, unerfahrenen, dafür aber umso dynamischeren Nachwuchsgott gemanagt wurde, der im Übereifer schnell eine neue Menschenrasse klonte, um sie einer Götterjury als sein Gesellenstück zu präsentieren. Und noch etwas kommt hinzu: Auch ein Gott wünscht sich Anerkennung. Sie wurde ihm im Götterclan nicht nur verweigert, sein übereiltes Tun wurde sogar eher skeptisch beurteilt. Aber in seiner Selbstüberschätzung dachte er, ein »Gott« ist ja schließlich vornehmlich dafür da, dass er vergöttert wird! Getrieben von dieser Hybris, forderte er mahnend, mitunter auch drohend von den Menschen, ihn im höchsten Maße demütig zu lieben. Weil alles seinen Preis hat, auch die Beziehung »Gottes« zum Menschen, versprach er ihnen als heuchelnder Altruist in seiner etwas linken Art als Belohnung ein tolles Zusammenleben mit ihm in einem Paradies. Seltsamerweise aber erst nach deren irdischem Ableben, denn es war ihm trotz bester Voraussetzungen auf dem Planeten Erde nicht gelungen, eine dem Götterideal entsprechende Zivilisation zu erschaffen. Als er nach geraumer Zeit über die Himmelsleiter wieder einmal die Erde aufsuchte, musste er zu seinem Leidwesen bekümmert feststellen, dass nicht nur die jedem »Gott« zustehende Engelsschar gegen ihn aufbegehrte, sondern auch die Menschen revoltierten. Von Zuneigung keine Spur. Schlimmer noch, dieser neue Menschentypus verschmähte ihn nicht nur, er musste auch noch Hohn und Spott ertragen. Was tun? Schnell hatte er eine Lösung parat: 99,9999 Prozent durch eine Flutwelle vernichten, der kleine Rest müsste für eine wohlwollende Bewertung durch die Götterjury genügen. Danach wurde er nicht mehr gesehen. Die für einen »Gott« unwürdigen falschen Versprechungen und Tricksereien hatten ihm schon einen Spitzenplatz auf der himmlischen Abschussliste eingebracht. Aus der brodelnden galaktischen Gerüchteküche war aber zu vernehmen, dass er fortan am Rande der Galaxis nur noch Asteroiden archivieren durfte.

Natürlich ist dies eine Persiflage. Und einigen meiner Leser mag sie bitter aufstoßen. Gläubige könnten sie sogar als äußerst provokant, zynisch oder blasphemisch empfinden. Dabei war der christliche Gott erheblich brutaler als der Paläo-SETI-Gott, der hier unterstellt wird. Zudem schreckte seine Gefolgschaft weder vor Folter noch Mord zurück. Aber angenommen, diese etwas andere Gottesanmutung entwickelte sich zur größten Glaubensgemeinschaft, würde sie dann nicht ebenso umfassend ihre Wirkung entfalten wie die Religionen heute? Welche Kriterien muss eine neue Religion erfüllen, damit sie anerkannt wird? Muss sie erst ein gewisses Alter haben? Muss das Gotteswesen, das durch sie verehrt wird, liebenswürdig und barmherzig sein? Müssen seine Anhänger das sein? Eigentlich ja. Schon des Gemeinwohls wegen. Warum sollte die in jeder Diskussion genüsslich postulierte Floskel »Gottes Nichtexistenz lässt sich naturwissenschaftlich nicht beweisen« nicht auch für diese Gottesvariante gelten? Naturwissenschaftlich widerlegen lässt sich meine Schilderung in der Persiflage nicht. Da stellt sich so ganz nebenbei die Frage: Ist die biblische Schilderung Gottes und seiner Taten überzeugender oder auf einem höheren Niveau angesiedelt?

Wenn der ehemalige evangelische Oberhirte Deutschlands, Bischof Wolfgang Huber, in einer Fernseh-Diskussionsrunde über Richard Dawkins Buch *Der Gotteswahn* verlauten lässt, man dürfe der Wissenschaft nicht die Deutungshoheit in Glaubensfragen überlassen, kann man mit Fug und Recht kontern: Auch den Konfessionen darf man nicht die Deutungshoheit über Gott überlassen. Gott war nicht nur anders, als wir bisher annehmen, sondern mit größter Wahrscheinlichkeit ein Wesen aus einem anderen Sonnensystem. Es ist nur zu verständlich, dass die aktuellen Religionen, um ihre Macht und ihren Einfluss bangend, ihrem Gottesbild für immer Immunität gegen neue Erkenntnisse verleihen wollen, aber in der transparenten Welt von heute kann und wird dem auf Dauer kein Erfolg beschieden sein.

Gottes Reich auf Erden – ein fataler Irrtum

Bei seiner Siegesrede zur Präsidentschaftswahl am 4. November 2008 in Chicago wies Barack Obama auf die bevorstehenden enormen Herausforderungen seiner Präsidentschaft hin: »Zwei Kriege, die schwerste Finanzkrise seit einem Jahrhundert und ein Planet in höchster Gefahr.« Dies sind zwar sehr gravierende und komplizierte Probleme, aber letztlich doch lösbare. Dennoch stutzte ich spontan bei dem Hinweis auf »einen Planeten in höchster Gefahr«, da meine Gedanken dabei in eine völlig andere Richtung gehen als die Obamas, der die drohende Gefahr einer Klimakatastrophe beschwor. Die Gefahr für den Planeten Erde durch eine Inbesitznahme durch Außerirdische ist ihm wahrscheinlich noch nicht vor Augen geführt worden. Weil aber in den Staaten jeder Präsidentschaftskandidat re-

ligiös sein muss, um überhaupt eine Chance auf das höchste Amt zu haben, wird ihm das in der Bibel angekündigte Reich Gottes auf Erden dennoch nicht völlig unbekannt sein.

Wie ernst es Obama mit der Frömmigkeit nimmt, steht an dieser Stelle nicht zur Debatte. Aber es ist anzunehmen, dass für ihn das Reich Gottes auf Erden nicht das erstrebenswerte Endzeitszenario ist, das es für einen ähnlich mächtigen Herrscher auf Erden war, der im 16. Jahrhundert lebte: Philipp II. Der spanische König war förmlich von dem Gedanken besessen, mit seinem Imperium, das sich von Amerika bis Asien erstreckte, dem Herrn im Sinne der christlichen Eschatologie schon vorab ein gottgefälliges Reich zu bieten. Für Philipps Untertanen war dieser versuchte Vorgriff auf das kommende Gottesreich eine überwiegend freudlose, wenn nicht gar entsetzliche Erfahrung.

Häufig sind alle Sehnsüchte der Christenheit wie auch des Judentums auf dieses imaginäre Reich Gottes ausgerichtet. Dabei existieren über die Definition des Gottesreiches aus theologischer Sicht sehr unterschiedliche Auffassungen. Für die einen ist es das Tausendjährige Jerusalem, das irgendwann »vom Himmel herabfahren« wird und alles Böse ausmerzt. Kein Mensch wird dann mehr über den anderen herrschen, Hunger und Elend werden besiegt sein. So jedenfalls erläuterte Jesus seine prophetische Verheißung. Die theologische Philosophie hingegen sieht die Verwirklichung dieses Reich weit in die Zukunft gerückt. Wenn die Welt einmal untergegangen sein wird, soll Gottes Reich kommen, demnach eher eine metaphysische Konstruktion und kein Gebilde, in dem der Mensch oder das, was von ihm noch übrig sein wird, sorgenfrei weiterleben könnte. Aber übernehmen sich die Religionen mit diesem angekündigten Reich Gottes nicht? Der universale Anspruch, durch eine apokalyptische Wende schlagartig eine vollkommene Welt entstehen zu lassen, ist eine weitere von trügerischer Hoffnung getragene Illusion, die sich niemals erfüllen wird.

Dein Reich komme … bitte nicht!

Das Vaterunser, eines der bekanntesten und am häufigsten gesprochenen Gebete der Christenheit, mal murmelnd, mal flehentlich wie im Zwiegespräch vorgetragen, in Amerika, wie in einem Fernsehbeitrag zu sehen, von fanatischen Jesusjüngern keineswegs diskret, sondern fordernd hinausgeschrien, beginnt mit den Zeilen: *»Vater unser, der du bist im Himmel … Dein Reich komme, Dein Wille geschehe im Himmel wie auf Erden …«* In dezenterer Machart, aber dennoch mit viel medialem Brimborium wurde im Herbst 2010 das Vaterunser auch in Deutschland wieder ein Thema. Die trotz ihres nicht ganz freiwilligen Rücktritts vom höchsten Amt der evangelischen Kirche sehr populäre Margot Käßmann veröffentlichte damals in ihrer Buchreihe *Einfach Evangelisch* den Band *Das große Du: Das Vaterunser,* in dem sie für ein sich steigerndes Beten wirbt.

Für mich war an dem Buch der Theologin vorrangig ihre Neuinterpretation des Gebetes interessant, das sie dort Zeile für Zeile kommentiert. Ihre wesentliche Kernaussage zu diesem wichtigsten

Gebet der Christenheit lautet lapidar: »Die Bitte ›Dein Reich komme‹ aus dem Vaterunser drückt nicht nur die Zuversicht aller Betenden auf Gottes Zukunft aus, sondern ist auch ein klarer Widerspruch zu aller menschlichen Herrschaft. Menschen haben zu allen Zeiten diesen Satz gebetet in der Sicherheit: Gottes Reich wird kommen! Ja, es soll kommen. Und es wird kommen. Und es wird Gerechtigkeit und Frieden bringen, davon wollen wir schon im Hier und Heute eine Spur legen.«

Das ist in seiner Seichtheit nun kaum noch zu überbieten. Ich kann mir auch eine andere Spur denken, die durch andere Sichtweisen gelegt wird und die keineswegs von dieser Euphorie für ein ebenso unbegründetes wie trügerisches Gottesreich geprägt ist. Auch das optimistisch fordernde »Ja, es soll kommen«, findet bei mir keinen Widerhall, denn das real drohende Reich der Zukunft wird meiner Meinung nach weder Gerechtigkeit noch Frieden bringen, sondern könnte vielmehr das Ende der Menschheit bedeuten. Die Spur, die ich im vorliegenden Buch legen möchte, soll von einer festen und selbst gewonnenen Überzeugung erfüllt sind, die mit Blick auf die Einflüsterungen des Klerus an die gläubige Bevölkerung laut verkündet: »Nein, Dein Reich komme bitte nicht!«

So unterschiedlich sich die Religionen weltweit auch entwickelten, in ihren Kernaussagen waren die Götter nämlich keineswegs zimperlich. Sie gingen stets ohne Skrupel zu Werke. Als die erste Zivilisation sich nicht nach ihren Wünschen entwickelte, wurde sie rücksichtslos durch eine Sintflut vernichtet. Und als die Götter der Erde Adieu sagten, folgte eine ganze Liste von Androhungen bis hin zu einem Jüngsten Gericht, falls die Menschen sich ihrem Diktat widersetzten. Das war natürlich für die religiösen Fanatiker vom Mittelalter bis zum heutigen Tag eine willkommene Steilvorlage, um permanent mahnend zu fabulieren, das größte historische Ereignis, die Endzeit, stehe nun unmittelbar bevor. Im Mittelalter hinterließen solche Drohungen noch einen tiefen Eindruck bei den Menschen, heute wirken sie dagegen eher tragikomisch und werden kaum noch ernst genommen.

Wenn, wie schon angesprochen, kriminaltechnisch ausgebildete Profiler den gesamten mythologischen Fundus einmal analytisch auswerteten, könnten durchaus komplexere Informationen über das Wesen Außerirdischer zusammengetragen werden. Aber wer wollte damit beginnen? Auf der Erde existieren Tausende von Theologie-Lehrstühlen, aber nicht einer, der sich der Forschung nach einem *anderen* Gott verschrieben hätte, obwohl damit der Menschheit sicher mehr gedient wäre als mit der doktrinären Weitergabe einer veralteten Heilslehre durch promovierte und professorale Lehrmeister. Noch fühlen sich die Religionsrepräsentanten unantastbar, aber auf das Kommen ihres selbstgestrickten Gottes können sie noch eine Million Jahre warten, aber er wird nicht kommen. Deshalb ist jedes Jahr des Nichtstuns ein vergeudetes Jahr, jedes Jahr der Forschung nach dem *anderen* Gott ein gewonnenes Jahr.

Wo dieser andere Gott zu finden sein könnte? An vielen Stellen in der Bibel gibt es interessante Passagen, die außer den bekannten Warnungen vor dem Jüngsten Gericht oder den Ankündigungen von Gottes himmlischem Reich durchaus Hinweise auf seine derzeitige Anwesenheit enthalten. So fragt sich Salomon besorgt und zweifelnd in 1. Könige 8, Vers 27: *Denn sollte in Wahrheit Gott auf Erden wohnen?* Und wenn von Seiner Rückkehr die Rede ist, müsste man fast einen Schrecken bekommen, wie gleichgültig diese Ankündigung die Menschen lässt. So etwas bleibt nicht ohne Folgen, das fand auch schon Matthäus im 24. Kapitel, Vers 39: *Und sie achteten nicht, bis die Sintflut kam und nahm sie alle dahin – also wird auch so die Zukunft des Menschen sein.* Noch eindringlicher der Vers 44: *Darum seid ihr auch bereit, denn er wird kommen zu einer Stunde, die ihr nicht vermutet.*

Niemand weiß, wann es so weit sein wird, ob bereits morgen oder erst in einer Million Jahre. Die mögliche Rückkehr Gottes stößt nur auf ein geringeres Interesse. Aber das ist ein schreckliches Versäumnis, denn was der Menschheit bei einer Rückkehr der Götter – sprich der Außerirdischen – drohen könnte, das soll nicht nur, das *muss* im Interesse der Sicherheit unseres Planeten zwingend ein Thema werden. Denn sie könnten einen Besitzanspruch auf den Planeten Erde erheben.

Was vielen Menschen die Verheißung schlechthin ist, wird an dieser Stelle als gnadenlose Drohung gedeutet, die auf keinen Fall paradiesische Zeiten auf Erden zu Füßen Gottes erwarten lässt. Für die religiösen Würdenträger mag es eine inakzeptable Vorstellung sein, dass das vorrangige Interesse ihres vermeintlichen Gotteswesens nur dem Planeten Erde gilt und nicht dem Menschen, der eher unbequem und störend sein könnte. Es ist schon kurios, dass ausgerechnet einige Bibelverse genau darauf verweisen, wenn man sie konsequent unter diesem Aspekt betrachtet. Deshalb können zukünftig weder Wissenschaftler noch die angeblich so sehr um die Sicherheit des Volkes bemühten Politiker, aber auch nicht die theologisch-philosophische Fraktion diese Eventualität ignorieren.

Wenn schon ein weltweiter Börsencrash genügt, die großen Länder der Erde in eine Finanzkrise zu stürzen, mag man sich gar nicht vorstellen, in welchem Chaos die Welt bei einer Rückkehr der Außerirdischen versinken würde. Als im Herbst 2008 die Finanzkrise ausbrach, fand ich in einem Verlagskatalog vom Mai des Jahres zu meiner Überraschung gleich mehrere Buchtitel, die diese Krise bis ins Detail vorhergesagt hatten. Doch die Vorhersagen waren auch so kurz vor dem Desaster fast ungehört verhallt. Eine derartige Ignoranz ist für Warnungen vor einer mutmaßlichen Rückkehr ehemaliger Erdenbesucher mit all ihren katastrophalen Folgen ebenfalls zu erwarten.

Um in der Sprache der Finanzwelt zu bleiben, ist wohl mit hoher Wahrscheinlichkeit davon auszugehen, dass die Erde im Portfolio der Außerirdischen einen festen Platz einnimmt. Darum muss sich jeder unvoreingenommene Denker gänzlich frei von Vorurteilen und konsequent die Frage stellen, wovon eher auszugehen ist: dass ein von den Religionen propagiertes metaphysisches Wesen sein Reich auf Erden errichtet oder dass dieser Planet eines Tages als neuer Lebensraum in den Fokus einer um seine Existenz ringenden außerirdischen Intelligenz rückt? Dabei ist es zunächst gleichgültig, ob solch ein Ereignis im Jahr 2050 oder erst in 20.000 oder 50.000 Jahren eintreten könnte.

Im ersten Teil dieses Buches bezeugt eine Indizienkette eindeutig, dass ein längerer Aufenthalt Außerirdischer auf der Erde vermutlich nur dem Ziel galt, ihre spätere Rückkehr vorzubereiten. Der Grund dürfte auf der Hand liegen. Jede technisch fortgeschrittene Zivilisation im Kosmos findet irgendwann heraus, dass eine Supernova eine existenzielle Bedrohung für ihren Planeten sein würde und sie dadurch zum Auswandern gezwungen sein könnte, zur Suche nach einer neuen Welt. Dies führt im Umkehrschluss zwangsläufig zu der Erkenntnis, ihr eigener Planet könnte ebenso für eine fremde Zivilisation als neuer Lebensraum von Interesse sein. Wie der 38. Weltraumkongress COSPAR 2010 in Bremen darlegte, ist die Menschheit immerhin in der ersten Phase angelangt, denn ein Thema waren auch Alternativen zum Wohnort Erde. So formulierte Hans J. Rath, Organisator des Kongresses: »Wir müssen uns darauf einstellen, in fünfzig bis 200 Jahren andere Planeten zu besiedeln.«

Vielleicht war der Auslöser für diese Feststellung eine Umweltstudie der Vereinten Nationen, in der die 3000 größten Konzerne der Welt angeklagt wurden, die Naturschätze der Erde rigoros zu schädigen, wodurch pro Jahr Umweltschäden in Billionenhöhe entstehen. Aber deshalb den Mars besiedeln? Die Kosten für ein derartiges Unternehmen würden ein Vielfaches der Summe verschlingen, weshalb es sicher sinnvoller wäre, die hemmungslos auf Profit ausgerichteten Konzerne in die Schranken zu verweisen. Selbst wenn die Erde völlig heruntergewirtschaftet wäre, dürfte sie für Menschen immer noch bessere Bedingungen bieten als jeder andere Planet. Und weil die Sonne weder in fünfzig noch in 200 Jahren eine ernsthafte Gefahrenquelle für die Erde sein wird, dürfte eine Planetenbesiedlung in anderen Sonnensystemen gegenwärtig wie auch in naher Zukunft kein Thema sein.

Wie könnte denn eine solche Begegnung mit Außerirdischen ablaufen? Darüber lässt sich nicht nur vortrefflich diskutieren und spekulieren, sondern auch bestens philosophieren. Wählen wir als Datum für diesen Kontakt einmal das Jahr 2101, in dem mehr zufällig eine Beobachtungsstation für erdnahe Objekte zwischen Mars und Jupiter nicht nur ein Raumschiff, sondern gleich eine ganze Armada von Raumschiffen entdeckt, die wie an einer Kette aufgereiht sind. Selbstverständlich unter Ausschluss der Öffentlichkeit jagt umgehend in allen informierten Ländern eine Krisensitzung die nächste. Dann sickern die ersten Nachrichten über das größte Ereignis in der bekannten Menschheitsgeschichte durch. Und auf allen Fernsehkanälen gibt es nur ein Thema: *Sie sind da!*

Nie zuvor waren die Paläo-SETI-Anhänger so begehrte Gäste in den täglichen Talkshows. »Endlich sind sie da! Ein Quantensprung in allen wissenschaftlichen wie auch kulturellen Bereichen ist nur noch eine Frage der Zeit«, lauten ihre Statements. Etwas zurückhaltender die christlichen Religionsvertreter: »Unsere Brüder aus dem All sind herzlich willkommen.« »Der 12. Imam-Mahdi wird Mohammeds Werk vollenden«, so der Kommentar der muslimischen Ayatollahs. Mit fein geschliffener Rhetorik bekunden indessen die elitären Herrschaften der philosophischen Fakultät: »Die normative Kraft des evidenten Kontrapakts kann die pervertierende äquivalente Bosheit des *Homo sapiens* nicht unterbinden und führt so vermutlich zu einer Liminalität, die in einer Äonenwende von apokalyptischer Dimension enden wird«, womit sie die Situation noch am Treffendsten beschreiben.

Völlig hilflos präsentieren sich dagegen die Politiker, die auf ihren Stammtischen diesen Fall natürlich nicht angesprochen hatten. Und sollten sie künftig auf diese Möglichkeit hingewiesen werden, wird ihre Antwort vermutlich immer noch lauten: »Wir haben doch gegenwärtig genug andere Probleme.« Das mag sogar zutreffen, denn im Jahr 2101 ist die Erde ein dampfender, dazu mit mehr als zehn Milliarden Menschen extrem übervölkerter Planet, zehn Milliarden, von denen einige Milliarden in Not und Elend dahinvegetieren.

Immer mehr verheerende Naturkatastrophen wie auch kriegerische Auseinandersetzungen um Rohstoffe und Wasser verschärfen die Situation zusätzlich.

So vergehen einige konfuse Wochen, in denen irdische Weltraumteleskope Aufnahmen des gigantischen Raumschiffclusters machen. Die Situation ändert sich schlagartig, als von den Raumschiffen plötzlich Nachrichten in englischer Sprache die Erde erreichen – Nachrichten, deren knallharte Forderungen blankes Entsetzten auslösen: So müssen in den kommenden zwanzig Jahren zunächst der amerikanische Kontinent und in weiteren achtzig Jahren auch alle anderen Kontinente von den Menschen verlassen werden, bis auf einen: Australien! Sollte den Menschen etwa wie damals den indianischen Ureinwohnern lediglich das Überleben in einem Reservat zugebilligt werden? Oder droht den Erdenbewohnern gar nur noch eine Existenz als bestaunte Objekte in einem Menschenzoo?

Jedenfalls ist diese Ankündigung ein brutaler Schock, und so langsam dämmert es den führenden Politikern und Wissenschaftlern, dass die Außerirdischen schon über einen längeren Zeitraum im Besitz differenzierter Kenntnisse über die Erde und deren Bewohner sein müssen. Unweigerlich werden die dramatischen Konsequenzen ihrer Forderung offenkundig, und als diese bekannt wird, schießen in Australien die Immobilienpreise und weltweit die Selbstmordrate in die Höhe. Zudem kollabiert innerhalb weniger Stunden das kapitalistisch ausgerichtete Wirtschafts- und Finanzsystem.

Nun bewegten in den letzten Jahren Naturkatastrophen wie der Tsunami in Thailand und das Erdbeben in Haiti oder der durch ein Erdbeben in Verbindung mit einem Tsunami verursachte Unglücksfall in einem japanischen Atomkraftwerk weltweit die Gemüter der Menschen. Diese tragischen Ereignisse sollen auch auf gar keinen Fall verniedlicht werden, doch wären sie in dem von mir beschriebenen Zukunftsszenario fast belanglos angesichts des sich weltweit ausbreitenden Chaos. Es drohten dann anarchistische Verhältnisse mit nicht absehbaren Folgen für die gesamte Menschheit. Zugleich offenbarte sich das große Manko, dass es zwar eine UN gibt, aber keine Weltregierung, die konstruktive Verhandlungen mit den sich durchs Weltall nähernden Invasoren führen könnte.

Wenn aber die hypothetische Forderung, die Bevölkerung Amerikas zu evakuieren, einmal Realität würde und zu diesem Zeitpunkt die USA sich immer noch als Weltmacht präsentierte: Müssten sie sich diesem Diktat beugen, oder sollten sie doch den Versuch wagen, militärisch gegen die Außerirdischen vorzugehen, weil faktisch das Ende der Vereinigten Staaten drohte? Dies könnte zwar auch das Ende der gesamten Menschheit bedeuten, aber keiner hätte die Gewissheit, dass auf einem fernen Planeten nicht längst das Urteil über die Erdenbewohner gefällt wäre, womit die biblische Prophezeiung des Zephania: *Ja, ich will die Menschen ausrotten von der Erde,* zur bitteren Realität werden könnte.

Sollten irgendwann einmal Außerirdische beabsichtigen, sich auf der Erde niederzulassen, werden sie wegen der permanenten Gefahr für ihr Unternehmen niemals die Milliarden von Menschen akzeptieren und noch weniger ein kosmisches Multikulti-Modell tolerieren. Darüber muss man sich im Klaren sein!

Es dürfte für eine außerirdische Intelligenz, die mit ihren Raumschiffen den Weg zu uns gefunden hat, technisch kein Problem darstellen, einen kleinen Asteroiden als letzte Warnung gezielt in den Pazifik oder Atlantik zu leiten. Und ein Angriffskrieg gegen sie dürfte keine Option sein. Womit sollte er auch geführt werden? Wäre es nicht erheblich ratsamer, die weltweit enorm hohen nationalen Militärausgaben für eine transnationale Erdverteidigung zu bündeln, indem man gemeinsam versucht, einen militärischen Abwehrschirm zu errichten? Wer aber könnte technisch und logistisch imstande sein, eine solche Abwehr aufzubauen, und wie viel Zeit würde er benötigen?

In den kommenden Jahrzehnten wären nur die USA in der Lage, eine solche Abwehr aufzubauen, das ebenfalls die Raumfahrt praktizierende Russland wohl kaum, und noch weniger die Europäer. Die USA wären dafür auch intellektuell am ehesten prädestiniert, denn wer engagiert sich mehr als sie, wenn es darum geht, einen drohenden Asteroideneinschlag abzuwenden? Sollte dieses Vorhaben planetenweit Akzeptanz finden, könnte das ihren Anspruch auf Leadership in der Welt sogar noch mehr festigen als ein Astronautenbesuch auf dem Mars. Aber wie die Konstellation der Weltmächte in fast 100 Jahren zu Zeiten unseres fiktiven Szenarios aussehen wird, kann heute niemand wissen. Ob uns dann vielleicht China zur Seite steht? Oder eine asiatische Union? Eine panarabische Welt? Wir wissen nur eins: Zweifellos wird eine außerirdische Expedition, die sich einer unvorbereiteten und schutzlosen Erde nähert, ungeachtet unserer politischen Lage unerbittlich ihre Ziele verfolgen.

Sollten wirklich einmal kriminalistisch ausgebildete Profiler die weltweite Mythologie analysieren, käme sicher bald die Erkenntnis, was für schicksalhafte Folgen in diesem Fall eine pazifistische Grundhaltung für die Menschheit haben könnte. Unter der Annahme, dass allein die Suche nach neuem Lebensraum genügend Motivation für interstellare Raumfahrt bietet, wird eine Konfrontation unausbleiblich sein. Geradezu kurios, dass jährlich in den USA ein Meeting unter Beteiligung von Koryphäen der Astrophysik bis hin zur Psychologie stattfindet, um Pläne auszuarbeiten, wie man außerirdische Erdenbesucher empfangen sollte. Die E. T.'s werden niemals kommen, um nur einen Höflichkeitsbesuch abzustatten, weshalb eine für diesen Fall vorbereitete gigantische Begrüßungsfeier durch die UN-Vollversammlung *ad acta* gelegt werden kann. Einzig der Planet Erde wird für sie das Objekt der Begierde sein und sonst nichts. Ob dann unsere geistigen Eliten in der Lage sein werden, ihnen einzureden, wie edel die menschliche Rasse doch sei, sie deshalb doch bitteschön von ihrem Vorhaben Abstand nehmen sollten und sie sich daraufhin mit einem »Sorry, wir wollen nicht weiter stören« von der Erde wieder verabschieden, darf wohl eher bezweifelt werden.

Ein kosmisches Grundbuchamt, das den Menschen das alleinige Nutzungsrecht über die Erde zubilligt, existiert nun mal nicht. Übrigens, nach den Grundeigentumsrechten haben die Europäer bei der Eroberung Amerikas auch nicht gefragt. Die Aliens könnten sogar argumentieren, dass der Mensch sein Recht auf diesen Planeten verwirkt habe. Fast ohne Unterbrechung hat er erbarmungslos Kriege geführt, viele Tierarten ausgerottet und seine Umwelt rücksichtslos ausgebeutet und zerstört.

Wie würde die Kaste der Volksvertreter reagieren, wenn die Außerirdischen ihre angekündigte Rückkehr wahr machten und eines Tages völlig unverhofft wieder auf der Bildfläche erschienen? Einige Staatsoberhäupter würden wohl insgeheim hoffen, sie könnten ihr

Land den Besatzern aus dem All als das beste auf Erden empfehlen. Aber dass die Außerirdischen bei einer Rückkehr hervorragend vorbereitet sein werden, müsste wohl auch dem naivsten angeblich um die Sicherheit des Volkes besorgten Politiker einleuchten. Wäre die Politik mit ihren legislativen und exekutiven Instanzen ohne weiteren Entscheid des Volkes dann überhaupt noch zum Handeln legitimiert, oder würde die Bevölkerung sich nicht eher die religiösen Institutionen, falls sie in dieser Zeit noch repräsentativ sein sollten, als Vermittler wünschen? Auch wenn die großen Religionen in diesem Buch zuweilen recht kritisch betrachtet werden, wären sie trotz ihrer blutigen Historie mit Hunderten von Millionen zu verantwortenden Menschenopfern möglicherweise die einzige Autorität, die verhindern könnte, dass sich das reale »Gottesreich auf Erden« nicht ganz so schrecklich entfaltete.

Planetenforschung als Präventivmaßnahme

Wie groß die potenzielle Gefährdung wirklich ist, hängt einzig und allein davon ab, wie viele bewohnbare Planeten in einem Umkreis von vielleicht 100 bis 200 Lichtjahren existieren. Gegenwärtig muss sich die Menschheit keine Gedanken um den Erhalt ihrer angenehmen Lebensbedingungen auf der Erde machen. Sozusagen als Präventivmaßnahme sollten jedoch andere Gedanken Priorität haben: Drohen in einem Radius von einigen 100 Lichtjahren anderen Sonnensystemen und Planeten außer durch eine Supernova des Sterns HR 8210 weitere kosmische Katastrophen? Wüsste man darüber mehr, könnte eventuell die Region der Galaxis ausfindig gemacht werden, aus der dann ein Massenexodus in Richtung Erde als Bedrohung für die Menschheit zu erwarten wäre.

Aber wie viele Sonnen existieren in einem Umkreis von ungefähr 200 Lichtjahren? Ein freundlicher Mitarbeiter des Astronomischen Instituts in Potsdam fand sich bereit, mir diese Frage zu beantworten, und bestimmte ihre Anzahl in einem Radius von zwanzig Lichtjahren auf etwa siebzig Sonnen. Das erscheint zunächst nicht allzu viel. In einem Radius von 200 Lichtjahren treffen wir jedoch nicht einfach die zehnfache Anzahl an, also 700 Sonnen, sie nimmt mit der Entfernung überproportional zu, ähnlich wie die Zuschauerzahl in einer Sportarena. Auch dort steigt das Fassungsvermögen der Sitzreihen, je weiter entfernt von der Mitte die Zuschauerränge liegen, mit dem größer werdenden Radius. Daher sind in einem Radius von 100 Lichtjahren fast 10.000 Sonnen zu erwarten und bei 200 Lichtjahren bis zu 80.000 Sonnen. Bei einem Radius von 500 Lichtjahren sogar fast eine Milliarde!

Je mehr bewohnbare Planeten diese Sonnen umkreisen, desto sicherer könnte die Erde vor einer Übernahme sein. Sind es nur wenige, dürfte der Appetit auf ein solches Filetstück unter den Planeten besonders stark ausgeprägt sein. Und damit wäre das Schicksal der Erde besiegelt.

Um zu erkunden, wie viele Sonnen von erdähnlichen Planeten umkreist werden, die eine felsige Oberfläche und flüssiges Wasser besitzen, wurde im März 2009 das NASA-Weltraumteleskop »Kepler« auf die Reise geschickt. Die Sonde soll in dreieinhalb Jahren mehr als 100.000 unserer Sonne ähnliche Sterne in der Cygnus-Lyra-Region in einigen 100 bis 2.000 Lichtjahren Entfernung observieren. Die Sensation kam bereits im Dezember 2011, als das Teleskop den bisher erdähnlichsten Planeten, Kepler-22b genannt, entdeckte. In einer habitablen (= bewohnbaren) Zone umkreist er seine Sonne, womit angenehme Temperaturen gegeben sind und eventuell auch Wasser vorkommt.

Es existieren also viel mehr kleine erdähnliche Planeten als bisher vermutet. Die Entdeckungen, die Kepler auf seiner Reise mache, seien höchst wichtig für Erkenntnisse über erdähnliche Planeten in unserer Galaxis und für die Planung künftiger Missionen, sagte Jon Morse, Chef der astrophysikalischen Abteilung im NASA-Hauptquartier in Washington. Im Unterschied zu bisherigen Messungen werden nicht nur die durch Gravitationskräfte der Planeten verursachten Zerrungen an den Sonnen, sondern auch Helligkeitsschwankungen durch vorbeiziehende Planeten registriert.

Nicht nur die NASA sucht nach Exoplaneten, auch die Europäische Südsternwarte (ESO). Und dies äußerst erfolgreich, denn sie spürte bereits im August 2010 in 127 Lichtjahren Entfernung das bisher planetenreichste Sonnensystem auf. Die Sonne HD 10180 im südlichen Sternbild Hydrus wird von fünf, vielleicht sogar sieben Planeten umkreist. Der Abstand der Planeten ähnelt dem der Planeten in unserem Sonnensystem. Einer von ihnen liegt in einer gemäßigten habitablen Zone und kommt beim 1,4-fachen der Erdmasse der Größe unseres Planeten am nächsten. Daher plant die ESO, ab 2014 einen neuen Spektrografen mit der zehnfachen Leistung einzusetzen, um in diesem Radius erdähnliche Planeten aufzuspüren. Für die hier geforderten Präventivmaßnahmen ein sehr begrüßenswertes Vorgehen.

Daneben wären allerdings weitere Maßnahmen notwendig, um vor der überraschenden Rückkehr oder dem überraschenden Auftauchen Außerirdischer gefeit zu sein. Zunächst müsste ein Besitzanspruch Außerirdischer auf die Erde hypothetisch für möglich gehalten werden. Bisher hat jedoch kaum jemand intensiv über die Konsequenzen einer Konfrontation mit Außerirdischen nachgedacht. Dabei vertrat bereits vor Jahrzehnten der Schweizer Psychologe Carl Gustav Jung die Ansicht, dass bei der Begegnung mit einer außerirdischen Zivilisation die Grundfesten der Menschheit unterminiert, Staaten unter den Füßen Außerirdischer zerbröckeln und die gesellschaftlichen wie auch die politischen Ordnungen im Chaos versinken würden! Treffender lassen sich die Folgen kaum beschreiben.

Pikanterweise strahlte der deutsche Nachrichtensender N24 ausgerechnet an Heiligabend 2011 zwei zu dieser Thematik passende Dokumentationen aus: *Aliens – Angriff aus dem All* und *Wenn die Sonne explodiert*. Darin hielten aufgrund mathematischer Wahrscheinlichkeiten renommierte Wissenschaftler eine Eroberung der Erde durch Außerirdische sehr wohl für möglich. Nur erinnerten die Möglichkeiten der Abwehr doch stark an Actionfilme à la Hollywood. So wurde als Maßnahme gegen die technische Überlegenheit der E.T.'s angeregt, mit einer Guerillataktik Waffen der Aliens zu erobern und diese zum Gegenschlag einzusetzen. Der amerikanische Optimismus, immer einen Weg zu finden, die Welt zu retten, dürfte in der Realität aber wenig erfolgversprechend sein.

Die Mahner sind nicht zahlreich, aber hochrangig. Der britische Astrophysiker Stephen Hawking beispielsweise warnt die Menschheit eindringlich davor, im Universum auf sich aufmerksam zu machen. Im April 2010 wiederholte er in der Discovery-Serie *Into the Universe with Stephen Hawking* diese Warnung. Wenn er jedoch fortschrittliche Aliens mit eroberungssüchtigen Nomaden vergleicht, die unter anderem darauf aus sein könnten, andere Planeten zu kolonisieren, weil die Ressourcen auf ihrem Heimatplaneten erschöpft sind, dann bezieht Hawkings doch eine sehr populistische Position. Wer die Fähigkeit zu interstellarer Raumfahrt besitzt, kommt bestimmt nicht in die prekäre Lage, auf einem Lichtjahre entfernten Planeten Rohstoffe abbauen zu müssen.

Weitere Aspekte einer Eroberung durch Außerirdische beleuchten die Autoren Dr. Michael Schetsche, Politologe und Soziologe am Institut für Grenzgebiete der Psychologie und Psychohygiene in Freiburg, und Martin Engelbrecht von der Universität Erlangen in ihrem Buch *Von Menschen und Außerirdischen*. Sie gehen vor allem auf die kulturellen, religiösen und politischen Folgen eines außerirdischen Kontaktes ein. Schetsche beschreibt drei mögliche Szenarien: den Fernkontakt mit Radioteleskopen, das Auffinden eines außerirdischen Artefaktes und als schlimmste Variante den Direktkontakt durch ein bemanntes Raumschiff im erdnahen Weltraum oder auf der Erde.

Mit welch erschreckender Naivität das Thema Außerirdische in den Medien behandelt wird, konnte im November 2008 in einer abendfüllenden Fernsehshow unter dem Titel *Uri Geller live – Ufos & Aliens – Das unglaubliche TV-Experiment* verfolgt werden. Da versuchte der Löffelverbieger mit dem Slogan »Wir öffnen unsere Herzen und unsere Gedanken für euch«, über ein Radioteleskop in der Ukraine Kontakt mit Außerirdischen in über dreißig Lichtjahren Entfernung aufzunehmen. Natürlich wurden an diesem Samstagabend UFOs über Deutschland gesichtet, und als Krönung berichtete ein skurriles Pärchen über seine mehrmaligen Entführungen durch UFO-Besatzungen.

Aber Außerirdische nur als lieb und nett und den Menschen wohlgesonnen darzustellen, erinnert doch sehr an die Arglosigkeit der Azteken und Inka gegenüber den weißen Eroberern, die sie für Götter hielten. Diese Blauäugigkeit mussten Zigtausende von ihnen mit dem Leben bezahlen. Die Science-fiction-Literatur und Hollywood weckten mit *Star Wars* und anderen Produktionen bei einem breiten Publikum zwar das Interesse an Aliens, doch wenn die Laserkanone im Holster nur die allseits beliebte 45er-Bleispritze ersetzt, wird eine ultimative Bedrohung trotz grässlich-schauriger Leinwandwesen nicht so richtig ernst genommen. Diese Filme reflektieren im Prinzip nichts anderes als altbekannte Wildwestromantik, die in glitzernden Raumfahreranzügen reanimiert wird.

Vor diesem Hintergrund betrachtet, bietet auch der bisher erfolgreichste Film aller Zeiten *Avatar – Aufbruch nach Pandora* wenig Neues: Die Menschheit hat die Erde heruntergewirtschaftet, so dass der nur etwas über vier Lichtjahre entfernte Planet Pandora im Sonnensystem Alpha Centauri ausgebeutet werden soll, um die irdischen Energieprobleme im Jahr 2154 zu lösen. Damit ist auch dieser Film trotz spektakulärer Technikdemonstrationen und der rührenden Story von den Bewohnern Pandoras, den Na'vis, wie fast alle Sciencefiction-Produktionen äußerst realitätsfern.

Die Philosophie ist gefordert

»Die Philosophen müssen die Spitze des Staates stellen«, forderte einst Platon in seiner *Politeia*. Eine weitere Gruppierung wäre noch einzubeziehen: die Wissenschaftler. Eine solche Koalition wäre sicher besser als die heutigen Politiker in der Lage, auf den Ernstfall zu reagieren und konstruktive Modelle auszuarbeiten. Aber es wird sie in naher Zukunft wohl weder für einzelne Staaten noch für eine eigentlich unerlässliche Weltregierung geben. Man betrachte bloß die kläglich gescheiterten Versuche, auch nur den geringsten Konsens in der Frage des Klimawandels zu erzielen.

Damit offenbart sich das ganze Dilemma der gegenwärtigen politischen Systeme hinsichtlich eines Kontaktes Außerirdischer mit uns Menschen. Sie wären wohl kaum in der Lage, das dadurch entstehende Chaos einzudämmen. Offenbar ist das Ansinnen, sich als Partner der Politik zu etablieren, den Religionen besser gelungen als der

Philosophie. Ein Grund dafür mag sein, dass Philosophen eben gern schwadronieren und sich mitunter in fruchtlosen Theorien verlieren.

Dabei untersucht die Philosophie äußerst wesentliche Fragen. Sie versucht sich in einer Deutung der Welt und der menschlichen Existenz, und dazu müsste gehören: Kann die Erde einmal als neuer Lebensraum für eine außerirdische Zivilisation von Interesse sein? Ein solches Szenario zu analysieren und methodische Denkmodelle zu formulieren sollte gerade für Philosophen eine in ihrer Tragweite mit nichts anderem zu vergleichende Herausforderung sein. Sie könnten so den durch das geozentrische Weltbild eingeschränkten Bewusstseinshorizont einer breiten Mehrheit zu einem kosmisch orientierten Bewusstsein hin erweitern helfen. Dann würde der Mensch vielleicht endlich begreifen, was für einen wundervollen Planeten wir bewohnen, den es zu bewahren, aber auch zu verteidigen gilt.

Ewiges Leben – das große Saldo der Religionen

Mit der Verheißung eines Weiterlebens nach dem Tod in Gottes Paradies bietet das Christentum dem Menschen die denkbar großartigste Option an: ewiges Leben! Kein Wunder, dass diese glückselig machende Aussicht den christlichen Konfessionen jahrhundertelang großen Zulauf bescherte. Im mosaischen Glauben diente die Aussicht auf das Erscheinen des Messias als endzeitlicher Heilsbringer von jeher als Motivation, irdische Verfolgung und Unterdrückung zu ertragen. Den Mächtigen nicht weniger förderlich sind die Hoffnungen der Muslime, denen ein Aufenthalt im Paradies mit Früchten, kühlen Bächen und Paradiesjungfrauen auf weichen Teppichen in ewiger Glückseligkeit verheißen wird. Dabei versprechen nicht nur diese drei abrahamitischen Glaubensrichtungen, sondern alle gegenwärtigen Religionen, auch die vergangener Kulturepochen, ihren Anhängern ein von allen irdischen Drangsalen befreites Weiterleben an göttlicher Seite in oftmals nicht nur luxuriöser, sondern, wie die islamische Perspektive zeigt, mitunter sogar ausschweifender Weise.

Zweifellos spendet eine solche Aussicht vielen Menschen Trost, wobei es keine Rolle spielt, ob der transzendente Aufenthaltsort das Paradies, die Ewigen Jagdgründe oder das Nirwana ist, das im Sinne Immanuel Kants auch nicht zu verachten ist. Im Grunde stellt sich jeder Mensch einmal die Frage, ob nach dem irdischen Dasein eine Fortexistenz in unbekannten höheren Dimensionen folgen kann. Wie aber sollte nach dem irdischen Ableben das geistige Weiterleben funktionieren? Es ist noch nicht einmal gesichert, ob der Mensch wirklich eine Seele besitzt oder sein Bewusstsein nicht nur neurobiologischen Mechanismen unterliegt. Aber was dem Menschen recht ist, kann unseren Mitgeschöpfen, den Tieren, nur billig sein. Für den Apostel Paulus stand fest: *Auch Tiere haben eine Seele!*

Viele Wissenschaftler forschen inzwischen über das Seelenleben und versuchen, die Möglichkeit einer immateriellen Fortexistenz des Menschen mit den Naturgesetzen in Einklang zu bringen. Dazu werden manchmal beträchtliche Umwege in Kauf genommen. Durch den neuen Teilchenbeschleuniger im Genfer Forschungszentrum CERN versucht man zum Beispiel die altbewährte Urknalltheorie endgültig zu beweisen. Damit es mit dem Urknall funktioniert, müssen das sogenannte Higgs-Feld und die Higgs-Boson nachgewiesen werden. Mit den Higgs-Teilchen soll vorrangig die Bildung von Materie bewiesen werden, denn irgendwoher muss sie ja einmal gekommen sein. Sozusagen als Nebenprodukt werden die Higgs-Teilchen aber auch für die Fortexistenz des Bewusstseins in Betracht gezogen und bieten einen überlegenswerten neuen Ansatz zum Thema Seele. Immaterielle Teilchen des Geistes, Psychone oder Superstrings genannt, die aus vibrierenden Energiefäden bestehen und milliardenfach kleiner als ein Atom sind, könnten den Weg von einem materiellen hin zu einer auf Energie als Grundbaustein beruhenden Kosmologie aufzeigen. Das würde zu einem *energetischen Weltbild* führen – sofern wirklich alles aus vibrierenden Superstrings besteht, die als wellenförmige Gebilde sogar schneller als das Licht in andere Dimensionen oder Parallelwelten vordringen.

Aus dem hypothetischen Modell, ein Teil des Menschen könne als Bewusstsein in immaterieller energetischer Form den Körper verlassen und ewig weiterexistieren, wäre zwangsläufig zu folgern, dass eine sehr große Informationsmenge im Universum oder vielleicht sogar in Parallelwelten unterwegs ist. Noch weiter gedacht, stellt sich die Frage: Könnte außer den 23 Prozent der Dunklen Masse diese massive Energie partiell in der Dunklen Energie enthalten sein, die immerhin 72 Prozent gegenüber nur fünf Prozent der Masse aller Galaxien zur Gesamtmasse des Universums beiträgt? Vielleicht ließe sich aufgrund dieser Masse sogar zurückrechnen, wie oft das Universum sich schon erneuert hat. Theoretisch könnte diese Dunkle Energie über den Endknall immer wieder zu einem Urknall zurückführen. Dieser Prozess würde sich unendlich oft fortsetzen, bis in Trilliarden von Jahren nur noch eine angereicherte Dunkle Energie als geistige Masse in einem kalten Raum existierte.

Die Masse aller Galaxien beträgt lediglich fünf Prozent der Gesamtmasse des Universums. Seit der weltweiten Finanzkrise sind dem Bürger Zahlen wie Milliarden oder Billionen ja durchaus geläufig, doch um zu verdeutlichen, in welchen Dimensionen sich diese Zahlenangaben bewegen, soll eine schon früher gestellte Rätselaufgabe wiederholt werden: Stellen Sie sich vor, wie in einer Diashow erschiene alle zehn Sekunden vor Ihnen das Foto einer Galaxis. Nun raten Sie bitte, wie viel Zeit vergeht, bis alle Galaxien erschienen sind! Sollten Sie denken, ein Jahr genügte, weit gefehlt. Allein an einem Tag würden 8.640 Galaxien an Ihrem Auge vorbeiziehen, in einem Jahr immerhin schon 3.153.600. Beinahe unglaubliche 30.000 Jahre (!!!) vergingen jedoch, bis die Diashow beendet wäre, in der Sie dann fünf Prozent der Gesamtmasse des Universums visuell wahrgenommen hätten.

Nach dem bekannten amerikanischen Physiker Paul A. Tipler könnten laut den Gesetzen der Thermodynamik intelligente Zivilisationen in ferner Zukunft eine unendliche Informationsmenge verarbeiten, sofern dafür genügend Energie zur Verfügung steht. Diese Energie würde mit dem Endknall erreicht, wodurch auch die Zeit zum Stillstand käme, das »subjektive Leben« aber in diesem Zustand eine unendliche Zeit erfahren und entsprechend lange andauern könnte. Nun stellt sich natürlich die Frage, ob in diesem postmortalen Seelengebilde auch noch Verstand und Gefühl vorhanden sind, denn sonst hätte ja die schönste Unsterblichkeit keinen Sinn.

Sollte im Kosmos wahrhaftig ein mit bisher unbekannten physikalischen Gesetzmäßigkeiten ausgestatteter Geist umherirren, in anderen Dimensionen oder auch in einem Multiversum, wird er mit großer Wahrscheinlichkeit niemals eine substanziell-schöpferische, sondern ewiglich nur eine sekundäre Kraft bleiben, da überlichtschnelle Seelenwellen kaum die Fähigkeit besitzen dürften, sich zu organisieren. Wenn doch, wäre dies dann eventuell Gott? Um den gedanklichen Verrücktheiten noch die Krone aufzusetzen, hätte gemäß dieser skizzierten Entwicklung nicht Gott die Lebewesen erschaffen, sondern wäre umgekehrt selbst, nach zigfachem Urknall und einer permanenten Zunahme der Dunklen Energie aus den Bewusstseinsresten von Lebewesen erst gebildet worden.

Quantenphysik und Quantenmechanik führen äußerst folgerichtig in die molekulare Welt der kleinsten Teilchen, aber entstand das Universum wirklich durch den Urknall oder war ein *Urwirbel* die Ausgangssingularität? Dramatische Fragen nach dem, was existierte, bevor sich der kosmische Vorhang öffnete, tun sich auf und harren einer genauen Betrachtung. Kein Raum? Keine Zeit? Keine Materie? Aber dass im »Davor« keine Zeit existierte, ist eigentlich unvorstellbar. Und ein Raum muss auch schon vorhanden gewesen sein, denn wo hätte sich das stecknadelkopfgroße Winzige allen Ursprungs denn befinden sollen? Dass es vorher nichts gab, funktioniert einfach nicht. Wenn etwas knallt, muss etwas zum Knallen da gewesen sein, ebenso wie Energien, die etwas aufheizen.

Für die schwierigste aller Fragen, danach, wie der Kosmos entstand, ist letztlich weder ein Gott noch die Metaphysik zu einer Lösung prädestiniert, sondern einzig und allein die Naturwissenschaft, auch wenn sie derzeit nicht in der Lage ist, eine solche Lösung anzubieten. Aber allen naturwissenschaftlichen Erkenntnissen zufolge, sagt zumindest der amerikanische Physiker Victor J. Stenger, verhält sich das Universum genau so, wie das in *Abwesenheit* eines Gottes zu erwarten wäre!

Für öffentlichen Wirbel sorgte wieder einmal Stephen Hawking, als 2011 sein Buch *Der große Entwurf* erschien. Darin heißt es: »Weil es ein Gesetz der Schwerkraft gibt, kann und wird sich ein Universum selber aus dem Nichts erschaffen. Ein Schöpfergott ist überflüssig.

Falls es einen Gott gibt, hat er bei der Entstehung des Universums allerhöchstens zugesehen.« Das rief natürlich die Anhänger des Intelligent Design auf den Plan, die der Meinung sind, dass sich bestimmte Eigenschaften des Universums und des Lebens am besten durch einen intelligenten Urheber erklären lassen und nicht durch einen selbstregulierenden Vorgang. Hawking habe ja früher selber einen Gott nicht ausgeschlossen, und die Ursache allen Seins zu ergründen sei Sache der Religion, so argumentieren sie. Selbst Isaac Newton (1643–1727), der immerhin vor 300 Jahren lebte, musste mit seiner Einstellung herhalten, das Universum könne sich nicht von selbst aus dem Chaos gebildet haben. Die als Umkehrschluss naheliegende Frage »Wie aber entstand Gott?« wird gern vermieden.

Mit diesen abstrakten Problemfragen dringt man in unbekannte Weiten eines kosmologischen Weltbildes vor und überfordert gegenwärtig das menschliche Vorstellungsvermögen. Sie können mit großer Wahrscheinlichkeit von Menschen niemals geklärt werden. Da ist die folgende Bemerkung eines Astrophysikers geradezu Balsam für die strapazierten Hirnzellen: »Um den gesamten Kosmos zu begreifen, wäre die erste Voraussetzung, dass der Mensch ein anderes Gehirn besäße.«

Der Übergang des Menschen von der materiellen in die transzendente, immaterielle Welt war und ist immer noch in allen Kulturen ein Thema. Aber es bietet sich eine weitere Version an. Sollte wirklich in grauer Vorzeit ein Kontakt zu einer außerirdischen Zivilisation zustande gekommen sein, ist *a priori* davon auszugehen, dass diese Erdenbesucher ein fundiertes Wissen über eine uns unbekannte Materie oder auch das zeitlose Immaterielle besaßen. Vielleicht war in einem frühgeschichtlichen Goldenen Zeitalter die Harmonie zwischen Aliens und Menschen noch nicht von Argwohn getrübt, und sie versuchten, den Menschen ihre Erkenntnisse zu vermitteln. Das Resultat ist bekannt: Ein Großteil der Menschheit sehnt sich nach einem ewigen Leben an Gottes Seite in dessen Reich. Eine augenblicklich noch kleine Minderheit hofft hingegen, dass ein Reich Gottes niemals kommen möge.

Die religiös motivierte Präferenz für ein Reich Gottes auf Erden wird sich mit der Zeit als ein verhängnisvolles Missverständnis erweisen, das definitiv nicht nur zur größten Katastrophe der Menschheit führen, sondern eventuell sogar deren Ende besiegeln könnte. Deshalb ist es mehr als notwendig, den gesamten Komplex religiöser Lehren endlich unter dem Aspekt einer möglichen Gefährdung der Erde durch ein anderes Gotteswesen kritisch zu betrachten oder, um es noch kompromissloser auszudrücken, nicht nur die christliche, sondern alle Religionen als trügerisch-riskante Farce zu enttarnen. Auf verblüffende Weise gelang es archaischen Ideologen, jeglichen Verdacht, die vermeintlichen Gotteswesen seien etwas anderes als göttlich, zu entkräften. So bildeten sich Religionsstrukturen mit heute noch allgegenwärtigem, dominantem Einfluss, die jedoch das größte Übel und ein verheerender Fauxpas der Menschheitsgeschichte sein dürften.

Die hier unterbreitete Version eines »etwas anderen Gottesreiches« kann künftig nicht mehr ignoriert werden. Das hat nichts mit Panikmache zu tun. Es ist einfach an der Zeit, auf eine zwar nicht akute, aber latente Schutzlosigkeit der Erde aufmerksam zu machen. Diesem Leitgedanken eine breitere Akzeptanz zu verschaffen ist sogar noch wichtiger, als Forschungen über einen Jahrtausende zurückliegenden wahrscheinlichen Aufenthalt Außerirdischer auf unserer Erde zu betreiben.

Angesichts der realen Möglichkeit, dass sich einmal Außerirdische mit den hier detailliert dargelegten Absichten bei uns aufgehalten haben könnten, gewinnt die eindringliche Warnung, »die Idee von Gottes Reich auf Erden ist ein fataler Irrtum«, eine größere Berechtigung als alle Verheißungen eines imaginären segensreichen Lebens an Gottes Seite. Selbstverständlich ist es legitim, dass Religionen ihre frohe Botschaft verbreiten. Ebenso legitim ist es allerdings, für diese neue Hypothese der Paläo-SETI-Forschung die gleiche Aufmerksamkeit einzufordern.

Nachwort

Der Kurier des Propheten

Bei meinen Bemühungen, die hier zur Diskussion gestellte Thematik nicht nur bei Wissenschaftlern anzuregen, fühle ich mich in die Rolle des Sarazenen Dicha Ibn-Chalifa versetzt, der ebenfalls versuchte, die Herrschenden und Mächtigen von einer anderen Weltanschauung zu überzeugen. Im Jahr 628 erreichte er als Kurier des Propheten nach tagelangem einsamen Ritt aus den Tiefen Arabiens durch die Wüste in Busra das Quartier des Kaisers Herakleios von Byzanz, einem der damaligen Weltreiche. Er wollte ihm eine Botschaft überbringen, die sinngemäß lautete: *Kehret um, verharret nicht im Irrtum! Bekenne dich zu einem neuen Glauben, werde Moslem und erwirb dir den Frieden. Weist du jedoch diesen Ruf zurück, so fällt auf dich die Schuld für alle, die im Irrtum verharren.*

Es war nicht nur eine seltsame Begegnung zwischen dem ruhmreichen Herrscher einer Weltmacht einerseits und einem vom Wüstenstaub bedeckten Beduinen andererseits. Eines der Geheimnisse des grandiosen Siegeszuges des Islam bestand in der heillosen Zerstrittenheit der Religionen, an der zur damaligen Zeit das Judentum ebenso wie das Christentum mit einer nicht unerheblichen Zahl von Sektierern beteiligt war. Davon ahnte Herakleios in diesem Augenblick noch nichts, und so schickte er Dicha Ibn-Chalifa ohne weitere Beachtung mit der Bemerkung weg: »Ein Verrückter aus der Wüste, lasst den Beduinen wieder laufen.« Aber die darauffolgende Nacht verbrachte er sehr unruhig, die Botschaft *Kehret um, verharret nicht im Irrtum* belastete unablässig seine Gedanken. Herakleios' schon damals viel gerühmter sechster Sinn rebellierte – ahnte er etwa, dass sich eine neue Macht ankündigte, die eine ernste Bedrohung für die Mächtigen der damaligen Welt darstellen konnte? Von dieser Vorstellung getrieben, versuchte Herakleios mit allen ihm zur Verfügung stehenden Mitteln den Beduinen neuerlich ausfindig zu machen. Vergeblich, so wie er phantomhaft aus der Wüste aufgetaucht war, so verlor sich seine Spur auch wieder im Wüstensand.

Der Mahnruf Dicha Ibn-Chalifas enthält nach meiner Auslegung einen sehr tiefen Sinn, und für mich verbindet sich mit dieser geschichtlichen Episode die Hoffnung, *Jakobs Himmelsleiter* könne ebenfalls bei einigen Nachdenklichen eine folgenreiche unruhige Nacht verursachen und die aufgezeigte Bedrohung durch ein völlig anderes Gottesreich verliere sich nicht im Wüstensand.

Über den Autor

Martin Heinrich wurde 1943 in Schlesien geboren. Er kam nach Kriegsende mit seiner Großmutter ins Siegerland, wo er – nach Zwischenstationen in Spanien und der Schweiz – heute wieder wohnt. Im Anschluss an seine Schulzeit absolvierte er 1958 eine Lehre als Schriftsetzer und war in seinen jungen Jahren sportlich im Fußball, Tischtennis und Boxen aktiv.

Als drei Kinder die Familie vergrößerten, wurde allerdings der Hausbau seine sportliche Herausforderung. Beruflich arbeitete er bis zu seiner Pensionierung bei der *Siegener Zeitung.*

Das Interesse an der Präastronautik wurde durch Erich von Däniken bei ihm geweckt. In den letzten Jahren führte sein eigenes methodisches Recherchieren ihn jedoch zur Abkehr von einigen populären Ansichten der Paläo-SETI-Hypothese. Der Hauptgrund war seine realistische Analyse der enormen Schwierigkeiten interstellarer Raumfahrt. Sie führte ihn zu der Erkenntnis, die er in seinem Buch *Jakobs Himmelsleiter war ein Weltraumlift* formuliert: Nur die Suche nach neuem Lebensraum aufgrund kosmischer Apokalypsen kann ein Grund für Reisen in andere Sonnensysteme sein.

Mehr zum Thema: www.Planet-2101.com

Literaturhinweise

(in alphabetischer Reihenfolge)

Acta Astronautico, Nicola M. Pugno, 2009

Alles über Atlantis, Otto H. Muck, Econ Verlag, 1976

Chactun – Die Götter der Maya, Diederichs Gelbe Reihe, 1986

Das Atlantis-Rätsel, Charles Berlitz, Zsolnay Verlag, 1976

Das Geheimnis der Pyramid Power, Max Toth, Goldmann Verlag, 1988

Das große Buch vom Weltall, Sue Becklake, Bassermann Verlag, 1995

Das Leben des Propheten, Erdmann Verlag, 1976

Das Rätsel der Anden, Robert Charroux, Econ Verlag, 1978

Das Sirius-Rätsel, Robert Temple, Umschau Verlag, 1977

Die ägyptischen Pyramiden, I. E. S. Edwards, Harrassowitz Verlag, 1967

Die Geheimnisse der großen Pyramiden, Peter Tompkins, Kaiser Verlag, 1973

Die Sarazenen, Rolf Palm, Econ Verlag, 1978

Encheduanna – Geheime Offenbarungen, Dr. Hermann Burgard, Ancient Mail Verlag, 2012

Im Reich der Inka, E. Nack & W. Wägner, Deutscher Bücherbund

Noahs Weg zum Amazonas, Gerd von Hassler, Glöss Verlag, 1976

Popol Vuh – Das Buch des Rates, Diederichs Gelbe Reihe, 1978

Pyramiden und Planeten, Dr. Hans Jelitto, Wissenschaft & Technik Verlag, 1999

Und die Sintflut gab es doch, A. & E. Tollmann, Droemer Knaur Verlag, 1993

Unsere Wiege steht im Kosmos, Prof. Luis E. Navia, Econ Verlag, 1976

Welten im Zusammenstoß, Immanuel Velikovsky, Kohlhammer Verlag, 1952

Zeichen für die Ewigkeit, Erich von Däniken, Goldmann Verlag, 1999

Bildnachweise

1–4 NASA
5 Ruppe
6 NASA
7 gemeinfreie Bilddatei
8 + 9 Erich von Däniken
10 Giesela Ermel
11 NASA
12 Erich von Däniken
13–15 Archiv des Autors
16 gemeinfreie Bilddatei
17 Google Earth
18–20 Erich von Däniken
21 Archiv des Autors
22 NASA
23 Archiv des Autors
24 NASA
25 Jaxa
26 Archiv des Autors
27 + 28 ESA
29 NASA
30–33 Hans Jelitto
34–36 Archiv des Autors
37–39 Deutsches Archäologisches Institut
40 Josef W. Schmid
41 + 42 Erich von Däniken
43 Terrapolaris
44 + 45 Erich von Däniken (die Person steht kaum zu erkennen unten im Schatten und wurde herausgeschnitten und auf den Block gestellt)
46 Archiv des Autors
47 gemeinfreie Bilddatei
48 Erich von Däniken
49 Seefahrtmuseum Göteborg
50 Google Earth
51 Santa Falia

Personen- und Sachregister

Barbara Hand Clow
2012 – DER MAYA CODE

Beschleunigte Zeit und das Erwachen des globalen Bewusstseins

384 Seiten, Hardcover, zwei grüne Lesebänder
Amra Verlag, € 22,95

ISBN 978-3-939373-33-9

Kosmische Wellen aus dem Zentrum der Galaxis führen zu einer weltweiten Bewusstseinsveränderung. Politische und wirtschaftliche Zusammenbrüche künden davon.

Hunbatz Men
DIE HEILIGE KULTUR DER MAYA

Ihre atlantische Herkunft, das Kalendersystem und seine Ausrichtung auf die Plejaden

192 Seiten, Hardcover, goldenes Leseband
Amra Verlag, € 19,95

ISBN 978-3-939373-74-2

Der Autor ist Tageshüter der Maya in 12. Generation und gibt die Geheimnisse einer alten Hochkultur preis, die schon seit 12.000 Jahren den Westen beeinflusst.

Tom Kenyon
AUFBRUCH INS HÖHERE BEWUSSTSEIN

Wie wir die Herausforderungen unserer Zeit meistern

256 Seiten, Hardcover, oranges Leseband (mit CD)
Amra Verlag, € 19,95

ISBN 978-3-939373-31-5

Erhebende Botschaften der Hathoren, die in Ägypten durch die Göttin Hathor wirkten. In Wort und Klang erweitern sie unser Bewusstsein. Mit Fotostrecke!

Textauszüge, Videos und Hörproben auf www.AmraVerlag.de

Karin Tag
DIE PROPHEZEIUNGEN DES KRISTALLSCHÄDELS CORAZON DE LUZ

224 Seiten, Hardcover, violettes Leseband
Amra Verlag, € 19,95

ISBN 978-3-939373-32-2

Kristalle sind Datenspeicher. Auf medialem Weg bezieht die Autorin aus einem echten Bergkristallschädel der Inka Wissen über die Vergangenheit und Zukunft der Erde.

Karin Tag
DAS GEHEIMNIS DER ATLANTISCHEN KRISTALLBIBLIOTHEK

320 Seiten, Hardcover mit Schutzumschlag, blaues Leseband
Amra Verlag, € 22,95

ISBN 978-3-939373-56-8

Weltsensation! Eine unglaubliche Geschichte über einen legendären Schatz aus lemurischen Zeiten, der von den Inka freigegeben wurde, um endlich altes Wissen zu verbreiten.

Lee Carroll, Tom Kenyon u. a.
NEUE ZEIT

Kryon, Metatron, Hathoren und Maria Magdalena

368 Seiten, Hardcover, silbernes Leseband
Amra Verlag, € 19,95

ISBN 978-3-939373-76-6

Die Neue Zeit beginnt, in der sich fortschrittliche Seelen versammeln: visionäre Schöpfer, humanistische Aktivisten, soziale Unternehmer. Sie verkörpern den Neuen Menschen.

Textauszüge, Videos und Hörproben auf www.AmraVerlag.de